本书得到国家自然科学基金青年科学基金项目
“老年人口分布与养老资源匹配的机制与优化研究
—— 以东北三省地级市为例”（41601136）的支持

海洋经济可持续发展丛书

国家自然科学基金青年科学基金项目（41601136）
教育部人文社会科学重点研究基地重大项目（17JJD790010）

人口老龄化与养老资源配置

赵东霞／著

科学出版社
北京

图书在版编目（CIP）数据

人口老龄化与养老资源配置 / 赵东霞著. —北京：科学出版社，2018.9
（海洋经济可持续发展丛书）
ISBN 978-7-03-058848-7

Ⅰ. ①人… Ⅱ. ①赵… Ⅲ. ①人口老龄化-研究-中国 ②养老-资源配置-研究-中国 Ⅳ. ①C924.24 ②D669.6

中国版本图书馆 CIP 数据核字（2018）第 214314 号

责任编辑：石 卉 吴春花 / 责任校对：彭珍珍
责任印制：张欣秀 / 封面设计：有道文化

科学出版社出版
北京东黄城根北街 16 号
邮政编码：100717
http://www.sciencep.com
北京凌奇印刷有限责任公司印刷
科学出版社发行 各地新华书店经销
*
2018 年 9 月第 一 版 开本：B5（720×1000）
2025 年 2 月第三次印刷 印张：19 1/4
字数：389 000

定价：118.00 元

（如有印装质量问题，我社负责调换）

“海洋经济可持续发展丛书”
专家委员会

丛书序

浩瀚的海洋，被人们誉为生命的摇篮、资源的宝库，是全球生命保障系统的重要组成部分，与人类的生存、发展密切相关。目前，人类面临人口、资源、环境三大严峻问题，而开发利用海洋资源、合理布局海洋产业、保护海洋生态环境、实现海洋经济可持续发展是解决上述问题的重要途径。

2500 年前，古希腊海洋学者特米斯托克利（Themistocles）就预言："谁控制了海洋，谁就控制了一切。"这一论断成为 18～19 世纪海上霸权国家和海权论者最基本的信条。自 16 世纪地理大发现以来，海洋就被认为是"伟大的公路"。20 世纪以来，海洋作为全球生命保障系统的基本组成部分和人类可持续发展的宝贵财富而具有极为重要的战略价值，已为世人所普遍认同。

中国是一个海洋大国，拥有约 300 万平方公里的海洋国土，约为陆地国土面积的 1/3。大陆海岸线长约 1.84 万公里，500 平方米以上的海岛有 6500 多个，总面积约 8 万平方公里；岛屿岸线长约 1.4 万公里，其中约 430 个岛有常住人口。沿海水深在 200 米以内的大陆架面积有 140 多万平方公里，沿海潮间带滩涂面积有 2 万多平方公里。辽阔的海洋国土蕴藏着丰富的资源，其中，海洋生物物种约 20 000 种，海洋鱼类约 3000 种。我国滨海砂矿储量约 31 亿吨，浅海、滩涂总面积约 380 万公顷，0～15 米浅海面积约 12.4 万平方公里，按现有科学水平可进行人工养殖的水面约 260 万公顷。我国海域有 20 多个沉积盆地，面积近 70 万平方公里，石油资源量约 240 亿吨，天然气资源量约 14 亿立方米，还有大量的可燃冰资源，就石油资源来说，仅在南海就有近 800 亿吨油当量，相当于全国石油总量的 50%。我国沿海共有 160 多处海湾、400 多公里深水岸线、60 多处深水港址，适合建设港口来发展海洋运输。沿海地区共有 1500 多处旅游景观资源，适合发展海洋旅游业。此外，在国际海底区域我国还拥有分布在太平洋的 7.5 万平方公里多金属结核矿区，开发前景十分广阔。

虽然我国资源丰富，但我国也是一个人口大国，人均资源拥有量不高。据统计，我国人均矿产储量的潜在总值只有世界人均水平的 58%，35 种重要矿产资源的人均占有量只有世界人均水平的 60%，其中石油、铁矿只有世界人均水平的 11%和 44%。我国土地、耕地、林地、水资源人均水平与世界人均水平相比差距更大。陆域经济的发展面临着自然资源禀赋与环境保护的双重压力，向海洋要资源、向海洋要空间，已经成为缓解我国当前及未来陆域资源紧张矛盾的战略方向。开发利用海洋，发展临港经济（港）、近海养殖与远洋捕捞（渔）、滨海旅游（景）、石油与天然气开发（油）、沿海滩涂合理利用（涂）、深海矿藏勘探与开发（矿）、海洋能源开发（能）、海洋装备制造（装）以及海水淡化（水）等海洋产业和海洋经济，是实现我国经济社会永续发展的重要选择。因此，开展对海洋经济可持续发展的研究，对实现我国全面、协调、可持续发展将提供有力的科学支撑。

经济地理学是研究人类地域经济系统的科学。目前，人类活动主要集聚在陆域，陆域的资源、环境等是人类生存的基础。由于人口的增长，陆域的资源、环境已经不能满足经济发展的需要，所以提出“向海洋进军”的口号。通过对全国海岸带和海涂资源的调查，我们认识到必须进行人海关系地域系统的研究，才能使经济地理学的理论体系和研究内容更加完善。辽宁师范大学在 20 世纪

70 年代提出把海洋经济地理作为主要研究方向，至今已有 40 多年的历史。在此期间，辽宁师范大学成立了专门的研究机构，完成了数十项包括国家自然科学基金、国家社会科学基金在内的研究项目，发表了 1000 余篇高水平科研论文。2002 年 7 月 4 日，教育部批准“辽宁师范大学海洋经济与可持续发展研究中心”为教育部人文社会科学重点研究基地，这标志着辽宁师范大学海洋经济的整体研究水平已经居于全国领先地位。

辽宁师范大学海洋经济与可持续发展研究中心的设立也为辽宁师范大学海洋经济地理研究搭建了一个更高、更好的研究平台，使该研究领域进入了新的发展阶段。近几年，我们紧密结合教育部基地建设目标要求，凝练研究方向、精炼研究队伍，希望使辽宁师范大学海洋经济与可持续发展研究中心真正成为国家级海洋经济研究领域的权威机构，并逐渐发展成为“区域海洋经济领域的新型智库”与“协同创新中心”，成为服务国家和地方经济社会发展的海洋区域科学领域的学术研究基地、人才培养基地、技术交流和资料信息建设基地、咨询服务中心。目前，这些目标有的已经实现，有的正在逐步变为现实。经过多年的发展，辽宁师范大学海洋经济与可持续发展研究中心已经形成以下几个稳定的研究方向：①海洋资源开发与可持续发展研究；②海洋产业发展与布局研究；③海岸带海洋环境与经济的耦合关系研究；④沿海港口及城市经济研究；⑤海岸带海洋资源与环境的信息化研究。

党的十八大报告提出，要提高海洋资源开发能力，发展海洋经济，保护海洋生态环境，坚决维护国家海洋权益，建设海洋强国。当前，我国经济已发展成为高度依赖海洋的外向型经济，对海洋资源、空间的依赖程度大幅提高，今后，我国必将从海洋资源开发、海洋经济发展、海洋科技创新、海洋生态文明建设、海洋权益维护等多方面推动海洋强国建设。

“可上九天揽月，可下五洋捉鳖”是中国人民自古以来的梦想。“嫦娥”系列探月卫星、“蛟龙号”载人深潜器，都承载着华夏子孙的追求，书写着华夏子孙致力于实现中华民族伟大复兴的豪迈。我们坚信，探索海洋、开发海洋，同样会激荡中国人民振兴中华的壮志豪情。用中国人的智慧去开发海洋，用自主创新去建设家园，一定能够让河流山川与蔚蓝的大海一起延续五千年中华文明，书写出无愧于时代的宏伟篇章。

"海洋经济可持续发展丛书"专家委员会主任
辽宁师范大学校长、教授、博士生导师
韩增林
2017年3月27日于辽宁师范大学

前　　言

21 世纪是人口老龄化世纪，中国人口老龄化形势更加严峻。中国产业信息网[①]数据显示，截至 2016 年底，中国 60 岁以上老年人口超 2.3 亿，是世界上唯一一个老年人口过两亿的国家；预计到 2050 年，中国老年人口将达到 4.8 亿，约占届时亚洲老年人口的五分之二、全球老年人口的四分之一。如何为如此大规模的老年人妥善养老是中国当前亟待解决的一个难题。

养老的一个核心问题是养老资源。资源是养老的载体，离开资源谈养老毫无意义。资源是被人类创造使用又为其服务的。最早，资源起源于经济学，它认为资源是稀缺的，而人的需求是无限的，这就造成资源不能满足人的需求，于是产生了资源配置问题。之后，社会学对资源有了更明确的界定，指其为一国或一定地区内拥有的物力、财力、人力等各种物质要素的总和，包括本身存在的自然资源和经过人类劳动创造的社会资源。人类学对资源的提出更是以人类所依赖的自然界为研究对象，而反映人类的社会属性，即人类对社会的依赖和需求。不论运用哪种知识体系、哪个学科对资源进行解读，回归到资源的本

① 2018 年中国人口老龄化发展现状及 2018 年人口走势分析预测[EB/OL]. http://www.chyxx.com/industry/201801/605251.html[2018-02-26].

意，我们发现，资源始终是与需求联系在一起的，因需求而创造、因需求而供给。我们还发现，一国或一定地区所拥有的资源还取决于这片土地上人口的分布，人口越稠密，生产或消耗的资源体量就越大；人口越稀少，拥有或使用的资源体量就越小。因此，从老年人口的分布及需求本身出发，我们认为养老资源就是一国或一定地区呈现不同分布特征的老年人在需求基础上产生的能够直接作用于老年人自身并对养老带来实际效用的各种条件的总和，包括生活资源、医疗资源和精神资源。

近五年，中国政府在养老资源建设上可以说是不遗余力。从十九大报告到《中华人民共和国国民经济和社会发展第十三个五年规划纲要》，从《“十三五”国家老龄事业发展和养老体系建设规划》再到《国务院关于加快发展养老服务业的若干意见》，不仅将养老事业作为国家未来发展的重要内容，而且还落实到具体工作中，表明中国已经做好了迎接“银色大潮”的到来。但是，从区域角度看，受经济发展水平的高低、人口的增减变化、资源禀赋的差异、地域文化的作用等影响，老年人口的养老问题千差万别，其中当遭遇经济危机、人口危机、资源危机三种情形并发时，无论对当地的社会发展，还是民生保障都是巨大的挑战，东北三省正处于该时期。因此，从国家层面探讨养老资源配置的制度、组织、人员的建设；从区域层面选择东北三省探讨其如何破解三大危机、如何振兴发展、如何保障养老供给、如何促进养老资源建设与经济建设同步；从市域层面创建一个多层次、多主体、广覆盖的养老资源支持系统；从更小尺度解决养老服务设施空间布局与可达性，实现优化整合，这些研究成果对人口老龄化与养老资源配置问题无论是在理论上还是在实践上都具有更重要的指导意义和应用价值。

作者作为研究老年人口的学者，早期的成果都是围绕养老保障制度、养老服务业建设、养老产业问题等利用质性分析从宏观管理视角进行论述。之后开始转向利用定量分析对老年人进行问卷调查，从需求角度探究供给侧改革。作者自 2012 年进入辽宁师范大学地理学博士后流动站，师承著名地理学专家韩增林教授，在他的影响和鼓励下开始利用空间技术从人文地理和区域经济视角研究老年人口分布、养老资源配置问题，希望通过努力将传统的养老保障只追求在政策制度上、组织执行上和模式方法上的优化向更精准、更有效的空间优化变革。

于是，自第一篇文章发表在《地域研究与开发》开始，作者已在学术界具有影响力的期刊，如《地理学报》、《地理科学》、《资源科学》和《经济地理》等上发表文章近二十篇；从完成数十项省级课题到主持国家自然科学基金项目，逐步建立了以青年为主的科研团队，研究方向已得到人口地理学界的认可。

本书在创作过程中既梳理了以“老年人口”与“养老资源”为关键词的国内外相关文献，并利用 UCINET 技术进行了文献计量分析，涵盖了老年人口与养老资源配置的理论、体系、实践、问题和对策等各个方面的内容。本书是一本对老年人口与养老资源理论、体系和制度的总结，是一本对国外发展较好区域先进经验和方法的总结，也是一本关于养老资源配置在不同尺度如何根据老年人口的分布进行优化匹配的策略总结，具有一定的理论价值和现实意义。鉴于作者水平有限，书中难免存在疏漏之处，恳请同仁和读者不吝赐教。

在进行上述研究的过程中，作者虽然阅读了大量的国内外参考文献，撰写并发表了一些阶段性成果，也进行了跨越三年的实证调研，但由于人口老龄化与养老资源配置问题是一个庞大的涉及“人口–资源”两个系统耦合的工程，涉及的理论与方法很多，既有经济的、人口的、资源的，也有定性的、定量的，知识体系较为复杂。鉴于作者和团队成员的知识水平、知识结构有限，所以仍存在许多缺点和不足，恳请各位专家、师长、同仁指教和匡正。

赵东霞

2018 年 4 月 16 日

目　　录

第一章

绪　　论

第一节 人口老龄化与养老资源研究价值

一、研究的背景

联合国 2010 年的一项报告显示，目前不仅发达国家的人口老龄化（population aging）趋势明显，整个世界的老龄化趋势都在“史无前例地加快脚步”①。由中国社会科学院财政与贸易经济研究所发布的《中国财政政策报告2014/2015》指出，2011～2040 年中国的人口老龄化将急速发展，到 2030 年，中国 65 岁以上人口的比重将超过日本成为全球人口老龄化程度最高的国家，到 2050 年，社会进入深度老龄化阶段，届时，我国将有 1/3 的人口为老年人，人口老龄化将超前于现代化。同时，国内外大量的研究也都佐证了类似的判断：人口老龄化将对 21 世纪中国的崛起构成巨大挑战（OECD，2005）；中国如何应对老龄化挑战，将决定它能否变成一个繁荣和稳定的发达国家（Jackson and Howe，2004）；中国人口老龄化不仅速度快，而且未富先老特征明显（张车伟，2015）。因此，如何充分有效地配置和使用养老资源将是妥善应对老龄化挑战的重要内容，这源于越来越庞大的老年群体对养老资源的需求和消耗与整个社会经济发展之间的矛盾更加显著，“未富先老”风险增强，安置老年人养老生活必将成为中国乃至世界各国一个亟待解决的社会性问题。

中国早在 1996 年 10 月 1 日起就施行了针对老年人生活保障的法律，即《中华人民共和国老年人权益保障法》。此外，其他包含有关老年人群权益条例的法律还在《中华人民共和国宪法》、《中华人民共和国劳动法》和《中华人民共和国民法通则》等中有所体现。随着改革开放的发展，政府对养老机构的发展也有了明确的方向，由原来的救济转为社会福利化的社会养老模式，让更多的人受益，最终达到全民都能老有所养。

2013 年 8 月 16 日，国务院的常务会议提出，要加快发展养老服务业，争

① 转引自邓伟志，叶志安. 2011. 世界老龄化：一场静悄悄的革命——关于“银发浪潮”的世纪对话[J]. 上海城市管理，20（03）：4-7.

取于2020年全面建成多样化养老服务体系，使养老服务体系形成覆盖城乡的以居家、社区、机构为基础和依托的模式。该会议还出台了《关于加快发展养老服务业的若干意见》，该意见对养老服务业提出了总体要求、主要任务和政策措施，为经济的稳定增长、解决养老难题等发挥了重要的指导作用。通过此次会议有望将亿万老年人的养老服务业打造成蓬勃发展的朝阳产业，使之为惠民生、调结构和促升级贡献不可或缺的力量。

2017年2月28日，国务院发布的《"十三五"国家老龄事业发展和养老体系建设规划》中指出："十三五"时期是我国老龄事业改革发展和养老体系建设的重要战略窗口期，应着力完成养老体系建设的主要指标（表1-1）。习近平在十九大报告中进一步强调："积极应对人口老龄化，构建养老、孝老、敬老政策体系和社会环境，推进医养结合，加快老龄事业和产业发展。"这为新时代中国特色养老事业指明了方向。

表1-1 "十三五"期间国家老龄事业发展和养老体系建设主要指标

类别	指标	目标值
社会保障	基本养老保险参保率	达到90%
	基本医疗保险参保率	稳定在95%以上
养老服务	政府运营的养老床位占比	不超过50%
	护理型养老床位占比	不低于30%
健康支持	老年人健康素养	提升至10%
	二级以上综合医院设老年病科比重	35%以上
	65岁以上老年人健康管理率	达到70%
精神文化生活	建有老年学校的乡镇（街道）比重	达到50%
	经常性参与教育活动的老年人口比重	20%以上
社会参与	老年志愿者注册人数占老年人口比重	达到12%
	城乡社区基层老年协会覆盖率	90%以上
投入保障	福彩公益金用于养老服务业的比重	50%以上

综上所述，这些都离不开当下三个重要的时代背景。

（1）背景一：人口老龄化与社会转型

中华人民共和国成立至今，已经成功开展了六次全国人口普查。其中，除第一、三、四次没有老年人口数统计项目之外，1964年的第二次全国人口普查结果显示61岁以上人口数约为0.38亿人，占总人口数的5.5%；2000年的第五次全国人口普查结果显示60岁以上人口数约为1.3亿人，占总人口数的10.46%；2010年的第六次全国人口普查结果显示60岁以上人口数已达1.78亿人，占总人口数的13.26%。根据国内对老年人的划分标准，年龄在60岁以上的人即为老年人，由此可见，中国的人口年龄结构逐渐向老年型转变。中华人民共和国成立以来近70年的蓬勃发展带来了经济的空前繁荣，人民生活水平的提高和寿命的普遍延长，使中国社会一步步走向老龄化。此外，中国正经历着深刻的社会转型，分权、民主化、城市化使老年人脱离单位，回归家庭，社区作为承接政企改革、政社改革的载体被凸显出来（陈鹏，2011）。与此同时，与传统家庭结构相适应的家庭功能也发生了深刻的转变，代际一直传承的“抚育-反馈”模式逐渐被打破，“421”结构的家庭已难以承担传统的养老功能，有被剥离出去的趋势，而中国“未富先老”的国情还不具备承担由家庭外化出来的养老功能（房建华等，2011）。正是这样的社会转型，使养老资源建设出现困难，养老支持不足成为当下中国应对人口老龄化的重要难题。

（2）背景二：独子时代与经济转型

不可否认，我们已处于独子时代。根据国家卫生和计划生育委员会的统计结果，目前中国独生子女人口总量早已超过1.45亿人，随之而来的就是独生子女的父母养老问题。家庭养老是长期以来中国主要的养老模式，是因为他们的养老保障是建立在平均有四个以上子女的基础之上，无论是经济来源、生活照料、亲子交往还是精神慰藉，子女都为他们的生活提供了现实的支持（徐俊和风笑天，2012）。但对于独生子女家庭来说，这种模式已不具有客观条件，反而空巢、失独、啃老等成为独生子女家庭的普遍现象。因此，独生子女政策的一个重要影响就是最大限度地削弱了传统社会“家文化”的力量，使得家庭养老功能逐渐丧失，如何解决独生子女家庭养老难题必然是人口老龄化社会所面临的最大挑战。此外，市场经济发展过程中竞争失败、分配不公等造成了贫富差距越来越大；地区经济发展不平衡使大量的年轻劳动力不断向经济发达地区流动和迁移；商品经济带来的商品价值观念、利己主义和金钱至上思想日益显化，亲情关系日益淡化，家庭文化对子女养老的约束力下降；“未富先老”使政府推行的社会养老保障制度尚未完善，保险覆盖率不高等，导致养老成本骤升、养老资源需求越来越大而有效供给严重不足。因此，未来中国养老服务业发展将遇到阻力。

（3）背景三：价值多元与文化转型

改革开放伴随而来的是跨国文化的侵入和多元价值的碰撞交融，同时物质精神的日益丰富不断激发老年群体需求的个性化发展。李立等（2017）曾通过问卷调查来了解不同年龄段老年人养老服务需求差异，结果显示：60～69岁老年男性对“运动健身、棋牌活动、书法绘画”需求最高，女性对“运动健身、唱歌跳舞、棋牌活动”需求最高；70～79岁老年男性对“棋牌活动、运动健身、书法绘画”需求最高，女性对“家人慰藉、唱歌跳舞、谈心聊天”需求最高；80岁以上老年男性对“洗衣做饭、家人慰藉、清洁卫生”需求最高，女性对“家人慰藉、洗衣做饭、谈心聊天”需求最高；独居、空巢老年人内心更渴望常与子女一起吃饭聊天，但多忙于工作的子女很难满足父母的需求。由此可见，现代老年人追求更丰富多样的晚年生活，不仅仅只满足于生活照料，他们更向往“老有所养、老有所医、老有所为、老有所学、老有所教和老有所乐”。此外，中国自古就有“老吾老以及人之老，幼吾幼以及人之幼”，充分反映了“孝文化”的价值观，经过几千年的沉淀传承，养老文化中尊老、敬老、爱老、养老、助老的观念已内化为个人自觉的养老行为。但是在市场经济、人口流动和计划生育政策的冲击下，传统家庭养老赖以依托的文化观念受到新思想、新观念的影响，曾经孕育和强化的“孝道”伦理观念、家庭氛围及尊老敬老的社会环境等都发生了变革。伴随着文化转型，现代的老年人无论是养老诉求、养老保障和养老模式等都亟待重构和再造，这也是当下面临人口中度老龄化的中国如何发扬孝文化，塑造与现代生活方式相适应的养老价值观的重要所在。

二、研究的价值

世界人口老龄化形势的日益加深，必然会影响到每个国家经济社会的发展，以及经济社会中的每一个人。面对滚滚而来的“银发浪潮”，怎样养老及通过何种方式发展养老，成为老龄化国家所必须面临和着力解决的重大问题。鉴于不同国家政治、经济、文化和历史条件有所不同，在解决养老方式与方法上也必然存在诸多差异。目前，许多经济发达国家，由于自身经济实力的支持和居家形态等多方面的因素，它们在养老方式方法上的选择就是依靠政府高福利政策，充分发挥“社会养老”功能，具体以机构养老、居家养老、社区养老等形式实行养老保障。中国是一个历史悠久的尊老孝老的国度，养老敬老是中华民族传统美德之一，其中家庭养老是中国最主要的、传统的养老模式，也是乡土中国的伦理基石。但在中国特有的“人口老龄化与社会转型、独子时代与经济转型、价值多元与文化转型”的背景下，养老产业和养老服务发展相对滞后的老年型社会的快速到来，中国正面临着复杂形势和严峻挑战，传统的养老文化和观念已在时代变迁中发生着根本变化。切实解决养老问题，革新传统养老理念，加快养老服务产业发展，鼓励并扶持切合实际的养老资源管理，是当下应对人口老龄化的一种必然趋势。积极探讨老年人口的分布状况，并以满足老年人的养老需求、以提高老年人的生活质量为目的的养老资源配置理论与实践无疑更具有重要的理论意义和现实意义。

首先，从理论意义来看，中国自 1999 年正式进入人口老龄化社会，学术焦点主要从社会科学领域静态地关注养老模式和养老供需关系研究，研究尺度大多集中在单一区域内，在国家层面则更多地探讨如何应对老龄化、如何解决养老问题的制度设计。2012 年至今，已发表的 6000 余篇研究成果可以用来指导实践；中央及地方政府也陆续出台了一系列行之有效的“为老”政策。但是，随着老年人口的剧增和不断迁移，对养老资源的需求和消耗出现了明显的区域差异与再分配过程。与此同时，人口老龄化随着时空演化不断分异，养老资源与老年人口不匹配、利用不充分、规划布局不合理等新矛盾日益凸显；与养老模式、养老事业发展紧密关联的养老资源配置也亟须实现可持续发展。

在此趋势下，人口地理学更多地关注老年人口空间分布与演化特征；城市地理学更多地关注养老服务设施的空间布局，而对于老年人口与养老资源匹配关系的研究仍比较薄弱。应对老龄化、可持续发展养老事业迫切需要结合管理科学、资源科学等新的学科加以拓展和深入，这无疑对以人口为研究对象的人口地理学学科发展具有重大的推动作用。此外，要提高老年人的养老质量和水平，必须以一种大资源的观念，从非经济的角度重视和看待养老资源。养老资源概念的提出既是对传统养老资源（主要指养老金）的一种扩充，更是对传统的单方面从经济资源解决养老问题的创新，对于转变养老理念和拓宽养老思路具有重大的促进意义，从而深入探索和合理组合一切养老资源，使等量的养老资源在优化配置后发挥更大的价值和功效。

综上所述，通过对养老资源定义的界定、内容构成及其存在模式进行探讨，有利于对养老资源有一个全面的了解，选取城市中老年人群为研究对象，从老年人的实际需求出发，更容易得到老年人的认同感和归属感。本书重点对我国老年人口分布与养老资源匹配机制进行探究，与以往仅仅关注某一方面的简单分析取向不同，更多地强调人口地理学和资源科学等多学科交叉融合。因此，其研究具有一定的理论价值，同时为未来养老资源的开发利用及合理配置指明了研究方向，有利于提高养老保障水平，对于我国实际面临的老龄化问题有切实的研究意义。

其次，从现实意义来看，中国养老资源紧缺问题尤为凸显，该问题已成为阻碍我国养老事业发展的瓶颈和障碍。如果能从资源整合的角度出发，发现养老资源更有效的利用方式，将缓解我国的养老压力和资源供给负担，有利于我国养老事业顺利发展。养老资源整合方式研究，既要了解综合养老服务各方面的资金投入、服务组织、服务效果，还要探索最为节约、最为高效的资源使用方式。因此，该研究主要有以下几点现实意义。

1）老年人口的空间分布差异决定养老资源配置的合理有效性。老年人口空间分布与养老资源合理匹配有着很强的关联性。养老资源的形成、发展和配置通常以老年人口的需求、分布特征和规模等为前提和基础，老年人口分布特征（如密集区、衰减区、稳定区、增长区等）在一定程度上决定了养老资源结构和空间布局，也是影响养老资源配置的一个重要因素。反之，养老资源的发展水平与配置状态又反映了资源的利用效率，进而影响老年人口的分布变化。合理有效的养老资源结构和配置是应对人口老龄化问题，充分利用资源，调解老年人口不均和供需矛盾的一个重要驱动力。

2）分清主次，集中力量满足养老服务的主要需求。老年人的养老服务主要取决于老年人的身体状况，随着老年人年龄增长，身体各方面的机能都会出现衰退，衍生出生活与身体照顾、医疗康健、精神文化等多方面的服务需求。进行养老资源整合方式研究，有助于把握老年人的主要需求，有针对性、有重点地进行养老资源设置与分配，集中力量解决老年人最为紧迫的养老需求。

3）节约成本，避免浪费，促使养老资源达到效用最大化。目前，中国存在养老资源紧缺与养老资源浪费并存的现象。例如，城区公立养老机构一床难求，而郊区或民办养老机构空房率却很高，资金浪费严重。此外，由于监管不力造成的推高成本、资源流失等问题也是城市养老服务的病症。因此，通过养老资源整合方式研究，可以探索调整资源设置和使用的方法，节约成本，避免浪费，使闲置资源得到充分利用，通过制度设计减少养老资源流失与浪费现象。此外，在养老服务领域，许多养老资源还存在扩大服务半径的可能性。这些养老资源有许多可供开发的潜力，其辐射半径可向外延伸。这就促成了多形式的资源整合方式，使养老资源得到最充分的利用，达到效用最大化。

4）吸收各方力量，共同发展养老服务事业。福利多元主义理论认为，政府不应该是社会福利的唯一提供者，社会福利可以由公共部门、营利组织、非营利组织、家庭和社区共同负担。因此，探索养老资源整合，不仅是物质方面的整合，也是各方力量的整合，通过吸收各方力量参与养老服务事业的方法，制定鼓励政策，将各方力量充分调动起来，发挥其效能，可以形成有多方力量支持的养老服务格局。

此外，本书之所以选择东北三省作为主要研究区域，一方面是依据第五次全国人口普查、第六次全国人口普查数据分析结果可以看出，中国老龄化程度加深的地区除四川、长江三角洲地区之外就是东北三省，其中 80 岁以上“长寿区”主要集中在东北三省与长江三角洲地区，并呈向四周扩大趋势；另一方面是近年来东北三省经济发展频频告急，人口外流现象严重，已出现“未富先老”“人口骤减”等危机，从老龄化视角探讨东北三省人口-经济困境的解决方案将更有新意。因此，选择东北三省作为研究区域，不仅对当地养老资源的充分开发和使用、降低老龄化对经济社会发展的阻碍作用，还对人口地理学与管理科学、资源科学等相互融合促进具有正向的示范意义。此外，振兴东北老工业基地是我国区域发展的重点战略之一，应对人口老龄化凸显的矛盾，减少养老资源耗费，科学合理地匹配养老资源，使其在满足需求的同时能够得到充分有效的使用，降低社会负担和对经济发展的阻滞，这对于东北老工业基地的振兴无疑具有重要的实践意义。

综上所述，本书在全球人口老龄化社会背景下，开展老年人口与养老资源匹配关系等相关问题的研究，从理论层面揭示我国城市老年人口分布与养老资源匹配机理、形成机制；从实践层面定量测度具有示范效应的东北三省地级城市养老资源配置状况，以及老年人口分布与养老资源匹配程度；从管理学、地理学、资源科学视角提出与老年人口分布相匹配的养老资源配置优化路径与对策方案，为准确把握我国老年人口分布趋势、制定养老资源有效匹配机制、解决养老供需矛盾、促进养老事业可持续协调发展等科学问题提供参考。同时，对人口地理学、老年社会学、城市地理学、资源科学等多学科在养老问题研究上的交叉融合具有重要的理论价值和现实意义。

第二节 人口老龄化与养老资源研究概述

一、老年人口相关概念

1. 老年人口

2007年，中国人口学会常务副会长田雪原在《中国老年人口》一书中对“老年人口”做出了科学的定义和总结：老年人口是人口群体的有机构成部分，是生活在一定的社会生产方式、一定的时间和一定地域里，具有一定数量和一定质量，按年龄序列排列在较高年龄层次以后的那部分队列人口（田雪原，2007）。从定义中可以看出，老年人口是在时空尺度下，以个体为基础部分组合而成的群体概念。

在全球范围内，随着经济水平和医疗水平的提高，人口寿命不断延长，划分老年人口的年龄标准也随之不断提高。20世纪初，瑞典人口学家桑德巴（Sundbarg）从生育机能所能保有的年龄进行考虑，将老年人口起始年龄定为50岁。20世纪50年代，第二次世界大战结束后，许多国家将60岁定为老年人口的标准年龄，波兰人口学家罗塞特（Rosset）也提出将60岁作为界定老年人口年龄的门槛。1956年，联合国出版的第一本关于人口老龄化的研究报告《人口老化及其带来的经济和社会问题》将65岁作为老年人口的年龄起点。1982年举行的联合国年龄问题世界大会又将这一年龄的起点降至60岁。

进入21世纪以来，以发达国家为主的很多国家都将老年人口的起始年龄提高到65岁。由此可见，界定老年人口年龄的标准并不是绝对的，一成不变的，而是相对于人口发展而变化的。根据联合国及人口相关的国际研究组织机构的统计[①]，通常并用60岁和65岁两种老年人口年龄标准。老年期被视为生命过程中的一个阶段，此阶段老年人口又可划分为低龄、中龄和高龄老年人口。

我国在不同时代，老年人口的起始年龄也不尽相同。宋元时期著名学者马端临所著《文献通考》中的户口考记载，我国历朝历代通常将老年人的初始年

① GIS Standards and Standardization: A Handbook[R]. United Nations Economic and Social Commission for Asia and Pacific, New York, 1998: 1-3.

龄定在55～66岁，且随着朝代的更替和人类社会的不断进步逐渐提高。目前，我国对老年人口的年龄标准没有明确的规定(可参考我国的法定退休年龄:1978年，我国法定退休年龄被规定为男年满60周岁，女年满50周岁）。虽然2015年10月14日，在“辉煌十二五”系列报告会上，人力资源和社会保障部部长尹蔚民提出中国是世界上退休年龄最早的国家，人力资源和社会保障部将向社会公开延迟退休的改革方案，延迟退休年龄已是大势所趋，但现在仍然执行《关于个人退休、退职的暂行规定》（国发[78]104号）。

综上所述，结合我国人口年龄结构现状，同时也为了方便与国际上其他国家进行比较，我国在人口普查时主要将60岁作为划分老年人口的年龄标准。本书中的老年人口指年龄在60岁以上的人口①。同时，参考联合国及人口相关的国际研究机构的标准，又将老年人口分为低龄老年人，即年龄在60～69岁的人口；中龄老年人，即年龄在70～79岁的人口；高龄老年人，即年龄在80岁以上的人口。

此外，依据我国民政部于2001年颁布的《老年人社会福利机构基本规范》，老年人生活自理能力随着增龄衰老和疾病的影响将逐步衰退，因此从生活照料的角度，还可将老年人口划分为：自理老年人（the self-care elderly），属于日常生活可以完全自理的老年人，这些老年人可以不依赖他人和帮助设施；介助老年人（the device-aided elderly），属于身体功能和体能已经日渐减弱的老年人，这些老年人需要他人和外界的帮助设施，如拐杖、轮椅、安全扶手或缓坡梯段等帮助设施；介护老年人（the nursing-cared elderly），属于身体功能严重退化或有智力障碍的老年人，这些老年人没有生活自理能力，完全需要其他人的帮助和护理照顾。这种分类是为了加强老年人社会福利机构的规范化管理，维护老年人权益，促进老年人社会福利事业健康发展，也就是说属于社会福利服务机构对老年人的分类标准。

2. 人口老龄化

人口老龄化是经济社会发展到一定阶段的必然产物。“老龄化”一词是舶来品，是据英文“aging of population”对应译出的，人口老龄化是指人口总体中老年人口比重逐渐增加的过程。广义的人口老龄化包括两方面的含义：一是指个体的老化；二是指整个群体的老化。本书所指人口老龄化是群体的老

① 本书中所称的“以上”包括本数。本书中出现的“60岁及以上”等是遵循参考文献的原文表述。

化，是年长人口数量增加而导致老年人口比重增长的动态过程。

人口学将人口大致划分为三类人群：0～14 岁人群被定义为少儿人口；15～59 岁人群被定义为成年人口或生产年龄人口；60 岁以上人群则被定义为老年人口。中国一般将 15～59 岁定义为劳动年龄人口或劳动适龄人口；0～14 岁定义为少儿人口，60 岁以上定义为老年人口，这两个区间的人口为非劳动年龄人口。目前，国际上通行的标准是如果一个国家或地区中 60 岁以上人口占总人口的比重达到 10%，或 65 岁以上人口占总人口的比重超过 7%，则可认为该国家或地区已经进入老龄化社会（汪耀和孙明晓，2010）。

人口老龄化包括两个含义：一是指老年人口在总人口中所占比重不断上升，一般用老年人口比重指标表示老龄化水平；二是指社会人口年龄结构呈现出老年状态，可以用老龄化指数（老少比）指标衡量，老少比（H）=（65 岁以上人口数/0～14 岁人口数）×100%。这两个指标都是反映一个地区人口老龄化程度的最重要指标。当 $30\%<H\leqslant 60\%$时，为初级老年人口类型；当 $60\%<H\leqslant 90\%$时，为中度老年人口类型；当 $H>90\%$时，为重度老年人口类型（许昕等，2016）。高龄化是指年龄在 80 岁以上的老年群体占全体老年人（60 岁以上）的比重，用来衡量一个地区人口年龄结构的“高度老化”现象，反映该地区是否具有“长寿”特征。高龄化率是高龄老年人口占老年人口的比重，即（80 岁以上老年人口数/60 岁以上老年人口数）×100%。

目前，人口年龄的划分标准主要参照 1956 年联合国出版的《人口老龄化及其经济社会影响》一书，如表 1-2 所示。

表 1-2 人口年龄类型划分标准

界定标准	年轻型	成年型	老年型
0～14 岁少儿人口比重	40%及以上	30%～40%	30%以下
65 岁以上老年人口比重	4%以下	4%～7%	7%以上
老少比	15%以下	15%～30%	30%以上
年龄中位数	20 岁以下	20～30 岁	30 岁以上

由表 1-2 可知，人口年龄类型可分为年轻型、成年型和老年型。人口的年龄结构随着时间的推移处于不断变化之中，少儿人口比重减少进而引起的人口老龄化为底部人口老龄化，老年人口比重上升进而引起的人口老龄化为顶部人口老龄化，人口老龄化一般都是由底部向顶部发展。老少比又称老化指数，是

指人口中老年人口数与少儿人口数之比，是表明一个国家或地区人口年龄情况的重要指标。年龄中位数是一种位置的平均数，它将总人口分成了两半，一半在中位数以上，一半在中位数以下，反映了人口年龄的分布状况和集中趋势。年龄中位数的大小可以反映人口年老或年轻的程度，中位数越高，说明该国或地区老化程度就越高。

一个国家或地区的人口老龄化发展大致需要经历四个阶段：一是老龄化进入阶段，我国 60 岁以上人口比重在 2000 年就已经占总人口的 10%以上，这意味着我国已经进入老龄化社会，而英国、美国早在 20 世纪 60 年代就已经进入老龄化社会；二是老龄化加速阶段，此时劳动人口开始急速下降，有效劳动力开始出现短缺，第六次全国人口普查公报表明，我国老龄化的进程正处于加速阶段；三是老龄化高峰阶段，在该阶段老年人口抚养比上升，反映出劳动人口的抚养压力，我国将在 2030 年达到老龄化高峰；四是老龄化缓和阶段，随着老龄化高峰的到来，国家所采取的相关措施将逐渐发生作用，强度多呈现乘数效应，此时老龄化程度将逐渐趋于缓和，这一阶段的实现取决于应对老龄化的措施与经济社会发展的契合程度。

从发展的四个阶段来看，中国正处于第二阶段向第三阶段跨越的时期，该时期呈现的主要特点如下。

1）老年人口基数大、增长过快。首先，中国是世界上人口最多的国家。截至 2013 年底，中国 60 岁以上老年人口已是亚洲老年人口总量的 1/2，是世界老年人口总量的 1/5（林长云，2014）。《中国统计年鉴 2016》数据显示，中国 2015 年 60 岁以上人口达到 2.22 亿人，占总人口数的 16.15%。预计到 2020 年，老年人口将达到 2.48 亿人，老龄化水平达到 17.17%，其中 80 岁以上老年人口将达到 3067 万人；2025 年，60 岁以上人口将达到 3 亿人，成为超老年型国家；到 2035 年，我国将有 4 亿老年人，即每三个人中就有一个是老年人，而且按照目前我国老龄化发展趋势，人口老龄化比例从 20%提到 30%只需 20 多年的时间，发展非常迅速（李慧杰，2005）。其次，高龄化、空巢化趋势明显。据调查，中国 80 岁以上高龄老人在以年均约 4.7%的速度增长，明显快于 60 岁以上老年人口的增长速度。目前，80 岁以上老年人口达 1300 万人，约占老年人口总数的 9.7%；预计到 2025 年，80 岁以上高龄老人将达到 2400 万人，65 岁以上空巢老人将超过 5100 万人，空巢老人和高龄老人总量加大（李茜和朱方长，2010）。最后，中国内部区域老龄化程度差异较大。上海的人口年龄结构早在

1979 年就进入了老年型。2010 年（全国第六次人口普查）数据显示，上海成为中国老年人口最集聚的城市，老年人口密度为 547.26 人/公里^2，而青藏高原、新疆、内蒙古西部等地区，老年人口密度却在 0.02 人/公里^{2}以下，尚未进入老龄化社会，相差约 40 年。但是，从 2000 年（全国第五次人口普查）至 2010 年（全国第六次人口普查）数据来看，中国老年人口不仅总量在增长，地区分布也在扩展，从东部沿海、沿江、沿线向腹地和西部延伸，目前中国十大城市群已全部进入快速老龄化阶段（赵东霞等，2017a）。

2）老年人群内部差异大、呈现多元化。依据国家统计局公布的“2015 年全国 1%人口抽样调查数据”，首先，从年龄结构来看，全国高龄老年人（85 岁以上人口）有 978.5 万人，占老年人口总数的 6.8%；100 岁以上老年人大约有 4.9 万人。老年人口的年龄金字塔呈现正三角形的分布结构。其中，65 岁人口最多，约占老年人口总数的 9.01%，每增加一岁，人口就会相应地减少一些，100 岁以上人口所占的比例降低至 0.03%。低龄老年人是老年人口的主体，65～84 岁老年人口约有 1.34 亿人，占老年人口总数的 93.20%。其次，从性别结构来看，老年男性有 6884.12 万人，占老年人口总数的 47.87%，老年女性有 7498.03 万人，占老年人口总数的 52.13%，男女性别比为 91.81。随年龄增加，老年男性人口的减少速度要快于女性，出现了“年龄越大，性别比越低”的现象。例如，65～84 岁低龄老年人口男女性别比为 94.35；85～99 岁高龄老年人口男女性别比下降到 62.95；100 岁以上老年人口男女性别比更减少至 27.97。再次，从城乡差异来看，呈现老龄化倒置现象。农村比城市呈现出更为严重的人口老龄化，主要原因在于农村劳动力人口转移到城市，减缓了城市的老龄化，使得农村中老年人口比例相对增加，农村人口老龄化程度始终高于城镇。最后，从老年人行为能力来看，据全国老龄工作委员会办公室、民政部、财政部 2016 年共同发布的第四次中国城乡老年人生活状况抽样调查结果，中国失能老年人、半失能老年人约为 4063 万人，占老年人口总数的 18.3%，其中高龄老年人群中失能率在 50%以上，成为目前世界上唯一失能老年人口数量超过 1000 万人的国家，这对于养老服务业和产业发展将是巨大的挑战和商机（钟长征，2016）。

3）新时代新特点。正在和即将步入老年的人群出生在中华人民共和国，成长于改革开放，受益于新时代科技对生产生活的改变，自身呈现出一些新特点，也预示着中国老龄事业必然面临新机遇。首先，受教育水平持续提升，基本没有文盲或半文盲，文化程度绝大多数在初中以上，接受新事物及运用信息技术的能力普遍增强，如使用智能手机、会用社交软件（QQ、微信等）、参与互联网服务、浏览线上资讯等；其次，积累了一定财富，中国政府在全力建设小康社会过程中，人民群众的生活越来越好，养老资源得到了很大改善，老年人大多有了养老保障，也具有较强的养老产品和服务消费欲望与实力；最后，随着经济社会的发展，人们的自理状态、预期寿命将会不断提高，进而大大减轻老年群体在日常生活中对外部力量的依赖。这些新特点，使发展老龄事业、有效应对老龄化挑战、妥善解决老龄社会问题面临着新的机遇。例如，在物联网、互联网等信息通信技术的推动下，智慧养老平台快速发展，有利于为老年人提供多元化、个性化的服务，满足不同层次老年人的需求特别是精神生活上的需求；依托现代通信设备建立起老年居家紧急呼救系统，在小区物业服务中增加老年紧急呼救响应服务，大力发展养老服务业等，都将让老年人享受到更便利的生活和医疗服务。

3. 老年人口分布

参考张海鹰（1993）对人口分布的释义，将老年人口分布界定为：老年人口在一定时间内的空间存在形式、分布状况，包括各类地区老年总人口的分布，以及特定老年人口的构成（如迁移、性别等）的分布等。老年人口分布主要受自然、社会、经济和政治等多种因素的作用，其中自然环境条件（如经纬度、海拔、气候、温度等）对老年人口分布有着非常重要的影响。21 世纪以来，随着世纪范围的工业化、城市化，以及人口迁移的加速，政治、经济和社会等因素对老年人口分布的作用也在明显增强。

从世界来看，老年人口分布与人口分布的特点基本趋同，呈现不平衡性、规律性和时滞性。人口分布的最大特征就是不平衡性，众所周知，全球 90%以上的人口集中在不到 10%的陆地上，而陆地上有 35%～40%的土地基本上无人居住；亚洲陆地面积占全球的 29.4%，但人口约占世界总人口的 66.7%（萧浩辉，1995）；中国著名人口学者胡焕庸在 1935 年以“瑷珲-腾冲”为界画了条震惊世界的中国人口分布线，首次揭示了中国人口分布规律。此线东南半壁 36%的土地供养了全国 96%的人口；西北半壁 64%的土地仅供养了全国 4%的人口（胡焕庸，1935），如何突破“胡焕庸线”，成为中国人口地理学者致力于解决的科学问题。规律性即人口分布在水平方向，主要集中在北半球，南北半球人口比例是 1∶9，悬殊巨大；在北半球，人口又多集中在北纬 20°～60°的温带和亚热带地区，而且中纬度、地势低平和沿海位置对人口有明显的吸引作用。此外，时滞性指的是人口分布相对于生产力发展和经济中心转移有明显的落后趋势，即无论生产力如何发展或者经济如何发达，对人口的迁移从来不是立竿见影的，而是人口分布的变化依赖于自然增长率和净移民率的时间积累效应。

从中国来看，老年人口的分布与人口分布特点也基本趋同，表现在从东南沿海向西北内陆人口逐渐稀少，从东北平原向西南高原人口逐渐稀少。但受人口迁移的影响，老年人口与人口分布在城乡上出现差异，老年人口分布呈现“城-乡”两极集聚特征；而由于历史因素，乡村人口的比例仍高于城市人口。

二、养老资源相关概念

1. 养老资源

养老资源是近年来一个相对较新的概念，对这一领域的研究尚处于起步阶段，由于学者的观点和视角不同，关于养老资源的研究主要集中在概念探讨、需求和供给、设施配置等方面。从国外来看，20 世纪 70 年代开始西方学者就关注老年人养老资源保障的多方面支持，1975 年美国杜克大学创立了美国老年人资源和服务（OARS）多功能评价问卷，其中包括社会支持、经济状况、精神需求和躯体健康等方面（德克尔，1986）。Schmid（2004）将家庭照顾服务归为保障性支持（生活、医疗）和交流性支持（情感、精神）。而 Vaughan Ben 的研究则指向了与好友亲属和邻居的情感交流会在老年人生活满足感方面起到很大的促进作用（姚远，2003）。到了 80 年代，西方一些较早进入老龄化的福利国家，如丹麦、瑞典等，提出反对养老中的唯设施主义（Lawton et al., 1990）。之后的学者更多地关注养老资源的需求和供给，如 Rogers 和 Woodward（1992）、Findley（1996）、Hiliie 和 Barrow（1999）、Frey 和 Stutzer（2000）、Duncombe 等（2001）认为老年人养老资源的提供者应该是政府和家庭，同时还研究了适宜老年人居住的住房数量、质量、产权和价格的供给，以及居住区位的环境福利和老年福利与护理服务的可达性。Carrasco 和 Miller（2006）、Francis 等（2012）更关注老年人的收入、生理和心理状况、家庭关系等需求，强调安全和健康、健康护理设施、亲情关怀、距离子女较近等。近年来的研究成果显示，国外养老资源配置研究涵盖了经济资源、社会资源、情感精神慰藉、医疗健康资源等多方面(van den Berg et al., 2015),供给主体从政府、家庭到社会参与(Morimoto et al., 2015)。

国内最早对养老资源有研究的是穆光宗，他认为“养老资源是养老所需要的一组可获得的条件或者是能够支持老年生活的健康条件、人口条件、伦理条件、经济条件和时间条件的总和”，并创新性地将养老资源分为经济资源（如养老金、老年用品等）、服务资源（如购买劳务服务、保姆护工等）、情感资源（如陪聊、读书看报、广场舞等）（穆光宗，2000）。随后，柴效武（2005）从软硬资源的角度对养老资源做了界定，他认为养老资源不仅指传统概念上的资金，还包括国家、社会、家庭、个人等养老主体所开办的一切资源，包含货币资源、房产资源、环境资源等多项内容，还建设性地提出“养老资源要在不同地域间给予重新组合融化，优化配置，发挥养老环境资源的区位优势”。

综上所述，无论是国外学者还是国内学者，都认为养老资源的范畴十分宽泛，很难给出一个准确的界定。本书根据老年人口分布进行养老资源优化配置，从“需求-供给”的角度出发，以匹配优化为目标，将养老资源定义为在城市养老过程中，老年人所能利用的一切有利于解决养老问题的资源。具体包括：①生态宜居资源，主要指自然环境（如温度、降水、干燥度、地形、气候等），人文环境（如绿化、公园、广场、湿地等）；②制度政策资源，主要指延迟退休政策与养老金制度、老年人优抚（如老年津贴、景点优惠、公交优惠、专门通道）、养老医疗保障政策、社会保险（如养老保险、医疗保险）等；③生活保障资源，主要指各类养老机构[①]、各类医疗机构、家政、老年用品机构、社区食堂、公共交通等；④精神文体资源，主要指公共基础设施（如图书馆、戏剧院、美术院、博物馆、展览馆、活动健身广场等）、老年娱乐设施（如老年大学、老年活动中心等）、老年休闲设施（如社区阅览室、棋牌室、聊天室等）、老年养老服务[如司法援助、（遗产）公证、心理矫正、志愿服务、康健理疗等]。

2. 养老模式

早在 2000 年，穆光宗就提出中国的养老模式应该以养老资源的来源进行界定和划分标准，对此根据中国的社情民意将养老模式分为：家庭养老（子女）、社会养老（机构和社区）和自我养老（居家）三种基本的养老方式（穆光宗，2000）。这三种养老方式的养老资源分别来自家庭中子女赡养、社会中政府及

①《老年人社会福利机构基本规范》。

民办养老机构和社区的照顾，以及居家中夫妻间相互帮助或自理等。

（1）家庭养老模式

费孝通早年在谈到家庭的概念和实体时，显然强调了夫妇关系（婚姻关系）和亲子关系（血缘关系）的双合。而家庭养老，概括地说，是将“在家养老”和“子女养老”相结合。在中国，家庭养老通常被解读为由子女供养，并且更多的是指来自儿子的赡养。《中华人民共和国宪法》规定：“父母有抚养教育未成年子女的义务，成年子女有赡养扶助父母的义务。”这是对东方反哺模式的法律解说。归根究底，养老的实质是由谁来提供养老资源，这是区分养老方式最重要的标准，同时也可以看出，家庭养老是相对于社会养老来说的。因此，从实质上来说，家庭养老是指由家庭成员提供养老资源的养老方式和养老制度。

（2）居家养老模式

居家养老服务是指政府和社会力量依托社区，为居家的老年人提供生活照料、家政服务、康复护理和精神慰藉等方面服务的一种服务形式。它是对传统家庭养老模式的补充与更新，是我国发展社区服务，建立养老服务体系的一项重要内容。居家养老服务涵盖生活照料、家政服务、康复护理、医疗保健、精神慰藉等，以上门服务为主要形式。对身体状况较好、生活基本能自理的老年人，提供家庭服务、老年食堂、法律服务等服务；对生活不能自理的高龄、独居、失能等老年人提供家务劳动、家庭保健、辅具配置、送饭上门、无障碍改造、紧急呼叫和安全援助等服务。

（3）社区养老模式

社区养老服务是居家养老服务的重要支撑，具有社区日间照料和居家养老支持两类功能，主要面向家庭日间暂时无人或者无力照护的社区老年人提供服务。在城市，结合社区服务设施建设，增加养老服务设施网点，增强社区养老服务能力，打造居家养老服务平台。倡议、引导多种形式的志愿活动及老年人互助服务，动员各类人群参与社区养老服务。在农村，结合城镇化发展和新农村建设，以乡镇敬老院为基础，建设日间照料和短期托养的养老床位，逐步向区域性养老服务中心转变，向留守老年人及其他有需要的老年人提供日间照料、短期托养、配餐等服务；以建制村和较大自然村为基点，依托村民自治和集体经济，积极探索农村互助养老新模式。

（4）机构养老模式

机构养老服务以设施建设为重点，通过设施建设，实现其基本养老服务功能。养老服务设施建设重点包括老年养护机构和其他类型的养老机构。老年养护机构主要为失能、半失能的老年人提供专门服务，重点实现以下功能：①生活照料。设施应符合无障碍建设要求，配置必要的附属功能用房，满足老年人的穿衣、吃饭、如厕、洗澡、室内外活动等日常生活需求。②康复护理。具备开展康复、护理和应急处置工作的设施条件，并配备相应的康复器材，帮助老年人在一定程度上恢复生理功能或减缓部分生理功能的衰退。③紧急救援。具备为老年人提供突发性疾病和其他紧急情况的应急处置救援服务能力，使老年人能够得到及时有效的救援。鼓励在老年养护机构中内设医疗机构。符合条件的老年养护机构还应利用自身的资源优势，培训和指导社区养老服务组织和人员，提供居家养老服务，实现示范、辐射、带动作用。其他类型的养老机构根据自身特点，为不同类型的老年人提供集中照料等服务。

3. 养老资源配置

资源配置（resource allocation）就是对相对稀缺的资源在各种不同用途上加以比较并根据人们的需要而进行分配的过程。资源配置有两种表现形式：一是人们对有限的、相对稀缺的资源进行合理配置，使有限的资源通过合理的配置方式和组合实现最大的产出效益，通常指我们所说的 1+1>2；二是从投入与产出角度，将达到预定的产出效益而花费的成本最小称为合理有效的资源配置。

养老资源配置本质上是资源配置的一种，是指在一定地区范围内在各个养老机构中合理并有效地分配机构养老（人力、物力、财力）资源，以满足老年人对养老资源的需求，最终实现养老资源优化配置的目标，而养老资源优化配置是以合适的要素组合进行分配的，争取产出最大化，最终实现地区总供给和总需求的动态平衡。养老资源配置可分为增量配置和存量配置。增量配置主要指为了适应不断增加的养老需求，增加养老资源分配，让更多资源进入机构养老领域；存量配置主要是调整现有资源的结构和布局，提高资源的质量，实现资源的重组和效用最大化（谭英花，2014）。

能否充分有效地进行养老资源配置，最关键的问题就是匹配关系是否合理。匹配，词源解释为配合或搭配，在不同的领域会有不同的含义。国内外关于匹配的研究，多是应用于数学、计算机领域。在人口与可持续发展研究中，主要集中在人口、资源与经济社会发展之间协调、匹配（配置）关系的研究，如朱宝树（1993）对人口与经济-资源承载力区域匹配模式（即“P-E-R”匹配模式）

进行了探讨。王国栋和朱宇（2013）在对晋江市和巩义市经济、人口与环境协调发展研究中建立了协调度、协调发展度指数模型。周亮广（2007）以贵州省为例，对喀斯特地区水资源承载力特征及其与人口和经济的区域匹配模式进行了分析。张车伟和蔡翼飞（2013）使用度量人口与经济分布不匹配程度的指标，重新审视了中国区域差距及其变化。李豫新和王笳旭（2014）从新经济地理视角研究新疆地区人口与产业空间匹配性，提出人口空间分布与产业空间分布的演变机制模型。肖周燕（2014）对北京市内部人口与经济分布匹配性演变进行分析，深入揭示了北京人口与经济分布不匹配的根源。张祥晶（2015）采用集中指数与重心力模型研究了浙江省人口与经济空间分布变动及匹配关系等。

这些成果虽然不是直接研究养老资源与老年人口匹配关系，但都从不同角度揭示了在一定经济发展水平和资源环境条件下，某国家或某个地区的人口承载力客观上是有一定合理限度或适度范围的，资源的有效配置要根据经济水平与人口分布情况而定，人口、经济与资源的协调匹配才是可持续发展的最终目标。这无疑表明养老资源的充分有效配置和开发使用除了满足需求外还应与老年人口分布相匹配。当然，这已引起人口地理学者的关注，如吴瑞君等（2012）对上海老年人口空间移动特征及其对医疗卫生、养老服务等公共服务资源配置的影响进行了系统分析，提出老年人口空间变动会引发公共服务资源合理配置难题；杨胜利和高向东（2012）在对上海公共服务资源配置综合评价分析中发现服务资源最好的是中心城区，远郊区排名最低，同时服务资源也影响着人口分布和流动；武永生（2012）在研究上海老年人口变动对公共服务影响时得出，老年人口随着规模、结构和分布的变动对服务资源配置提出了更严峻的挑战；赵东霞等（2014）采用两步移动搜寻法研究了大连市低龄老年人口分布与社区文体服务资源分布的可达性，发现文体活动站的选址与老年人口分布密切相关。

总之，国内外学者从最早关注老年人口的空间变化再到公共服务资源的配置，转为目前开始探讨老年人口分布对服务资源配置的影响，以及服务资源配置的区域差异，表明应对人口老龄化越来越重要的问题是老年人口空间移动所产生的分布格局对养老资源配置的影响，而解决这一问题的有效策略应是使养老资源与老年人口分布格局相匹配，让每位老年人在有限的时空内获得有效的养老资源。

三、研究的主要内容

根据研究背景、研究意义和研究的主要任务，本书将老年人口空间分布引入城市养老资源配置问题研究中，从理论上探讨老年人口分布与养老资源配置之间的系统关系、相互影响，以及二者的匹配模式与机制；从经验上归纳总结国内外值得学习和借鉴的国家与区域成功、成熟的做法和启示；从实践上对国家、地区、省、市、区五个层级的城市老年人口分布与养老资源匹配度进行测评，分析其不同时间、空间上出现不匹配问题的原因，提出优化对策，为指导面向老龄化社会的城市经济社会可持续发展做出贡献。研究内容主要如下。

（1）老年人口与养老资源配置的研究意义与主要内容

从人口老龄化发展与人地关系地域系统的一般理论出发，依据当前国内外研究热点和研究意义，基于人口地理学、老年社会学、经济地理学、资源科学、新制度经济学等相关学科，阐述老年人口分布与养老资源匹配的关键词释义，分析其属性特征，总结本书采用的主要研究方法和技术路线。具体内容有：①研究背景与研究意义。阐述了人口老龄化的发展趋势与特点、养老资源配置从制度到标准的演进过程，并依此提出本书的理论价值和应用指导意义。②概念、内涵及属性特征界定。首先，对老年人口的概念、分类、特征、需求及分布等进行阐释，从而明确养老资源的内容、结构与属性；其次，对养老资源的概念、类别、内容结构、物品属性、模式等进行界定，从而明确老年人口与养老资源间的匹配关系。③研究方法与技术手段。首先，采用理论与实证相结合的方法，理论主要指的是通过对文献的梳理，界定、总结并指导老年人口与养老资源配置的协调关系，为优化养老资源与老年人口匹配奠定理论基础；实证则指的是分析不同类型区域养老服务资源配置模式，提炼成功经验以供参考借鉴。同时，从地理空间视角分析不同层面的老年人口与养老资源匹配现状，挖掘存在的主要问题，为优化的方向和内容奠定现实基础。其次，采用定性与定量相结合的方法，定性主要是对研究对象进行界定和理论探讨；定量指的是依据历年统计数据进行的数值测算。

（2）国内外相关成果的述评与发展动向

主要利用 BibExcel 科学计量软件对 1965～2017 年发表的期刊论文进行检索，力图将人口老龄化、老年人口分布、养老服务设施、养老保障、养老资源配置等研究方向涵盖在内；利用 UCINET 社会网络分析软件对检索的数据进行可视化分析，目的是对老年人口分布与养老资源匹配研究现状进行剖析，把握该领域的研究热点，从而对未来的研究起到推动作用。

（3）相关理论基础与探讨

基于人口转变理论、马斯洛的需要层次理论、资源配置的帕累托最优理论、福利多元主义、公共物品供给理论、供给与需求平衡理论、社会支持理论、可持续发展与适度人口理论、中心地理论与基本公共资源服务供给均衡化、家庭生命周期理论、地理信息系统（GIS）空间技术理论等，对老年人口分布与养老资源匹配的机制、测度及优化的接续研究进行指导。

（4）城市养老资源配置的体系建设

老年人口空间分布与养老资源合理匹配有着很强的关联性。养老资源的形成、发展和配置通常以老年人口的需求、分布特征和规模等为前提和基础，老年人口分布特征（如密集区、衰减区、稳定区、增长区等）在一定程度上决定了养老资源结构和空间布局，也是影响养老资源配置的一个重要因素。反之，养老资源的发展水平与配置状态又反映了资源的利用效率，进而影响老年人口的分布变化。适宜有效的养老资源配置体系框架是应对人口老龄化问题，提高资源充分利用，调解老年人口不均和供需矛盾的一个重要组成部分。因此，基于相关理论、模式借鉴，本书主要从体制、机制视角对老年人口与养老资源配置的体系建设进行系统的探究。

（5）国外不同类型区域养老服务资源配置模式

养老模式是养老资源的利用方式，是养老资源发生效用的途径。目前，对养老资源配置研究主要是围绕养老模式多样性与适用性展开的。在实践领域，各区域也是积极探索适合本地社情民意的养老资源配置模式。因此，探究不同类型区域养老服务资源配置模式是十分必要且重要的。本书总结了国内外人口老龄化最突出的、养老资源模式建设最好的区域的成功经验和做法，为我国不同类型区域养老资源配置模式建设提供参考和启示。

（6）国内不同尺度下老年人口分布及其养老资源配置现状

老年人口分布与养老资源配置体系研究表明，二者匹配是评判老龄化社会人口与资源协调发展与否的重要标志。而实际检验测度养老资源配置状况则是准确把握老年人口与资源配置水平是否协调的重要依据。因此，从国家、地区、省、市、区五个层面系统研究城市老年人口分布与养老资源配置状况，探讨不匹配存在的主要问题及原因。

（7）城市老年人口与养老资源配置的优化路径及其调控

养老资源配置不仅要遵循老年人口、经济发展与资源承载力之间匹配协调发展的一般规律，还要遵循老年人口的分布变化及对养老资源配置结构演变的特征规律。老年人口剧增所带来的压力必须保持在经济社会与养老资源承载力范围之内，保持在它们相互匹配的范围之内，并尽量降低流动的老年人口养老活动对当地资源的消耗强度。因此，优化路径及其调控是建立在前面研究的基础上提出的，具体如下：①制度体系框架构建。从国家尺度，基于人口老龄化空间分布演进趋势和国家养老资源战略管理，提出适合中国城市养老资源配置的制度体系。②管理体制机制完善。从地区和省级尺度，基于东北三省和辽宁省的老年人口分布特征与经济发展水平，探讨和当地城市发展相匹配的养老资源配置组织运行与保障体系，提出满足需求的养老资源利用效率和均质化发展的对策建议。③空间配置优化布局。从市域、区级尺度，针对研究区域的匹配评价结果，提出符合老年人口分布特征的养老资源配置优化内容与结构。

第三节　人口老龄化与养老资源研究方法

一、采用的主要方法

本书立足于理论，采用定量与定性相结合的方法开展研究，具体如下。

（1）定性研究方法

运用到定性研究方法的部分主要是界定、阐释老年人口分布与养老资源匹配的概念、理论，分析老年人口分布与养老资源匹配的关系，以及全面梳理总结国内外相关研究成果。研究方法采取文献计量法、深度访谈法、比较分析法等。

1）文献计量法。主要在 CNKI、维普、Web of Science、各类新闻网站、书籍中，基于多维视角寻找关于相关研究主题的学术论文、评论、新闻、专著、教材、政策等，从前人研究的成果中梳理、分析、阐释、提炼老年人口分布与养老资源匹配的理论与原理，了解形成机制。然后，借助 BibExcel、UCINET 软件，进行文献的检索、甄别、整理和分析，即采用文献计量分析方法对文献进行梳理。UCINET 是一款应用于科学文献识别并显示科学发展新趋势和新动态的可视化文献分析软件，它能够显示一个学科或知识域在一定时期发展的趋势和动向，形成若干研究前沿领域的演进历程。

2）深度访谈法。这是西方社会科学“质性研究”（qualitative research）中最重要的一种方式。质性研究是研究者参与到自然情景中，而非人工控制的实验环境，充分地收集资料，采用归纳思路分析资料和形成理论，通过与研究对象的实际互动理解他们的行为。深度访谈法是一种研究性交谈，是研究者通过有目的提问的方式，从被研究者收集、建构第一手资料作为观点证据的研究方法。用此方法主要是获取老年人对养老资源的主要需求。

3）比较分析法。比较分析法主要通过比较国内外不同类型区域在养老资源配置模式上的成功经验和做法，归纳总结其值得参考借鉴的模式，为从宏观、大尺度上完善我国城市养老资源配置提供建设性的策略。

（2）定量研究方法

运用定量研究方法的部分主要是第六章和第七章，对不同尺度城市老年人口分布特征、养老资源配置水平、不同分布特征下养老资源与老年人口匹配度进行系统测度。采用的具体方法包括老龄化比重、老年人口集聚度、全局空间自相关、热点分析、综合指数模型、地理集中度、数理统计分析法、两步移动搜索法、OD 成本矩阵、马尔可夫预测模型等。

1）老龄化比重。国际上通常把 60 岁以上的人口占总人口比重看作老龄化指标，因此用当年老年人口总数与总人口数之比来表示，反映老年人口在总人口中所占比重不断变化的过程。当比值达到 10%时，说明该国家已经进入老龄化社会，比值越高老龄化程度就越高；当比值小于 5%时，说明老年人口在总人口中所占比重较低，尚未进入老龄化社会。计算公式为

$$P=（\text{老年人口总数}/\text{总人口数}）\times 100\% \tag{1-1}$$

2）老年人口集聚度。老年人口集聚度是指一个地区的老年人口相对于全国老年人口的集聚程度,可以用某一地区以占全国 1%的国土面积上集聚的全国老年人口的比重（%）来表示，与人口丰沛度具有同等的意义。计算公式为

$$\mathrm{JJD}_i=\frac{(p_i/p_n)\times 100\%}{(A_i/A_n)\times 100\%}=\frac{p_i/A_i}{p_n/A_n} \tag{1-2}$$

式中，JJD_i 为 i 市的人口集聚度；p_i 为 i 市的老年人口数量（人）；A_i 为 i 市的

土地面积（平方公里）；A_n 为全国土地面积（平方公里）；P_n 为全国老年人口总数（人）。

3）全局空间自相关。全局空间自相关主要是揭示某个观测变量在地理空间上的整体分布状况，即从区域空间的整体层面上反映区域某项指标活动的空间分布与集聚状况。全局空间自相关常用 Moran's I 衡量，其计算公式为

$$\text{Moran's I}=\frac{\sum_{i=1}^{n}\sum_{j\neq i}^{n}w_{ij}\left(x_i-\overline{x}\right)\left(x_j-\overline{x}\right)}{S^2\sum_{i=1}^{n}\sum_{j\neq i}^{n}w_{ij}} \tag{1-3}$$

式中，n 为空间研究单元的样本数；w_{ij} 为区域空间权重矩阵，定义研究单元空间相邻为 1，不相邻为 0；x_i 为第 i 个空间单元的观测值（属性值）；S 为空间单元观测值的标准差；$\overline{x}$ 为所有观测值（属性值）的平均值。

4）热点分析。热点分析（ G_i^* ）是局域空间自相关的一种有效方法，用来衡量区域内局部区域与相邻空间单元的相关性。G_i^* 指标可用来分析区域内研究单元 i 和 j 间的空间异质性，得到高值或低值要素在空间发生聚类的位置，计算公式为

$$G_i^*=\frac{\sum_{j=1}^{n}w_{ij}x_j-\overline{X}\sum_{j=1}^{n}w_{ij}}{s\sqrt{\dfrac{\left[n\sum_{j=1}^{n}w_{ij}^2-\left(\sum_{j=1}^{n}w_{ij}\right)^2\right]}{n=1}}} \tag{1-4}$$

式中，x_j 为要素 j 的属性值；w_{ij} 为要素 i 和 j 之间的空间权重；n 为要素总数；s 为标准差。G_i^* 能够探测出数值的高值和低值集聚情况，G_i^* 的统计量值高且为正数时，表示为高值集聚或为热点区域；G_i^* 的统计量值高且为负数时，表示为低值集聚或为冷点区域。

5）综合指数模型。区域养老资源在一定时期的老年人口承载能力与资源状况、生活宜居度密切相关，可用函数表示为 $C(t)=f(M(t),E(t),L(t),R(t),P(t))$。式中，$t$ 表示时间，$C(t)$ 表示老年人口承载力，$M(t)$ 表示生活资源总量，$E(t)$ 表示医疗资源总量，$L(t)$ 表示宜居程度，$R(t)$ 表示文化资源总量，$P(t)$ 表示居住环境资源总量。将上式转换为 $L(t)=f(M(t)/C(t),E(t)/C(t),R(t)/C(t),$

$P(t)/C(t)$)，式中，$L(t)$ 表示老年人宜居程度，$M(t)/C(t)$、$E(t)/C(t)$、$R(t)/C(t)$、$P(t)/C(t)$ 分别代表生活资源、医疗资源、文化资源、居住环境资源的人均量指标，然后选择极差化法将 $M(t)/C(t)$、$E(t)/C(t)$、$R(t)/C(t)$、$P(t)/C(t)$ 进行无量纲化处理，分别得到 AM'、AE'、AR'、AP'，最后得出综合指数模型为

$$\mathrm{PRI}=\frac{AM'+AE'+AR'+AP'}{4} \tag{1-5}$$

6）地理集中度。地理集中度是综合考虑大区域的人口、资源总量与区域面积的因素，用来反映老年人口或者养老资源在空间分布上的集中程度。老年人口地理集中度 R_{pop_i} 和养老资源地理集中度 R_{res_i} 的计算公式如下：

$$R_{\mathrm{pop}_i}=\frac{\mathrm{pop}_i\sum\mathrm{pop}_i}{\mathrm{ter}_i\sum\mathrm{ter}_i}；\quad R_{\mathrm{res}_i}=\frac{\mathrm{res}_i\sum\mathrm{res}_i}{\mathrm{ter}_i\sum\mathrm{ter}_i} \tag{1-6}$$

式中，pop_i 和 res_i 分别为某年段 i 城市的老年人口数和养老资源总量；ter_i 为 i 城市的国土面积；$\sum\mathrm{pop}_i$ 和 $\sum\mathrm{res}_i$ 为东北三省城市老年人口与养老资源总量之和；$\sum\mathrm{ter}_i$ 为东北三省城市面积之和。R 值越小，表明老年人口或养老资源相对于土地面积来说更趋于均匀化；反之，表明老年人口或养老资源越集中，差异性越大。

7）数理统计分析法。运用相关统计软件对原始数据中的老年人口比重、少儿人口比重、老少比、老年抚养比、出生率、死亡率、人均 GDP 等指标进行计算。利用熵值法确立测度人口老龄化的指标权重，算出辽宁省人口老龄化水平的综合得分。进一步通过纳尔逊分类法对辽宁省各区县人口老龄化水平进行分级。

8）两步移动搜索法（2SFCA）。该方法是分别以设施点和需求点为原点，以确立的距离阈值（出现时间或距离）为搜索半径进行两次搜索，计算距离阈值范围内需求点的设施点数量。数值越高，设施点到需求点的可达性越高。本书中养老服务设施空间可达性的计算原理如下。

第一步，以每个养老服务设施为中心，计算每个养老服务设施 j 与搜索距离阈值 d_0 范围内的街道质心 k 之间的供需比：

$$R=\frac{S_j}{\sum\limits_{k\in\{d_{kj}\leqslant d_0\}} P_k} \tag{1-7}$$

式中，P_k 为搜索区内街道 k（即 $d_{kj}\leqslant d_0$）的老年人口数；S_j 为养老服务设施 j 点的总供给；d_{kj} 为街道质心 k 到养老服务设施 j 之间的距离。

第二步，以每个街道质心 k 为中心，搜索所有距离阈值 d_0 内的养老服务设施 j，将所有的供需比 R_j 求和即得到街道的可达性 A，计算公式为

$$A_k^F=\sum_{j\in\{d_{kj}\leqslant d_0\}} R_j=\sum_{j\in\{d_{kj}\leqslant d_0\}}\frac{S_j}{\sum\limits_{k\in\{d_{kj}\leqslant d_0\}} P} \tag{1-8}$$

式中，A_k^F 为街道 k 对养老服务设施的空间可达性，值越大表明街道的可达性越好；R_j 为街道 k 搜索区（$d_{kj}\leqslant d_0$）内养老服务设施 j 的供需比。

9）OD 成本矩阵。OD 成本矩阵是用来测算分析起始点到目的地的最小成本路径，可通过 Network Analyst 工具条构建。研究中所采用的 OD 成本矩阵分析是基于大连市交通路网的网络数据集的时间成本，计算不同类型道路的街道老年人口分布到 170 家养老服务设施的最短通行时间。将街道老年人口分布到各个养老服务设施的最短通行时间的平均值作为服务阈值。

10）马尔可夫预测模型。马尔可夫预测模型可运用于随机波动性比较大的数据，马尔可夫理论指出系统状态发生的概率只与近期状态有关，当系统达到一定状态就会与原始条件无关。将马尔可夫模型运用于老年人口的预测，是从现有老年人口数据序列中抽象出随机过程概率规律，通过概率规律预测未来老年人口数据。首先，要划分状态。状态是某一时刻系统处于的状态，用变量的特征值来表示。其次，要计算状态转移概率。系统的变量由一个状态值转化到另一个状态值时，表示系统发生了状态转移。系统处于某种状态的概率，称为状态概率 $S(t)$。某一时刻 t 的状态概率向量为 $S(t)=\{S(1t), S(2t), \cdots, S(nt)\}$。根据转移概率构建转移概率矩阵。状态由 S_m 转向 S_n 的概率为 P_{mn}，表示状态 S_m 经过一个时期转移到状态 S_n 的一阶转移概率。对于任意的 m 和 n，所有转移概率 P_{mn} 构成的转移矩阵 P 为

$$P=\begin{vmatrix} P_{11} & P_{12} & \cdots & P_{1i} \\ P_{21} & P_{22} & \cdots & P_{2i} \\ \vdots & \vdots & \ddots & \vdots \\ P_{i1} & P_{i2} & \cdots & P_{ii} \end{vmatrix} \tag{1-9}$$

最后，构建预测模型。由于马尔可夫模型仅仅与系统的初始状态和状态转移概率有关，当 t=0 时，即为初始状态。系统在经过 t 次状态转移之后，此时状态 S_m 的概率为 S_m（t），并且满足 $\sum_{m=1}^{n} S_m(t)=1$，$S(t+1)=S(t)P(t=0,1,2,\cdots)$。当 t=0 时，$S(1)=S(0)P$；当 t=1 时，$S(2)=S(0)P=S(0)P^2$。

由此可推：$S(k+1)=S(t)P_k+1(k=0,1,2,\cdots)$，可运用此模型进行老年人口的预测。

此外，还采用了 GIS 的空间分析法，主要利用空间分析中的叠加分析、栅格分析、服务半径法等，对养老服务设施协调性进行评价。叠加分析是在同一空间参考系统下，将相关图层组成的数据层进行叠加操作，同时生成新数据层，其所产生的新图层包含之前相关图层要素特有的属性信息，其主要目的是对在同一空间区域内有相关性的空间对象的空间特征和特有属性之间的关系加以分析。栅格分析中栅格数据重分类是对栅格数据的旧值采用新值代替、旧值合并、重新分类和空值设置等方法重新评定等级，以达到可以对各个数据统一度量、分析处理的目的。服务半径法以一定的服务半径作缓冲区来确定该机构的服务范围。空间缓冲区是以空间的点、线、面为实体在其周围建立一定宽度范围的面状区域，表示地理空间实体的影响范围或服务范围等。在早年的设施布局规划研究方面会选用点状适量缓冲区来表达设施点的服务覆盖范围或区域，做法一般以设施点为圆心，适合距离为半径，在设施点周围建立圆形面状缓冲区，缓冲区之间可重叠。这种面状信息表示了设施点的影响范围或服务区域。

二、技术路线

本书技术路线如图 1-1 所示。

根据当前国内外人口老龄化发展背景及挑战，提出科学问题，从多个方面展开系统研究。既有理论综述、阐释和基础指导，也有比较、实证研究，从不同尺度全面探究当前我国城市老年人口分布与养老资源匹配的现状，找出存在

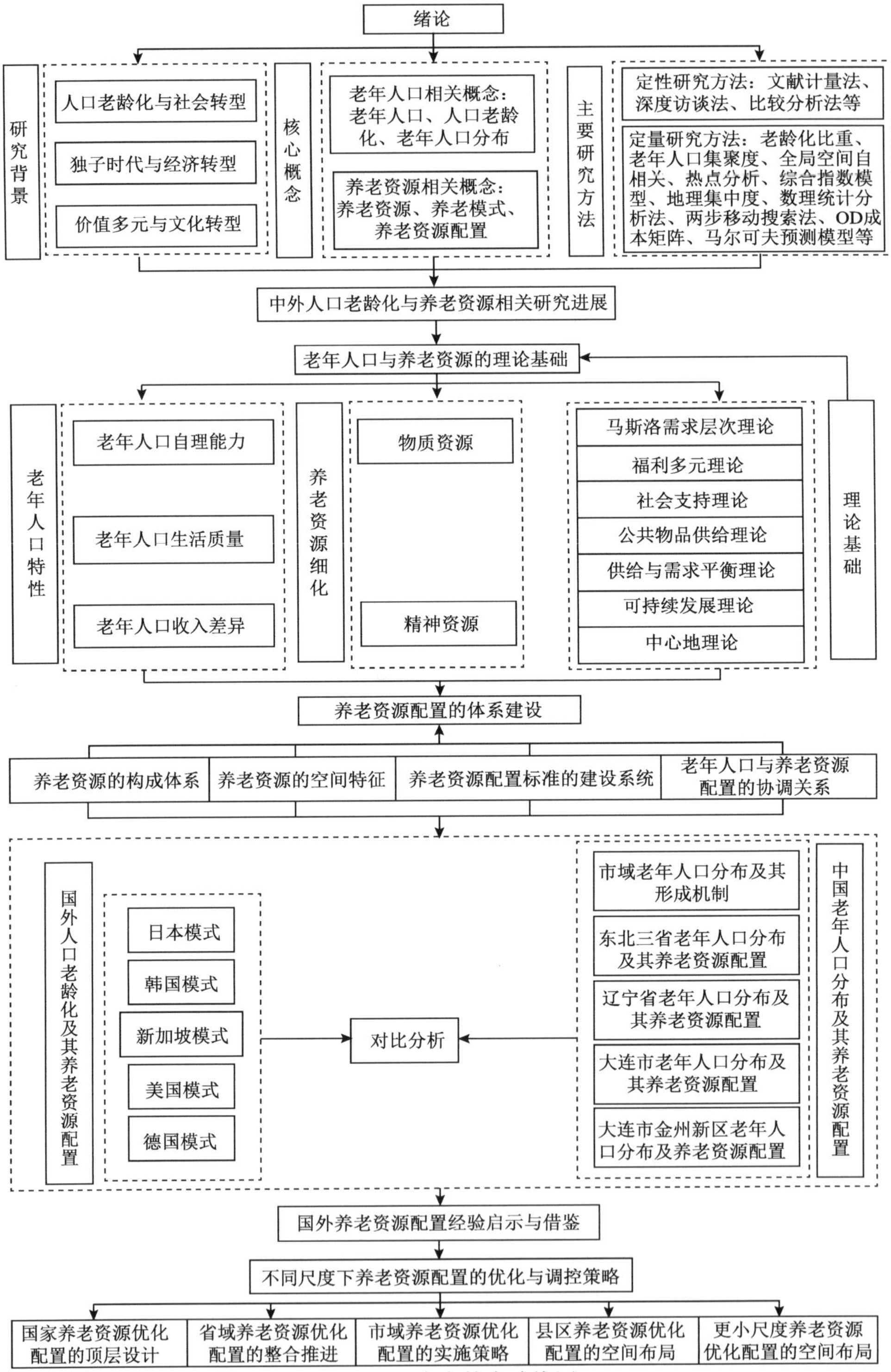
绪论
研究背景
人口老龄化与社会转型
独子时代与经济转型
价值多元与文化转型
核心概念
老年人口相关概念：老年人口、人口老龄化、老年人口分布
养老资源相关概念：养老资源、养老模式、养老资源配置
主要研究方法
定性研究方法：文献计量法、深度访谈法、比较分析法等
定量研究方法：老龄化比重、老年人口集聚度、全局空间自相关、热点分析、综合指数模型、地理集中度、数理统计分析法、两步移动搜索法、OD成本矩阵、马尔可夫预测模型等
中外人口老龄化与养老资源相关研究进展
老年人口与养老资源的理论基础
老年人口特性
老年人口自理能力
老年人口生活质量
老年人口收入差异
养老资源细化
物质资源
精神资源
马斯洛需求层次理论
福利多元理论
社会支持理论
公共物品供给理论
供给与需求平衡理论
可持续发展理论
中心地理论
理论基础
养老资源配置的体系建设
养老资源的构成体系
养老资源的空间特征
养老资源配置标准的建设系统
老年人口与养老资源配置的协调关系
国外人口老龄化及其养老资源配置
日本模式
韩国模式
新加坡模式
美国模式
德国模式
对比分析
市域老年人口分布及其形成机制
东北三省老年人口分布及其养老资源配置
辽宁省老年人口分布及其养老资源配置
大连市老年人口分布及其养老资源配置
大连市金州新区老年人口分布及养老资源配置
中国老年人口分布及其养老资源配置
国外养老资源配置经验启示与借鉴
不同尺度下养老资源配置的优化与调控策略
国家养老资源优化配置的顶层设计
省域养老资源优化配置的整合推进
市域养老资源优化配置的实施策略
县区养老资源优化配置的空间布局
更小尺度养老资源优化配置的空间布局

图 1-1　本书技术路线图

的主要问题，并进行优化配置，从而提出有效调控策略。本书的特色之一是紧密结合当前人口老龄化发展实践的现实要求，在开展理论、方法研究的同时，更强调服务于促进我国城市养老与经济社会协调发展实践，在积极应对“未富先老”风险及人口变化带来的不利影响，实现人地关系和谐可持续发展框架下，开展老年人口与养老资源匹配关系的研究，力求为指导我国城市资源优化配置、提升经济社会发展质量提供科学参考。本书的特色之二是多学科和方法的交叉，主要涉及地理学、人口学、管理学和资源科学等学科交叉的热点领域，同时融合了现代信息技术、空间技术、数理统计分析等研究手段，符合当代科学研究发展方向。创新之处主要体现在以下两个方面。

1）从老年人口分布视角对老年人口与养老资源匹配关系进行研究。从文献梳理中发现，研究成果多是从供需层面探讨养老资源的配置问题，或是将老年人口分布关联到养老服务设施的布局与可达性上。本书通过分析老年人口空间分布特征评价养老资源的匹配情况，进而探究老年人口和养老资源与当地经济发展的匹配关系，即老龄化不仅仅是需要和消耗当地的养老资源，而是根据老年人口的分布合理有效地匹配养老资源，使其降低对经济社会的不利影响，促进人地关系和谐健康可持续发展。因此，本书在一定程度上扩大了以往人口地理学、经济地理学及区域科学的视角，拓展了人口地理与资源科学理论研究领域。

2）构建养老资源配置综合测评模型和养老资源支持系统。人口与资源之间存在多种耦合关系，其匹配程度是影响双方健康持续发展的重要因素。本书成果之一是将“匹配”引入老年人口分布与养老资源配置关系研究中，对东北三省城市老年人口与养老资源匹配进行测评。东北三省属于老龄化中度区，研究老年人口空间分布特征与养老资源优化配置将具有国家战略意义和示范效应。通过选取 34 个地级市和 2 个行政区作为研究对象，根据老年人口统计数据，基于空间自相关分析 3 个主要年份的市域人口老龄化时空演变特征，运用综合指数模型评价 2015 年 36 个对象的养老资源配置，依据地理集中度表示 36 个对象老年人口与养老资源的空间匹配关系，研究内容上属于较新的尝试。此外，从管理学和经济学视角构建了养老资源支持系统，包括主体、体制、流程、合作关系、参与内容等，可以用来指导小尺度（市域、社区）满足老年人口需求的养老资源供给研究。

第二章

中外人口老龄化与养老资源相关研究进展

第一节 国外人口老龄化与养老资源研究综述

顾名思义，老年人口分布与养老资源匹配，是研究老年人口的空间分布与养老资源匹配的学科领域，是研究老年人口分布规律与老年活动资源之间相应关系的学科，具有极强的学科交叉性和社会实践性。它包含老年学、老年社会学、人口地理学、经济地理学、资源科学等诸多学科领域在养老问题上的综合研究成果，并且随着人类社会的不断发展壮大、研究方法的不断创新、科技水平的不断提高，其学科领域也在不断外延。因此，对当前国外老年人口分布与养老资源匹配的研究状况进行梳理显得尤为重要，本节运用社会网络中的多种方法对该领域的研究成果进行细致分析，选取学科、国别、作者等多个维度对当前研究态势进行解析，分析科研工作的整体状况；通过学科主题分析，对世界老年人口分布与养老资源匹配研究现状进行剖析，把握该领域的研究热点，从而对未来的研究起到推动作用。

一、文献采集

本部分进行可视化分析所采用的数据来源于汤森路透公司的 Web of Science 数据库平台，基本能够代表各领域期刊的最高水平。为尽可能多地选取各领域研究数据，本部分选取包含文献作者、文献题名、文献摘要、来源期刊和文献引文的数据选项，并且在选取研究领域时并未加以区分。本次检索以 TS=（（“elderly population” OR “senior population” OR “population ageing” OR “pension”）AND（“space” OR “region” OR “resource” OR “facilit”））为检索式，对 1965～2017 年发表的期刊论文进行检索，力图将人口老龄化、老年人口分布、养老服务设施、养老保障、养老资源配置等研究方向涵盖在内。为保证数据分析时的精确性与统一性，本次检索中仅对英语语种的文献进行检索，共获得 2665 条检索数据，检索时间为 2018 年 1 月 25 日。此后，通过对检索获得的数据进行人工筛选，共获得 150 条有效检索数据。文献的时间分布如图 2-1 所示。

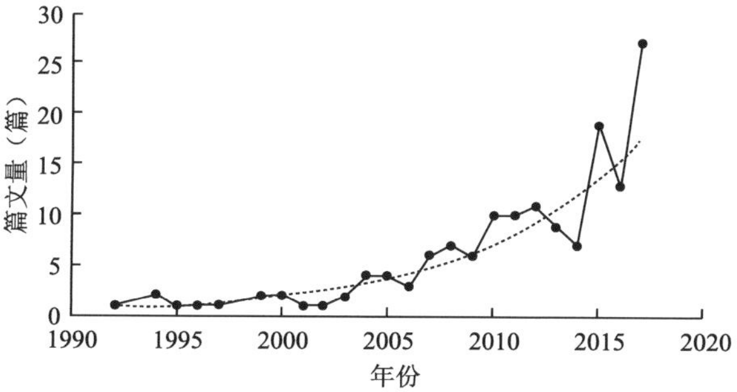

图 2-1　老年人口分布与养老资源匹配领域发文时间分布图

从文献发表的时间分布情况来看，老年人口与养老资源配置领域的文献数量呈现逐年上升的趋势，尤其是在近十年，研究的发文数量飞速增长，2017 年，发文数量已经达到 27 篇。从图像数据预测来看，该领域在未来一段时间将呈现出更好的发展趋势。

二、数据处理与研究方法

通过检索得到的原始数据并不是能够直接进行分析的数据，由于原作者的个人习惯及所发期刊论文的呈现方式，部分数据需要通过优化才能够使用。例如，在对国别字段（WC）进行处理时，需要将国家名称的大小写进行统一；对作者字段（AU）进行处理时，需要对作者名称的简全写进行识别，利用国别机构信息进行合并；在对关键词字段（DE）进行处理时，既需要将关键词的大小写进行统一，也需要将同义词如 aging、ageing 统一为 ageing，冗长关键词如 regional differences in european population 拆分为 regional differences 与 european population；等等。

通过定性与定量相结合的研究方式，首先抽取检索数据中的字段进行优化，建立 Excel 样本数据；然后利用 BibExcel 科学计量软件统计出数据出现频次，利用高频数据构建数据矩阵；最后利用 UCINET 社会网络分析软件进行可视化分析，将得到的数据绘制成共现网络图谱。在共现网络中，每一个节点代表一个关键词单元，单元节点的大小代表该关键词在网络中的重要程度，单元节点之间的连线粗细代表单元节点之间的紧密程度，相同单元节点形状代表单元节点同属一个类别（刘军，2014）。

三、国际合作网络分析

在当前的学科交互环境下，单一学科方向的研究已经不能完全满足科研需要，科研合作成为科学研究工作中的一个重要组成部分。究其原因，主要在于个体科研工作者在面对当前学科复杂发展、科学技术迅猛变化、知识总量指数增长和专门知识技能高度细化的情况下，无法拥有全部研究资源并支付高昂的研究经费，必须通过科研合作的方式解决交错复杂的科研问题（Hara et al.，2003）。在进行科研合作的过程中，科研工作者不仅能够实现学科知识的交流与传播、先进实验方法和实验设备的共享，还可以通过科研工作的交叉完成隐性知识和科研技术的转化和升华（Beaver and Rosen，1978）。现代科学技术的迅速发展，有力地推动了科学研究跨学科、跨国家的合作。跨学科的科研合作对扩大单一学科广度、推进学科知识转移起到推动作用（Porter and Cohen，2007）；而跨国家的科研合作对大规模的科技创新和各国科研水平提升起到了巨大的促进作用。就本书而言，老年人口分布与养老资源匹配是一个综合的、复杂的学科领域，无法从单一学科的角度进行探究。因此，本书通过跨学科、地区/国家合作、作者合作对老年人口分布与养老资源匹配进行分析，从而全面有效地了解当前的学科领域状况。

1. 跨学科分析

老年人口分布与养老资源匹配是一个包含老年学、老年社会学、人口地理学、经济地理学、资源科学等诸多学科理论与方法的创新型、综合型学科领域。定量测度该领域的跨学科研究成果情况能够清晰地了解各学科的参与情况，为寻求特定领域的研究内容打下基础。

Web of Science 有着自己建设的分类体系：一种是 Web of Science 类别（WC），另一种是学科类别（SC）。在 Web of Science 第五版中，SCI 和 SSCI 通过 WC 字段进行了 225 个学科的细致分类（Leydesdorff et al.，2013），本部分也选用该字段进行分析，老年人口分布与养老资源匹配方面的研究共涉及 49 个学科领域。不同领域的学科发文量排在前十位的如表 2-1 所示。各学科领域共现情况如图 2-2 所示。

表 2-1　发文量前十的学科领域

学科	发文量（篇）	学科	发文量（篇）
地理学（Geography）	34	老年病学或老年医学（Geriatrics or Gerontology）	9
老年医学（Gerontology）	24	人口学（Demography）	9
经济学（Economics）	24	计划与发展学（Planning and Development）	9
公共事业、环境科学技术与职业健康心理学（Public，Environmental and Occupational Health）	20	城市研究（Urban Studies）	8
环境学（Environmental Studies）	12	多学科科学（Multidisciplinary Sciences）	6

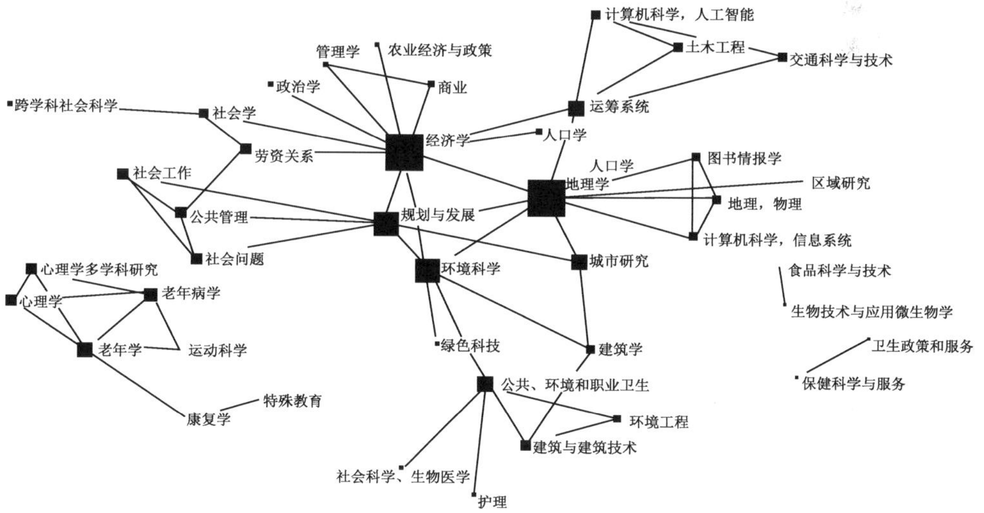

图 2-2　老年人口分布与养老资源匹配领域多学科合作网络图谱

地理学是研究老年人口分布与养老资源匹配时的重要领域，它既为宏观上的基于地理位置的老年人口认定提供理论支持，又为微观上养老服务设施可达性提供数据参考；老年学是人口老龄化的基础理论学科，在体系中处于根本位置；经济学方面的研究主要着眼于老年人养老资源配置中的养老金、养老保障等问题；公共、环境和职业卫生方面主要体现在养老资源配置中的护理资源、医疗资源；环境科学更加注重区域环境对老年人口的影响；老年病学主要是对基于老年人口的医疗资源建设问题进行讨论；人口学侧重于老年人口的分布状况；规划与发展强调老年人口的预测、资源配置的比较；城市研究领域主要对城市中的养老服务设施匹配进行探索；运筹系统是将交通科学与技术、人工智能和土木工程作为老年人出行、宜居的主要内容进行研究。

由图 2-2 可以清晰地看出经济领域、地理领域、环境科学领域和规划与发展领域更加依赖于与其他学科相融合来解决老年人口分布与养老资源匹配的相关问题，而作为该领域基础研究的老年学却与其他学科联系较少。这体现出老年人口分布与养老资源匹配领域的综合学科匹配属性，该领域极其强调其余诸多学科与老年人口融合研究形式，从多角度、多方位、多层次来解决研究中的实际问题。

2. 地区/国家合作分析

人口老龄化不是一个区域两个区域、一个国家两个国家的问题，整个世界都在面对劳动人口日益减少、老年人口不断增加的矛盾。各区域面临的问题既有其特殊性，也有其普遍性。现代技术进一步推动了不同国别科研工作者的交流与合作（谢彩霞，2006）。在不同国别科研工作者的合作努力下，普适性的科研成果能够大范围地解决一般性问题。地区/国家合作分析可以将国家发文情况及国际合作态势予以显示。本部分研究选取 C1 字段进行分析，有 41 个地区或国家为老年人口分布与养老资源匹配领域贡献了研究成果，然而地区/国家的合作并不明朗，在已获得的 150 篇文献中仅有 22 篇文献是通过国别合作研究得到的，仅占总量的 14.7%。发文量排在前十位的国家为美国、中国、英国、加拿大、澳大利亚、韩国、德国、意大利、波兰和日本，如图 2-3 所示，合作频次大于 2 的国家如表 2-2 所示，国家合作网络图谱如图 2-4 所示。

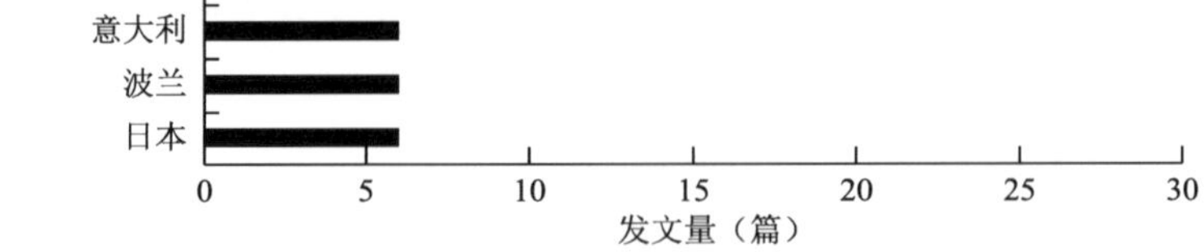

图 2-3 老年人口分布与养老资源匹配领域发文量的国家分布

表 2-2　国际老年人口分布与养老资源匹配领域国家合作频次

频次	国家	首次出现年份
11	美国	1994
8	中国	2005
7	澳大利亚	2009
4	英国	1994
4	加拿大	1995
3	日本	2000

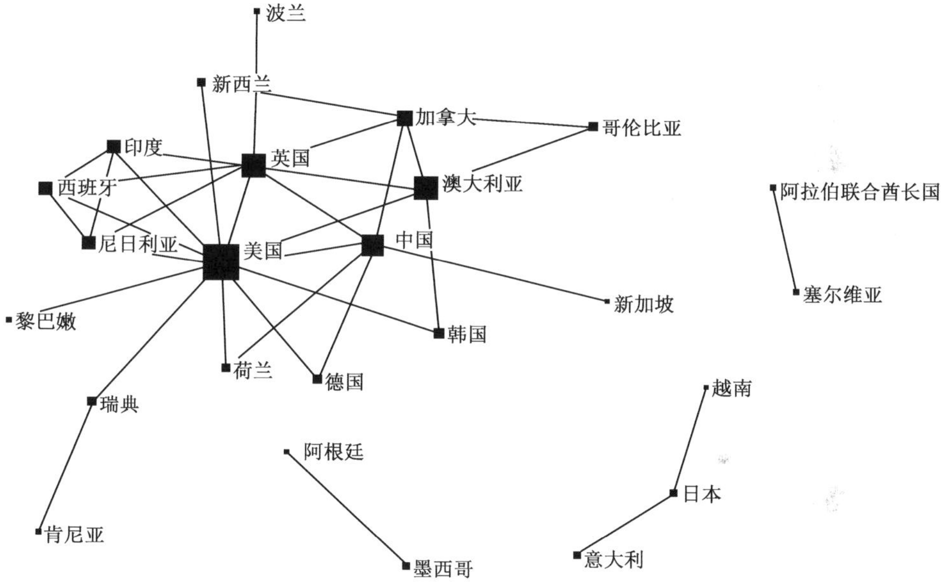

图 2-4　国际老年人口分布与养老资源匹配领域地区或国家的合作网络图谱

从图 2-3 可以看出，美国、中国、英国、加拿大和澳大利亚的发文量远超过其他国家，是该领域的发文大国。美国虽然人口较少，但资源较为丰富，人口老龄化带来的问题并不十分明显，但是作为全世界科研水平最高的国家，处于该领域发文量第一的位置，其研究的主要问题在于老年人口的流动性及养老资源不平等方面。中国人口占据着世界人口的 1/5 左右，老龄化是中国的重要问题，中国学者主要试图解决农村养老保障问题、老年住房问题及老年设施的空间可达性问题。英国是世界上最早的工业国家，它同样也面临着老龄化问题，其老龄化的主要矛盾在于为促进年轻人的就业而使步入老年的人口过早退休，使得老年人口膨胀而养老资源却无法跟上，其研究的主要方面在于养老资源匹配与老年人口的再就业。加拿大的老龄化是由经济高速发展而出生率下降所导致的，加拿大学者的主要研究目标并非是“拨乱反正”，而是在于提升养老资源的水平，其主要研究方面是医疗资源及公共资源的匹配问题。澳大利亚统计局发布的2016年人口普查结果显示，澳大利亚人口老龄化日益严重，其总人口中65岁以上的老年人口占总人口数的16%，且85岁以上老年人口达50万人，占总人口数的2%，这就要求澳大利亚尽快进行养老资源的建设工作，在统计过程中发现，澳大利亚的学者更加关注老年人口的空间分布及老年人的安置护理工作。

此外，排在后五位的国家都是来自亚洲或者欧洲。韩国和日本都是老年人口比例大的国家且日本更是老龄人口比例最大的国家，这两个亚洲国家不约而同地在医疗资源匹配上投入了更大的精力；德国、意大利和波兰在一定程度上能够代表欧洲老龄化的主要矛盾，过于优渥的福利体系与人口移民政策导致欧洲经历着极为严重的养老资源不匹配问题，其主要研究目标在于优化养老资源的区域分配及养老资源改革。

由表2-2可知，迄今合作网络中国家的科研合作并不积极，美国、中国和澳大利亚是合作网络中发文量较高的国家，并且中国和澳大利亚的首次发文时间较晚，说明这两个国家在进行科研合作方面有着较高的积极性；而英国和加拿大，虽然在发文量上居于世界前列，但是在合作研究上却显示出消极的反应，这一方面说明这两个国家的学者更加倾向于国内机构的合作，另一方面也显现出该国老龄化问题的独特性。

由图2-4可知，美国、英国、中国、澳大利亚、加拿大等国家（地区）在合作网络中的节点较大，表明这些国家（地区）通过合作发布的科研成果较多，但是从连线中看，美国与中国以外这些国家之间的连线并不十分突出，说明这些高产国家中除美国与中国合作较多，其余国家的合作研究次数较少，大多都以国内的合作为主；而对于节点较小的国家，如印度、新加坡、德国、瑞典等，除了与高产国家进行合作外，彼此之间的合作较少，并没有形成较为明显的合作网络。

3. 作者合作分析

对于作者合作网络的分析能够展现存在哪些作者合作团体、作者合作网络的密集程度如何，以及在研究领域中每个小团体的核心科研人员是哪一位（付允等，2009）。本部分利用数据中的 DE 字段对作者进行分析，共有 423 名学者在老年人口分布与养老资源匹配领域进行了相关研究，其中发文量为 4 篇的作者有 1 位，发文量为 3 篇的作者有 1 位，发文量为 2 篇的作者有 14 位，如表 2-3 所示。发文量为 2 篇以上的作者如表 2-4 所示。该领域作者合作网络图谱如图 2-5 所示。

表 2-3　老年人口分布与养老资源匹配领域作者发文量统计

发文量（篇）	作者数量（人）	作者占比（%）	发文量（篇）	作者数量（人）	作者占比（%）
1	407	96.2	3	1	0.2
2	14	3.3	4	1	0.2

表 2-4　老年人口分布与养老资源匹配领域发文量 2 篇以上作者情况

作者	发文量（篇）	作者	发文量（篇）
Zhang L	4	Walford N	2
Kim J	3	Wu C	2
Kurek S	2	Woo J	2
Newbold K	2	Rogers A	2
Nowossadeck E	2	Pfau W	2
Lin J	2	Rosenberg M	2
Feng Z	2	Chen Y	2
Stockdale A	2	Cheng J	2

由表 2-3 和表 2-4 可知，当今国际老年人口分布与养老资源匹配领域并未产生突出的学术代表人物，绝大多数的作者仍然处于浅尝辄止的状态。该领域也未成为学者的专门研究对象。

根据图 2-5 中所显示的该领域作者合作网络图谱来看，结合表 2-3 与表 2-4 中的数据，虽然作者的发文量并不多，但是却产生了诸多的作者群体。这说明虽然老年人口分布与养老资源匹配领域的关注度不高，但是由于领域范围学科交错复杂，研究方向渗透交叉。每一个研究成果都需要多人合作来完成。由此可见，在不同学科科研工作者的共同努力下，老年人口分布与养老资源匹配终将被各学科领域的学者所熟知，从而得到更好的发展。

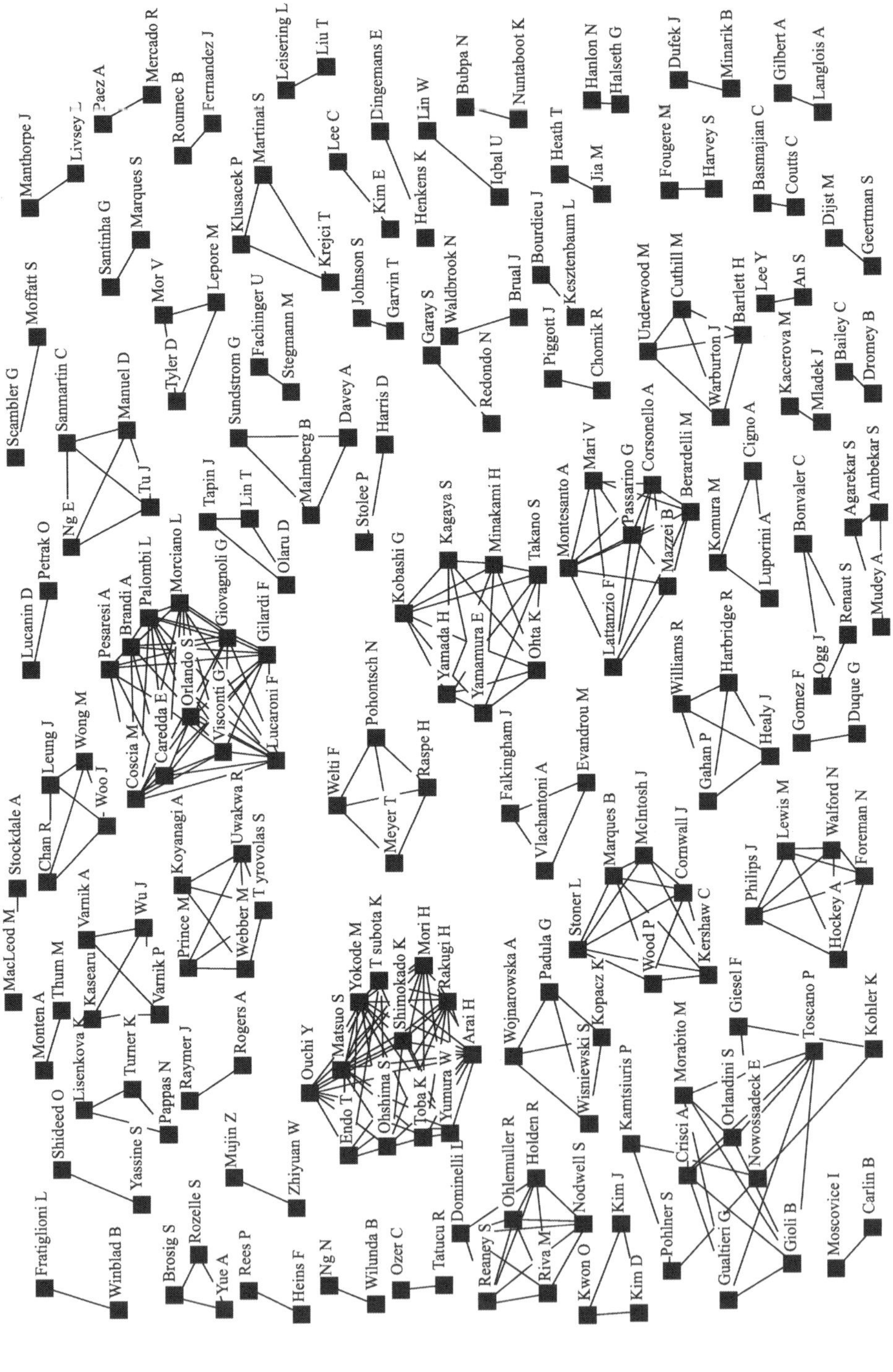

图2-5 老年人口分布与养老资源匹配领域作者的合作网络图谱

四、学科主题分析

学科主题分析是对某一学科领域的主要研究内容进行分析，它能够更加明确地反映当前学科领域的研究状态。一般情况下，学科主题分析通常使用主题词（DE），也就是文献作者提供的关键词进行网络构建，这是因为只有文献作者才对自己的科研成果最为了解，其在创作过程中选择进行描述的关键词能够最为贴切地描述文献研究内容。学科主题分析主要包括词频分析和关键词共现分析两个方面（陈必坤，2014）。对于老年人口分布与养老资源匹配领域来讲，这两种方法能够协助把握学科发展脉络，探究学科研究热点。

1. 词频分析

通过统计能够揭示或表达文献研究内容的关键词在某一学科领域文献中出现的频次，能够有效地推断出该领域的研究热点和发展趋势（郭卫东，2007）。而词频的波动与研究内容的变化存在内在关系，一定的学科变化必然会引发相应的词频波动（邓珞华，1987）。所以对老年人口与养老资源匹配领域的词频分析就将通过这两个方式进行，一是通过对该领域的所有关键词进行词频分析，获取高频关键词，如表 2-5 所示；二是通过对近十年的高频关键词进行逐年统计，如表 2-6 所示。

表 2-5　老年人口分布与养老资源匹配领域高频关键词

排名	关键词	频次	百分比（%）	排名	关键词	频次	百分比（%）
1	老龄化（ageing）	32	5.14	8	生活质量（quality of life）	5	0.80
2	老年人（elderly）	25	4.01	9	健康（health）	4	0.64
3	人口老龄化（population ageing）	22	3.53	9	区域差异（regional differences）	4	0.64
4	中国（China）	12	1.93	9	不平等（inequality）	4	0.64
5	农村（rural）	11	1.77	9	地缘（geography）	4	0.64
6	欧洲（Europe）	7	1.12	9	人口统计学（demography）	4	0.64
6	养老金（pensions）	7	1.12	9	住房（housing）	4	0.64
7	贫困（poverty）	6	0.96	9	医疗保健（health care）	4	0.64
10	残疾（disability）	3	0.48	10	积极老龄化（active ageing）	3	0.48

续表

排名	关键词	频次	百分比（%）	排名	关键词	频次	百分比（%）
10	可达性（accessibility）	3	0.48	10	建成环境（built environment）	3	0.48
10	迁移（migration）	3	0.48	10	地老化（ageing in place）	3	0.48
10	卫生服务（health services）	3	0.48	10	人口预测（population projections）	3	0.48
10	第二次人口迁移（second demographic transition）	3	0.48	10	融资（financing）	3	0.48

表 2-6　近十年老年人口分布与养老资源匹配领域排名前五位的高频关键词

2008 年	词频	2009 年	词频	2010 年	词频	2011 年	词频	2012 年	词频
农村（rural）	2	老年人（elderly）	2	老年人（elderly）	3	老龄化（ageing）	4	老年人（elderly）	3
物理疗法（physical therapy）	1	农村（rural）	2	人口老龄化（population ageing）	3	老年人（elderly）	3	人口老龄化（population ageing）	3
人口老龄化（population ageing）	1	体力限度（physical limitation）	1	住房条件（housing）	2	人口减少（depopulation）	2	区域差异（regional differences）	2
长期护理（long-term care）	1	贫困（poverty）	1	人口（population）	1	人口老龄化（population ageing）	2	可察觉环境（perception environment）	1
迁徙移动（migratory flows）	1	精神失常（mental disorders）	1	公共政策（public policy）	1	第二次人口迁移（second population migration）	2	可步行性测量（walkability assessment）	1
2013 年	**词频**	**2014 年**	**词频**	**2015 年**	**词频**	**2016 年**	**词频**	**2017 年**	**词频**
老龄化（ageing）	2	养老金（pensions）	2	老龄化（ageing）	8	中国（China）	2	老龄化（ageing）	7
农村（rural）	2	公共服务（public services）	1	人口老龄化（population ageing）	4	人口老龄化（population ageing）	2	老年人（elderly）	5
老年人（elderly）	2	二次规划（quadratic programming）	1	生活质量（quality of life）	2	老龄化（ageing）	2	中国（China）	5
人口老龄化（population ageing）	1	火车站巡逻（train station patroller）	1	人口预测（population projections）	2	公共养老金（public pensions）	1	人口老龄化（population ageing）	3
住所（place）	1	运算法则（pso algorithm）	1	中国（China）	2	秘鲁（Peru）	1	人口统计学（demography）	2

通过 Excel 软件统计，所采用的检索数据中关键词字段经过优化处理，共统计出 436 个关键词，频次排在前十位的高频关键词如表 2-5 所示，共有 26 个。由表 2-5 可以清晰地发现老龄化、老年人、人口老龄化作为老年人口分布与养老资源匹配领域的基础问题，是科研工作者最基本的关键词；中国作为近年来才在该领域进行研究的科研团体，其对国家内部的研究发展迅猛；农村、贫困老年人口分布和资源建设也受到了多方面的关注；关于欧洲的相关研究也受到了学者的重视；此外，养老金、健康、生活质量、区域差异和不平等也是学者的关注重点。

由表 2-6 可知，2008～2010 年由于发文量较少，研究的内容较为分散，高频关键词并不显著，此后于 2011 年开始，随着发文量的增多及写作的集中，高频关键词稍许凸显。综合来看，老龄化、农村老年人口及养老金问题可能是未来研究的主要关注内容。

2. 关键词共现分析

关键词共现分析是从学科主题和知识的角度研究学科发展的分析方法。对老年人口分布与养老资源匹配领域中高频关键词进行共现分析可视化如图 2-6 所示。

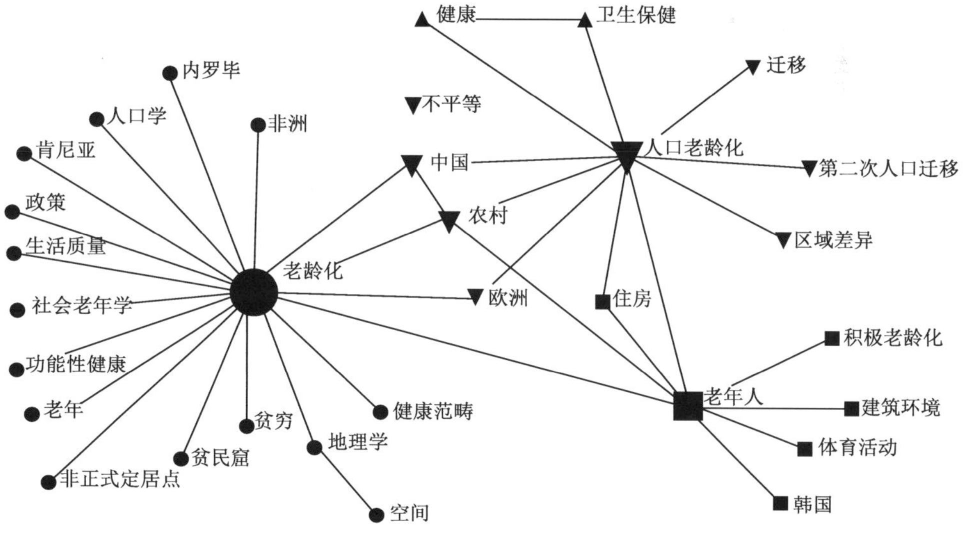

图 2-6　关键词共现网络图谱

由图 2-6 可知，首先围绕在关键词“老龄化”四周中心度最高的几个关键词，老年人、农村、中国是老年人口分布与养老资源匹配领域的热点主题；其次，虽然单元节点大小并不突出，但网络中连线较多，人口老龄化也是该领域的重点研究内容；再次，通过对各个单元节点之间的连线也可明显地看出老龄化与中国、农村、老年人、社会老年学、贫穷、生活质量、地理学的联系较为紧密，人口老龄化与欧洲、卫生保健、健康、区域差异、第二次人口迁移的联系较为紧密；最后，通过试验发现，左侧关键词共现网络分为 4 个小团体时，fitness（适应度）值最小，证明划分合理。其中，中间及右侧倒三角形团体代表的是中国及欧洲城乡老年人口差异问题；右上方正三角形团体代表的是老年医疗护理资源问题；右侧正方形团体代表的是以老年人生活环境为核心的养老资源问题；左侧圆形团体代表的是以老龄化为着眼点的综合性问题。

五、主题热点分析

以上述词频分析及关键词共现分析结果为基础，结合学科领域研究成果，将老年人口分布与养老资源匹配研究的内容归纳为以下几个方面。

1）农村老年人及贫穷老年人养老资源配置问题。无论是在欧洲国家、美洲国家还是在亚洲国家中都存在养老资源配置的不公平问题，这种不公平又体现在城市养老资源与农村养老资源不对等的前提下。在这种趋势愈演愈烈的情况下，各国学者纷纷对农村养老资源重新配置提出了自己的看法。中国学者主要对中国城乡社会保障差异进行调查，发现在农村青壮年劳动力流失、老年人口比例激增的情况下，农村养老资源仍然存在覆盖面缩小、资金管理不对称、腐败等重大问题（Wang et al.，2005；Wu，2013；Tao，2017）。越南学者根据越南家庭生活标准调查，量化地统计了农村老年人的贫困原因，并提出应当利用社会养老计划减少农村老年人的贫困发生率（Giang and Pfau，2009；Long and Pfau，2009）。印度学者为探究农村和城市老年生活质量差异的真实原因，通过多阶简单随机的方式对 800 位来自城市和农村的老年人进行问卷调查，得出这种差异是由社会人口因素、社会资源、生活方式行为和收入差异产生的（Mudey et al.，2011）。哥伦比亚学者认为相比于城市老年人，生活在农村地区的老年人时刻面临失业、得不到医疗救护及武装冲突等许多困难，应当从卫生资源、国防资源等方面为农村老年人提供生活保障

（Gomez et al.，2009）。

2）医疗卫生资源配置问题。随着老年人口比例的不断上涨，以及对医疗保健资源的切实需求，原本卫生保健资源显得捉襟见肘。越来越多的学者对医疗资源的配置广度、配置密度都表示担忧。Santana（2000）对为何在葡萄牙的国民保健服务实施 30 年之后，老年人保健服务获取的不公平性依然存在提出了疑问，并强调卫生保健设施不能由于地理位置的不公平而受到影响。加拿大农村老年卫生保健服务长期以来都面临设施距离远、设施密度低、护理人员短缺等问题，Hanlon 和 Halseth（2005）为解决这些障碍，通过借鉴不列颠哥伦比亚省北部的一些例子发现政策才是改变现状的出路。Osborne（2008）在其文章中探讨了影响或阻止老年人获得物理治疗服务的内在因素和外在因素，以期望推动治疗服务的开展。随着人口老龄化、家庭结构的变化和妇女劳动参与率的提高，韩国对长期护理的需求不断增加。Kwon（2008）表示在当今韩国，护理人员和护理设施的缺乏是韩国进行长期护理资金投入的主要障碍，韩国需要认真制定资金投入的实施计划才能保证医疗服务的稳定进行。Dosen 等（2017）将加拿大汉密尔顿区域比喻为“健康的沙漠”，认为该区医疗场所位置的确定与老年人口的分布没有相关性，应当通过城市规划的方式减少此类事情的发生。此外，基于人口的墓地资源也作为卫生资源的考虑范围，Basmajian 和 Coutts（2010）认为在未来几十年将会有大批的老年人口死亡，这将使公墓资源受到限制，他们建议使用墓地替代品来减少城市空间的过度使用。

3）基于地理空间的养老资源配置问题。基于地理空间的养老资源配置问题主要集中在以下两个方面：一是宏观上基于地理位置、气候变化的养老资源配置问题。例如，Rogers 和 Woodward（1992）探讨了老年地理集中度的测量方法，发现老年人口变化速度在时间上和空间上的变化规律。Oven 等（2012）根据英国各地的极端气候情况，为老年群体提供切实有效的保护，并且强调老年人口在农村地区面对极端天气灾害的脆弱性。二是微观上养老服务设施的空间可达性问题。例如，Chen 等（2015）对户外的流动障碍进行调查，确定停放的摩托车、盆栽、娱乐区域的橡胶块是老年人独立生活的威胁，通过控制值和平均深度的空间语法参数测定出这些障碍，从而解决老年人移动和可达性的需求。Jin 等（2015）采用面积加权法将村民委员会层面的人口数据分解为住宅单元水平，应用最小成本路径分析计算从每个建筑单元到最近医疗设施的时间，根据地区和人口覆盖的情况，研究城镇和农村地区医疗保健可达性的不公平性，为进一步巩固国家医疗保障体系提供了帮助。

4）老年人生活空间问题。人口老龄化带来的不仅仅是老年人口比例的提高，同样也使独居老年人的数量大大上升，如韩国在2005～2010年，独居家庭的老年人人数就提高了45%。在这种大环境下，老年人的住房问题、生活空间问题随之产生。Wagner等（2010）调查了老年人对各种住房问题的意见和态度，大多数受访者都表示希望继续住在自己的房子中，而老年人集聚式的房屋并不受到他们的欢迎。Zhou等（2015）以广州市为例，通过对广州市六类老龄化社区的调查，分析城市发展中导致老年群体分化再到老年群体聚集的原因和具体过程，用以支持将老龄化社区纳入城市规划和公共政策中。Jun（2017）为提高老年人的生活质量，认为养老院、老年社区、老年住宅都应当满足老年生活的需要，生活空间需要能够动态地适应居住者的生活习惯。

5）养老金问题。由于一些福利待遇较高的国家实施养老金福利保障之前缺乏计划性，在当今青年劳动力减少，受福利待遇保障的老年人口增加的情况下，社会保障金都有一些入不敷出。各国政府都在试图进行养老金改革以保障社会福利的可持续性。Paddison（2007）在研究中发现加勒比地区养老金制度的实质性改革尚未实现，他试图从有相似地理环境和政府环境的地区中寻找突破口，弥补改革中的空白。Gill等（2008）指出，相当一部分公共养老金制度都因为管理不善而在人口老龄化之前破产，因此应当吸取拉丁美洲养老金制度的教训，顺利完成养老金过渡的转变。意大利的养老金制度由于出生率和就业率的下降产生了一种消极的趋势，并且由于受到提前退休和移民外流的影响，降低了养老金平衡的可持续性。Dingemans等（2017）也提出了一种“桥梁就业”的观点，鼓励个人延长退休后的工作年限，降低由于养老金过低而带来的负面影响。

六、结论

老年人口分布与养老资源匹配领域的研究区别于一般的科学门类，是一门集人文科学、自然科学于一身的综合性学科，在文讲求政策法规、人文关怀的平衡，在理考究空间算法、统计预测的精准。首先，在对合作网络进行分析时发现，虽然跨学科合作的科研成果比较多，但是科研弱国和科研强国之间的相互合作却极为少见。其次，通过关键词共现分析探究当前研究领域中的热点内容时发现当前研究较为侧重理论性研究，运用先进科学技术进行的研究较少。最后，该领域的学科动向较为分散，学科脉搏难以把控。因此，基于国外文献的研究成果，未来的研究趋势应体现在：第一，更加注意科研合作的重要性，利用科研强国的科研技术解决本国的切实问题；第二，应当紧跟国际上的最新研究，扩展学术思路；第三，应专门解决一个方向的实际问题，注重科学问题的凝练和研究过程。

第二节　中国人口老龄化与养老资源研究综述

中国对于城市老年人养老资源的研究起始于20世纪90年代，老年人口分布与养老资源匹配机制和空间优化研究紧随其后（周婷婷，2016）。国内学者在研究发达国家老年人口与养老资源空间配置的基础上，也逐步探寻适应我国国情的养老资源空间优化路径。随着技术的发展，我国学者从最开始对养老资源进行界定和养老供需主体的研究，发展为对养老资源空间配置和优化的研究。

一、文献采集

为了系统地掌握我国老年人口养老资源研究的发展脉络，本书对截至2018年3月CNKI全文数据库的文献进行了全面检索，为了在尽可能多地了解该领域整体趋势的同时还能确保检索的有效性和可利用性，本书在进行跨库选择时，选择了期刊数据库、硕士数据库、博士数据库和国内会议数据库。

在CNKI全文数据库中，将第一组检索主题设置为“老年人口”OR“人口老龄化”，第二组检索主题设置为“养老资源”OR“设施”，第三组检索主题设置为“空间”OR“区域”进行检索，共获668篇文献，对这些文献进行筛选，并剔除无效文献和不相关文献后，获取有效文献406篇。文献的年度分布情况如图2-7所示。

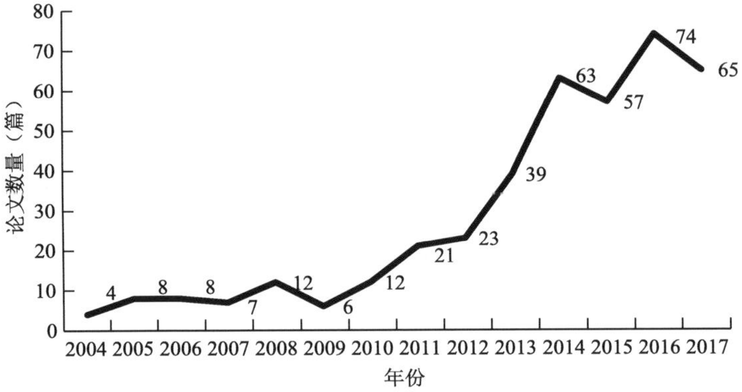

图 2-7 CNKI 全文数据库检索结果年度分布情况

我国老年人口与养老资源匹配问题的研究是在一系列政策和项目的带动下进行的。由图 2-7 可知，我国关于老年人口分布与养老资源配置的总体论文数量呈增长的趋势。1999 年中国正式步入人口老龄化时期，69 岁以上老年人人口占比为 10.3%，此后与其相关的论文大多分析我国总体经济水平和人口老龄化的关系，以及我国人口老龄化集中区域和人口老龄化现象带来的问题等，发文量总体呈上升趋势。此后，我国又相继出台了许多关于老年人口的政策，如养老保险、弹性退休年龄制度、“二胎开放”等，在这些政策及项目的带动下，我国关于老年人口和人口老龄化的研究逐步开始转向老年人口的空间变化和养老资源的配置方面。2013 年李克强总理组织召开国务院常务会议，提出要深化改革加快发展养老服务业，此后国家又相继出台了一系列政策。2017 年国务院印发的《国家人口发展规划（2016—2030 年）》强调了我国人口老龄化加深的整体趋势，同时也提出了出台应对老龄化趋势的政策。同年，国务院印发了《“十三五”国家老龄事业发展和养老体系建设规划》，提出继续优化老年人环境设施等相关意见，引起了相关学者的注意，至 2016 年发文量总体呈上升趋势，并达到高峰期。

二、数据处理与分析方法

通过以上检索所得的文献并不一定是和本研究领域直接相关的文献，因此需要进行数据筛除与优化。例如，在对文献来源的数据处理中，将机构简称统一为机构全称；在对关键词的数据处理过程中，不仅要满足英文关键词大小写的统一及全称和缩写的统一（如 GIS 和 gis 统一为 GIS），还要将同义词尽可能进行合并（如合适老年人、适老性、适老化统一为适老性），有些词组则拆分为几个关键词（如养老服务设施空间布局拆分为养老服务设施和空间布局），并且清除无效关键词（如市、中国等）。

本书采用定性与定量相结合的研究方法，首先利用 BibExcel 软件对 406 篇文献中的数据进行统计分析，统计频次；其次，运用社会网络分析软件 UCINET 对收集数据进行可视化分析，使分析单元之间的共现关系，以图谱的形式显示出来；最后，进行关键词中心度分析，每一个节点都代表一个关键词，节点与节点的连线代表各关键词之间的关联，节点越大说明该词中心度越高，关键词越重要（包惠民和李智，2012）。

三、学科主题分析

词频分析法是利用能够解释或表达文献核心内容的关键词在某一研究领域文献中出现的频次高低来确定该领域研究热点和发展动向的计量方法（刘晓波，2015）。可视化分析就是利用图形和图像等帮助人们理解和分析数据。通过软件对数据进行加工、筛选、处理和挖掘，最终将抽象的数据转化为直观的图像或表格，利用视觉能力使读者直观明白抽象数据所蕴含的信息，加强认知度。因此，在研究老年人口和养老资源匹配问题时，通过可视化分析了解该研究领域内作者情况、文献来源和单位机构情况，以及研究领域研究的重点主题，以期梳理我国老年人口和养老资源配置研究相关内容，并说明该领域主题的发展与变化规律。

1. 作者分析

将所得 406 篇文献的作者进行统计与分析，旨在了解研究领域作者是否存在小团体现象及其相互关系，406 篇文献共计作者 505 位，并统计了作者的分布情况和发文量在 3 篇及以上的作者，如表 2-7 和表 2-8 所示。在此研究领域中，475 位作者只发表过一篇论文，占总作者数的 94.06%，有 3 篇及以上论文的作者占总作者数的 1.98%，这表明只有极少数作者对于老年人口和养老资源配置研究较为深入，表 2-7 和表 2-8 说明老年人口分布与养老资源匹配领域核心作者相对分散。

表 2-7 CNKI 全文数据库检索结果作者分布情况

发文量（篇）	1	2	3	4	5	合计
作者数量（人）	475	20	8	1	1	505
作者占比（%）	94.06	3.96	1.58	0.20	0.20	100

表 2-8 CNKI 全文数据库检索结果作者论文数量 3 篇及以上情况

作者	发文量（篇）	作者	发文量（篇）	作者	发文量（篇）
陈小卉	5	杨红平	4	高晓路	3
邵玉宁	3	赵东霞	3	颜秉秋	3
韩增林	3	李小云	3	王墨林	3

运用 BibExcel 软件和 UCINET 软件，对发文量在 2 篇及以上的作者进行分析，根据合作度，绘制了老年人口和养老资源匹配研究领域作者合作网络图谱，图中的每个节点代表一位作者，各节点之间的连线代表存在合作或者引用关系，连线上的数字代表两位作者的合作度，数值越大，则代表作者关系越密切，合作或者引用情况频繁，节点周围连线越多，则代表在这一小团体内该作者的地位越重要，如图 2-8 所示。

由图 2-8 可知，在老年人口与养老资源匹配研究作者合作网络图谱中，绝大多数作者有过合作关系，合作关系较多，但小团体成员人数较少，不难发现在该领域作者的合作率不高，合作规模和范围较小，图中合作关系网络大于 5 人的仅 7 个，合作次数也只有 2 次或 3 次，整个作者合作网较为分散，作者小团体较少，没有形成大规模的合作网。韦胜、陈小卉和杨红平，韩增林和赵东霞，高晓路和颜秉秋这三组节点间连线最多，合作次数最多，合作较为密切，调查显示，韦胜、陈小卉和杨红平同属江苏省城市规划设计研究院成员，韩增林和赵东霞同属辽宁师范大学，高晓路和颜秉秋同属中国科学院区域可持续发展分析与模拟重点实验室，均属于机构内部同事合作关系。

2. 来源分析

通过对国内所得文献的来源和文献机构进行统计和分析，旨在研究社会领域内对于老年人口和养老资源匹配研究的关注度。统计结果显示，我国研究老年人口和养老资源配置的作者大多分布在高校和科研机构，一方面是由于高校和科研机构信息来源渠道多；另一方面也反映了其他机构和组织对于该领域研究的不了解，如表 2-9 所示。

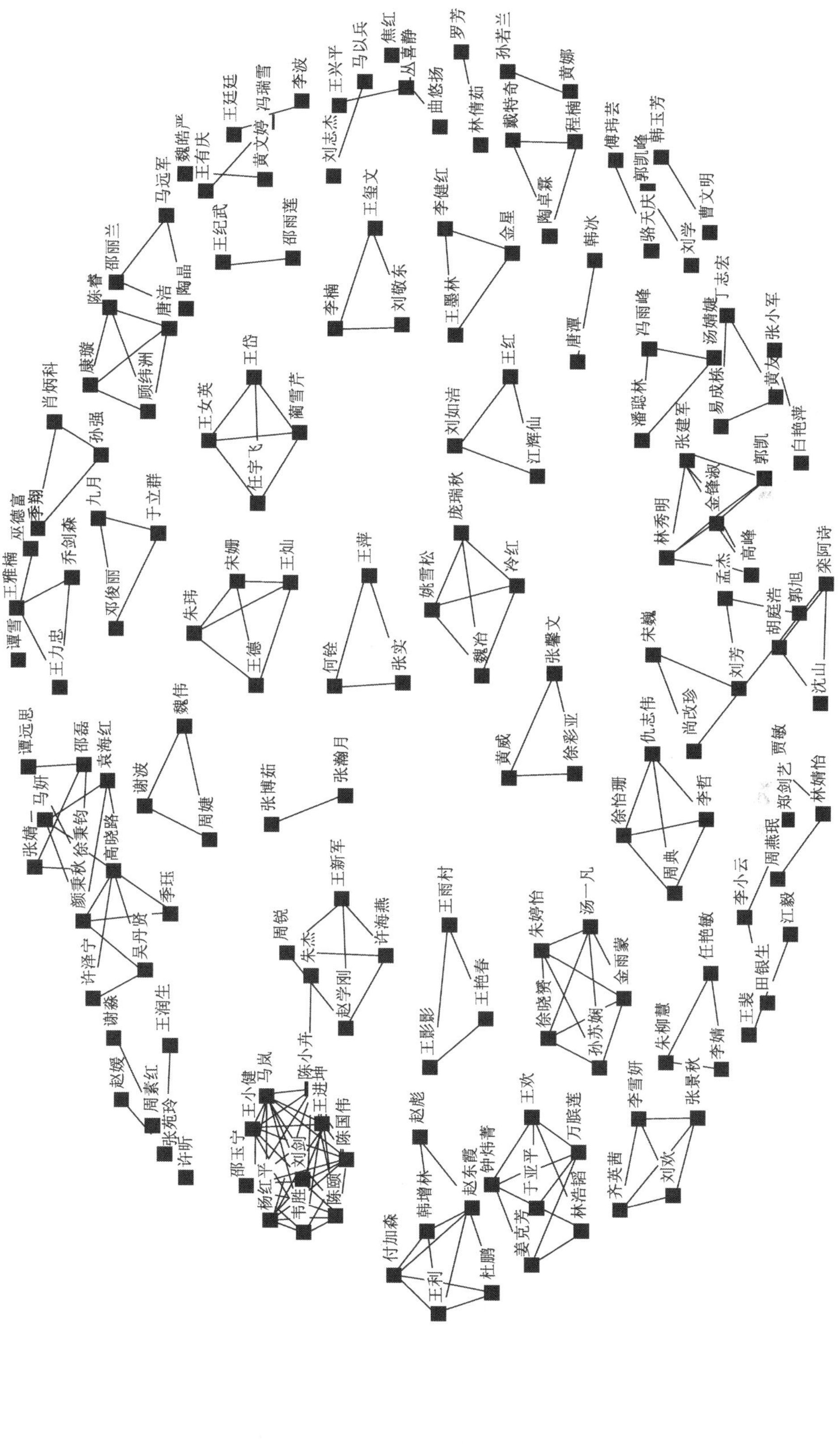

图2-8 作者合作网络图谱

表 2-9 各发文机构论文数量情况

文献机构	高校及所属学院	非高校及所属学院	合作	总计
论文数量（篇）	355	31	20	406
占比（%）	87.44	7.63	4.93	100

由表 2-9 可知，在 406 篇文献中，有 355 篇文献来自我国国内各高校和高校所属学院，占比为 87.44%；非高校及所属学院在该领域共发表论文 31 篇，如江苏省城市规划设计研究院、中国城市规划学会城市生态规划学术委员会、江苏省城市规划学会、广州市科城规划勘测技术有限公司等。中国建筑设计研究院、省市级规划机构等科研机构和少数公司合作发表论文的总量为 20 篇，占比为 4.93%，如中国科学院区域可持续发展分析与模拟重点实验室、中国科学院地理科学与资源研究所、北京戏曲艺术职业学院、住房和城乡建设部城乡规划管理中心共同研究、编写的《城市养老设施配置的微观模拟与规划政策分析——以北京市为例》一文（颜秉秋等，2015），现列举出发文量较大的部分高校，如图 2-9 所示。

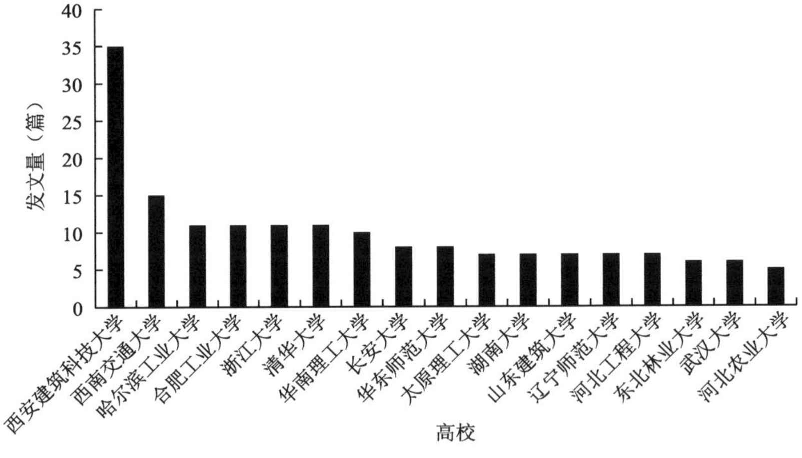

图 2-9 各高校发文量

研究发现，国内发文量较大的高校多为学术、经济实力较为一般的综合性高校和工程类高校，如西安建筑科技大学发文量为 35 篇，西南交通大学发文量为 15 篇，可见除人口学、老年学外，建筑学、交通规划学也是我国学者研究老年人口和养老资源配置优化领域的重要学科。根据老年人口分布的特点，规划设计适宜老年人居住、出行的公共空间和交通是其研究的重点内容（陶卓霖等，

2014）。除此之外，文献来源还包含高校所属的应用文理学院、资源环境与旅游学院和管理学院等，高校分布也无规律性。说明老年人口分布与养老资源匹配研究是一个跨学科、跨专业的研究领域。

3. 关键词分析

文献的中心内容通常由文献的主题词或关键词决定，主题词或关键词往往是对一篇论文核心内容的提炼，能够反映论文研究领域的主题分布和特点。因此，对于文章的主题词或关键词进行词频分析有助于发现这段时间内老年人口分布与养老资源匹配领域的研究热点和趋势（邱均平和张洋，2005）。通过统计该领域内的所有关键词，并对其进行词频统计，获取词频数量超过 115 的关键词，如表 2-10 所示。

表 2-10　老年人口分布与养老资源匹配领域高频关键词

关键词	词频	关键词	词频
老年人口	237	养老机构	117
养老资源	120	设计研究	117
老龄化	120	社区养老	117
养老服务设施	120	居住环境	117
优化模式	119	适老性	116
公共空间	119	改造优化	116
空间分布	119	环境设计	116
规划设计	118	地理信息系统	116
老年公共服务设施	118	基层卫生	116

由表 2-10 可知，关键词频次所涉及的研究领域和研究方向较为相似，如户外空间、空间形态建构和空间分布等，因此老年人口分布与空间、资源配置的联系较为密切。此外，本书还利用 BibExcel 软件对 406 篇文献中的关键词进行统计分析，首先统计该领域关键词出现的频次，同时选择词频大于 88 的关键词，共计 134 个，然后通过运用社会网络分析软件 UCINET 构建了重点关键词共现网络图谱，从而得出我国老年人口分布与养老资源研究领域的热点主题，绘制出关键词共现网络图谱如图 2-10 所示。

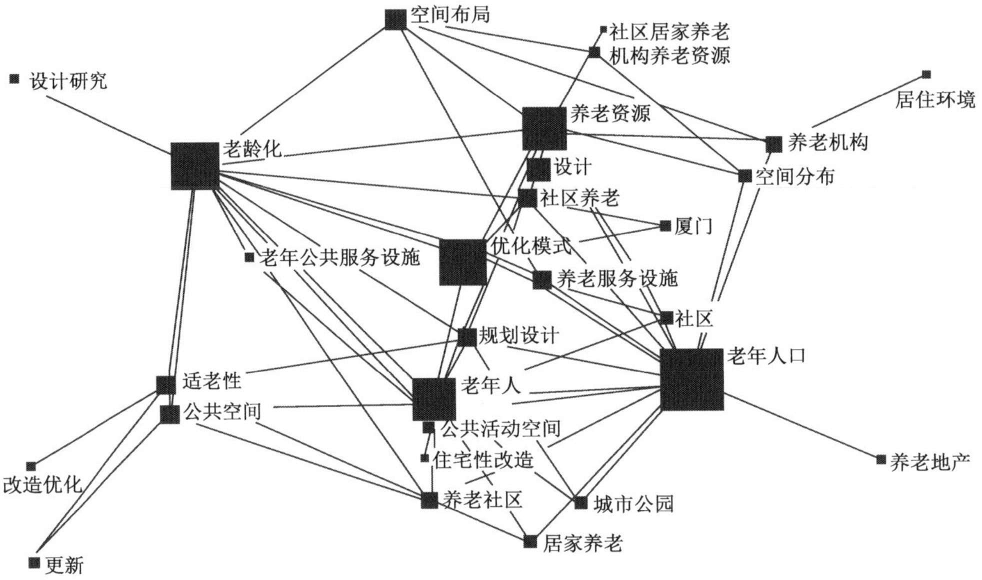

图 2-10 关键词共现网络图谱

图 2-10 中的每一个节点都代表了一个关键词，节点与节点的连线代表各关键词之间的关联，节点越大说明在 406 篇文献中该关键词词频越高，该词的中心度越高，进而说明关键词越重要。由图 2-10 可知，老年人口、老年人、老龄化、养老资源和优化模式等词的节点较大，且联系较为密切，围绕其周围的老年公共服务设施、公共空间、空间分布、养老机构等关键词连线较多，说明这些方面是近些年来我国在老年人口分布与养老资源配置领域研究的重点和热点。表 2-11 是统计得出的老年人口分布与养老资源匹配领域部分高频关键词及高中心度关键词。

表 2-11 高频关键词与高中心度的关键词对比情况

项目	高频关键词	高中心度关键词
主要内容	老年人口、养老资源、老龄化、养老服务设施、优化模式、公共空间、空间分布、规划设计、老年公共服务设施、养老机构、设计研究、社区养老、居住环境、适老性	老年人口、老龄化、养老资源、老年人、优化模式、养老服务设施、设计、空间布局、公共空间、适老性、社区养老、养老机构、规划设计、城市公园

四、研究主题分析

通过对上述高频关键词和高中心度关键词的对比可以发现二者基本一致，

因此可确定老年人口、养老资源、空间布局、养老服务设施和适老性研究等为该研究领域的研究主题和研究热点。

1. 养老生活资源配置研究

“养老资源”一词是随着社会福利化改革而产生的新兴概念，大多数研究都集中在养老服务的供求关系上，我国对于养老资源配置这一领域的研究还处于初始阶段，不少学者从医疗卫生、养老制度方面进行论述。我国对于养老资源的研究开始于中国人民大学教授穆光宗，他认为“养老资源是支持老年人养老可获得的一系列条件的总和，这里的条件包括人口、伦理、时间、经济等方面”（穆光宗，2000）。此后，柴效武（2005）从软硬件资源方面重新定义了养老资源，将养老金等传统养老资源定义为硬资源，将国家、社会、家庭等所能提供的资源定义为软资源，包括国家制度等。到现在还没有一个关于养老资源的规范化定义，因此国内学者对于养老资源配置的研究并不完整和系统。部分学者提到养老资源配置应与市场经济相结合，不论其是否遵循市场经济，养老资源市场化还是应该提供福利性的公益保障制度，但有学者持相反意见（翟德华和陶立群，2005；王波，2009；张胆，2011）。吴瑞君（2005）以上海市为例，分析上海市现有人口分布对养老资源配置的影响，人口分布的改变使上海市公共资源配置出现供不应求、结构性矛盾等问题。刘冠男（2014）、赵志富（2016）、谭英花（2014）和唐丽娜（2012）分别提出了城市、社区、机构和农村等养老资源配置的现状及优化建议。

2. 养老医疗卫生资源配置研究

国民健康一直是我国探讨的主要问题之一，在2016年召开的全国卫生与健康大会，大会上习近平总书记提出，“要把人民健康放在优先发展的战略地位”，顺应民众关切，对“健康中国”建设作出全面部署。随着我国人口老龄化现象的加剧，养老、医疗卫生等已成为焦点问题，不少学者认为出现老年人看病难、看病贵的局面是由于医疗资源配置不均衡，因此国内学者致力于研究医疗卫生资源配置的问题。在我国现有的社区养老与医疗资源匹配研究中，路丹丹（2013）提出我国社区医疗事业在资源设施、服务能力等方面不能完全满足老年人的医疗卫生资源需求，它们也成为制约我国医疗卫生事业发展的关键因素，从社会工作的角度，为我国老年人医疗卫生资源研究提供新的思路。卓日娜图娅（2017）则从贫困区域老年人分布与就医卫生资源配置的角度进行研究，提出应该加强建设医疗资源，合理配置医疗卫生设施，促进老年人医疗卫生资源的均等化。杨锃和孙晓彤（2016）结合上海市各区域人口分布，对老年人就诊行为和病院选择进行分析，考察了上海市的医疗卫生资源与人口布局的匹配程度，描述了二、三级医院医疗卫生资源与老年人口分布不匹配，以及多数居民倾向选择综合医院就医的现状。王梦怡和姚兆余（2014）利用 SPSS 对江苏省农村老年人就医行为和医疗卫生资源问卷收集的数据进行分析，研究发现经济收入、受教育程度、医保制度和就医距离等都会影响老年人对于我国医疗卫生资源的使用。王强（2010）通过对青岛市老年人口医疗卫生服务需求进行分析，提出了一系列解决老龄化带来的医疗卫生资源配置压力的有效对策。

3. 基于空间的养老资源配置研究

老年人口的分布问题一直是老年学研究的重点问题，此领域涉及跨学科知识，因此该研究领域的学者往往都具备较高的学科综合能力，其中，基于空间的养老资源配置问题受到了广泛关注。众多地理学者都对此展开了研究，这部分研究多数集中在空间布局、养老设施空间可达性（陶卓霖等，2014）及资源配置与规划研究（颜秉秋等，2015）领域。赵晓征和姚磊（2015）根据我国城市的养老设施开发和设计现状，提出了公共养老资源的空间构成要素和特征。宋正娜等（2010）对我国服务资源空间的可达性和适用性进行研究，并总结了其度量方法。地理信息系统是依托计算机技术，采集、处理、分析和可视化不同地域、不同来源空间数据的应用系统。在区域研究方面，丁秋贤等（2016）、张涛等（2017）、张瀚月和张博茹（2016）基于 ArcGIS 平台，对武汉市、哈尔滨市和上海市的养老设施空间进行可达性分析，对各区域养老设施的资源利用情况、距离合理性等进行判别，为养老资源配置、空间优化提供科学依据。在养老资源研究方面，张纯等（2017）对北京市中低收入群体的就医可达性进行研究，分析就医养老资源分布与交通建设的匹配度。金淑婷（2017）运用 GIS 软件，对综合医院的医疗卫生服务供给的空间进行分析，研究其分布特征，并对就医资源的公平性和可达性进行研究。

4. 老年人口分布及对养老资源配置影响研究

中国人口众多、土地辽阔、地理环境多样化，人口布局对我国资源、环境发展有重要影响（方瑜等，2012）。很多学者致力于研究人口互动关系和资源配置及空间格局转变。洪波（2013）基于上海市第五次和第六次全国人口普查数据，对教育、医疗、养老资源等建设现状进行分析，找出存在的问题并提出合理化建议。陈钟翰（2010）依照人口分布情况对上海市进行分区，进而发现人口分布存在不同的类型区域，且不同类型的区域公共资源建设存在显著差异，进而探究人口分布对养老资源的影响。王苏勤（2015）调查了上海市老年人口分布与资源布局、公共服务设施等不匹配的原因，指出除了财力不足和机构自身缺陷，更关键的是因为上海市养老组织的设施布局规划不完善。季翔等（2017）提出为了更好地对养老资源配置进行优化，除了从宏观角度对老年人口总量进行分析、对地区进行差异化分区和预测人口分布之外，还应在政策引导下，从微观角度协调优化空间布局。在研究老年人口分布与养老资源配置的问题时，许昕和赵媛（2017）通过基于时间成本的两步移动搜索法对南京市的养老服务空间分布格局进行可达性研究，经研究发现南京市城区养老资源空间紧张，而在对郊区养老资源和设施建设可达性调查时发现养老资源分布极不均衡。赵东霞等（2017b）以大连市金州新区为例，同样运用两步移动搜索法对城区养老资源配置的可达性进行研究，为政府对养老设施配置和养老资源空间布局及发展提供辅助决策支持。

五、综合评述

在对所获得 406 篇文献的梳理和分析基础上，本部分总结了我国老年人口分布与养老资源匹配研究领域的特点，并分析现有研究存在的不足。

1. 现有研究成果的特点

首先，政策支持。从老年人口分布与养老资源匹配领域的文献发表年份和数量上来看，我国学者关于该领域的研究与国家政策、项目的出台，以及国内外与领域相关重大事件的发生紧密相关。例如，2013 年李克强总理在国务院常务会议上研究部署促进健康服务业发展①。这就要求加强各公共资源供给机构的服务能力，优化养老资源，创新养老资源供给方式，大力扶植养老服务产业；

① 中国 2020 年全面建成覆盖城乡的多样化养老服务体系[EB/OL]. http://finance.people.com.cn/n/2013/0816/c1004-22595684.html[2018-02-20].

同年，《中华人民共和国老年人权益保障法》正式实施，这也让国内学者将目光集中到有关养老资源的优化研究上来。地方也响应国家号召，北京市民政局于 2011 年发布了《北京市“十二五”时期老龄事业发展规划》，规划中不仅明确提出普惠化、均等化等原则，而且更加具体地强调了要通过优化社会养老资源配置等方式实现社会公平正义（时立荣等，2014）。近几年国家相继颁布了延长退休年龄、改革养老金制度等制度，国内学者纷纷撰文论述优化社会养老资源、老年人口分布等问题。

其次，侧重于对地理空间方面的研究。20 世纪 90 年代通过分析空间数据进行研究开始在我国流行，国内学者逐步认识到单靠定性分析不足以证明我国老年人口与养老资源发展不均衡的事实。进入 21 世纪，我国开始出现大规模的人口流动和迁移，这就导致老年人口分布的调查更加困难。因此，国内学者开始将地理空间方面的技术应用于老年人口分布和养老资源建设中。其中，杨胜利和高向东（2012）将服务资源建设和人口分布相联系，提出服务资源的改变对人口的分布存在影响；赵东霞等（2014）提出老年人口的分布可能影响文体活动的选址工作。

再次，对养老资源的建设及服务需求研究。国内学者更注重对养老资源建设及服务需求的研究，很多学者致力于研究老年人口的服务需求。何文炯等（2008）对浙江省养老机构的服务供给和老年人服务需求做了实地考察，研究发现养老机构往往不能满足老年人的需求，且服务资源的利用效率不高，这说明养老机构提供的服务和老年人的服务需求有分歧。中国人民大学穆光宗教授是最早开始研究“养老资源”的学者之一，曾多次在文章中提及养老资源建设的重要性；柴效武（2005）也对养老资源做出界定，还提出应在不同区域对养老资源进行重新融合，优化养老资源配置，以期获得区位优势；杜鹏等（2016）根据 2014 年中国老年社会追踪调查（CLASS）数据对社会养老资源展开分析；唐丽娜（2012）提出随着时代的发展，农村养老资源配置总体水平低、协理机制配置的弱化、农村养老资源配置的城乡不均衡等问题，正在逐步被解决。总的来说，养老资源的优化配置、老年人的服务需求、养老资源城乡差异化等都是研究的热点问题。

最后，近几年偏向于定量的区域性研究。我国关于老年人口问题的文献已有 5000 余篇，对于制度上的设计研究和理论探讨已相当丰富，国家层面和各级政府也相继出台了有关老年人口保障和养老制度。随着近几年我国经济的高速发展，老年人口分布与养老资源配置不均衡、利用不充分等问题相继而来，国内学者纷纷开展实地调研和区域性研究，如林西雁（2016）、罗穗（2016）、郭凯峰和刘学（2015）、季翔等（2017）分别对上海市、广州市、云南省和徐州市等地进行区域性研究，通过分析其服务资源的空间分布和该区域老年人口特征，分别提出了养老服务资源规划配置的布局意见。

2. 现有研究成果的不足

首先，缺少技术支撑。我国老年人口与养老资源匹配研究多为理论性研究，缺少规划性、应用性研究。尽管近几年有不少成果也采用定量方法，但仍需不断加强。随着时代的发展，老年人口的分布不是静态的，一成不变的，养老资源和设施的供给也理应随着老年人口分布的变化而变革，因此必须动态地研究老年人口分布对养老资源匹配的影响，以及如何根据老年人口分布特征进行养老资源供给侧改革。因此，对其进行研究就离不开空间技术的支持，通过使用GIS 技术，更好地为养老资源优化配置提供科学依据。

其次，作者间合作不密切。通过对文献的梳理发现关于老年人口分布与养老资源匹配的研究较为分散，学者大规模、跨地区、跨机构的合作比较少，相互间交流合作不紧密，还没有形成较为强势的合作团体，研究状态还较为松散，各个作者间关系不紧密，不利于该研究领域的发展。

再次，学科融合研究较少。老年人口与养老资源匹配关系的研究是一项跨学科、跨领域的研究，应对人口老龄化、科学可持续发展养老事业需要管理科学、统计学、工程学、信息技术等多学科相互融合。就我国的研究现状而言，虽然已经有意识地开始进行交叉学科融合，但由于学科壁垒的存在，学科间合作研究还任重道远。

最后，缺少对于东北三省区域的研究。调查发现，老年人口分布区域化研究中对东北三省区域的探究成果较少，东北三省是中国人口老龄化程度较高的第三大区域，与此同时近些年来由于资源枯竭，东北三省慢慢丧失了资源优势，产业结构调整工作艰巨，东北三省经济大幅衰退。在这些条件下，研究东北三省的老年人口分布与养老资源匹配虽然不能对经济发展产生直接影响，但对降低社会负担及对经济发展产生阻滞，以及东北老工业基地的振兴具有一定的现实意义。

第三章

老年人口与养老资源的理论基础

第一节　老年人口的特性

一、老年人口自理能力

自理能力是指人们在生活上能自己处理日常生活琐事的能力，如做饭、吃饭、卫生、购物等。在人际关系上能处理好人事关系，能独立处理一些事物，在心态上能独立承受各种压力。进入老年阶段之后，人体机能明显下降，由于疾病、伤残、智力下降等因素的影响，一些老年人在身体与心理等不同层面无法进行生活自理，成为自理能力不足的主要人群。这时，对长期护理人员和社会养老服务就有很严格的要求。根据第六次全国人口普查数据，生活不能自理老年人口的比例接近3%，并且随着时间的推移，该数据还在不断增长。

没有生活自理能力的老年人分布主要具备以下几个特征：第一，不具备生活自理能力的老年人口年龄主要集中在72～86岁，该年龄段的老年人口占生活不能自理老年人口的一半以上；第二，不具备生活自理能力的老年人口中女性数量高于男性数量，并且年龄越大女性占比越高；第三，不具备生活自理能力的老年人口占比随年龄增长而提高；第四，不具备生活自理能力的老年人口乡村比城市占比更大，并且同样表现为女性占比更高。

不具备生活自理能力的老年人是我国快速发展过程中不可忽视的一个群体，是我国应对人口老龄化时需要重点关注的群体。从发展趋势来看，中国未来不具备生活自理能力的老年人口将快速增长，到2050年将超过1800万人，所以我国应尽快完善社会养老服务体系，合理分配养老服务资源，充分联合各方面资源保障不具备生活自理能力的老年人。

二、老年人口生活质量

生活质量，又可称为生存质量或生命质量，在评价老年人口生活质量时，主要分为客观条件和主观感受两大类。客观条件包括居住条件、卫生设备、社会安全、社会保障等；主观感受主要由人际关系、社会结构、心理状况等因素决定生活满意度和幸福度。老年人口问题的核心是老年人口的生活质量问题。老年人口生活质量状况如何将直接影响我国实现小康的目标。一般来说，生活质量的内容应包括客观生活条件和主观心理感受两个方面，那么我们就从这两方面来研究我国老年人口的生活质量。

客观生活条件，即老年人生活中的基本养老保障。我国老年人口养老保障主要由社区养老保障、家庭养老保障和个人养老保障组成，对于老年人最重要的是其生活的物质保障、医疗保障等。随着我国社会经济的发展和社会保障事业的进步、离退休人员待遇水平的提高、离退休金和医疗费的按时足额发放和报销等一系列措施的落实，我国老年人的生活质量确实得到了一定的保障。

主观心理感受，即老年人身心健康状况、情绪状态等决定的幸福感。老年人生活中精神需求是否得到满足和精神文化生活是否得到足够发展，都直接影响到老年人的生活质量。进入老年阶段之后，老年人在短期内可能无法满足自己对社会贡献、参与社会活动及获得更多认可的心理，这时就需要社会和政府多关注多配合，帮助老年人成功实现转型。调查统计显示，当今社会尊敬老年人的年轻人越来越多，老年人感受到社会的关心和重视也越来越多，所以我国老年人的生活质量在逐步上升（纪竞垚，2016）。

三、老年人口收入差异

老年人在社会中处于弱势地位，老年人的收入在其生活中占有十分重要的地位。老年人的收入指的是老年人能够得到的所有现金收入，其中不包括私人住房的租金收入，但是农村的老年人收入中包括自产自销的金额收入。在现实生活中，老年人的收入有很大差异，主要受地区发展状况、经济体制状况、社会变迁状况等因素的影响。

我国老年人口收入差异表现为以下特点：年龄越大收入状况越差；男性收入远远高于女性收入；有伴侣的老年人收入状况更好；老年人受教育程度越高收入状况越好；等等。这些特点明确地表现出老年人收入的不均衡，因此不利于提升我国老年人的生活质量，也不利于老年人的健康发展。

第二节　养老资源细化

我国老年人口快速增长且人口老龄化日益加剧，对养老资源的需求也在不断增长。老年人的需求包括经济收入、生活状况、心理慰藉和社会公共服务等方面，而现在对社会养老保障的关注角度单一地保持在经济支持方面，关注过于单一会制约老年人社会保障的完善与发展，影响老年人生活质量的提高。但目前资源供给从各个方面来看均处于短缺状态，政府应联合多种渠道，照顾到各个方面，对养老资源进行合理充分的配置。

一、物质资源

从物质方面细分，养老资源主要包括经济资源、环境资源、制度资源等。物质资源是保障老年人健康生活最基本的资源，也是需要国家、集体、个人多方面一起努力的资源。首先，经济资源。经济资源是指政府、社会、家庭个人等养老主体，为养老事业的开办需要提供的各类资源的经济价值或资源运用需要承担的代价。经济资源是维持并运行社会养老保障体系最根本的因素，包括政府等组织为养老保障投入的资金、建立的设施、开办的活动等。其中，主要有国家和企业缴纳的养老保险金部分，以及养老保险金的增值部分，这一部分也是养老经济资源的重要组成部分。其次，环境资源。环境资源是生活环境达到空气清新、干净整洁、无噪声污染等；还有居住环境的舒适宜人、身心愉悦、无排斥感等。老年人需要的环境资源与其他年龄段的人大不相同，适合老年人居住生活的环境需要更加简朴、实用、贴近自然等。最后，制度资源。制度资源主要指社会养老保障制度，是以政府为直接责任主体，具有一定的强制作用，为老年人生活提供更好保障的制度安排。养老保障制度是社会中长期以来的生活积累逐步形成的，有关人们共同的生活经验，并且具有由国家制定的正式性、稳定性等特点。制度资源包括政府制定并认可的福利资源，具有全民性，但我国制度资源尚未成熟，还需慢慢摸索和改善。

二、精神资源

从精神方面细分，养老资源主要包括文化资源、情感资源、健康资源等。精神资源是升华老年人健康生活的高级资源，是养老资源中不可忽视的重要组成部分。首先，文化资源。文化资源是对养老产生积极作用，保障健康快乐养老的重要因素。老年生活没有了工作时的干劲与激情，但同时需要为生活增添色彩，实现生活的意义，这就需要老年人有丰富的文化娱乐活动，如多进行社区活动、偶尔旅游观光等有益身心发展的事情。同时，中国的文化中都离不开“孝”，孝文化是中国传统文化的重要组成部分，从一定意义上而言，传统的中国社会与孝文化是密不可分的。也就是说，子女要多和老年人沟通交流，满足老年人文化资源的需求。其次，情感资源。情感资源是指老年人养老过程中的情感交流和情感慰藉，是满足其内心需求的一种资源。情感资源主要由家人提供，如晚年有伴侣的老年人、子孙绕膝的老年人会享受更多的情感资源。情感资源具有不可替代性，也具有不可或缺性，当社会养老保障体系日趋完善，老年人衣食住行的基本需求日益满足时，情感资源就显得尤为重要。最后，健康资源。健康资源是老年人个体具备的资源，我国越来越关注健康老龄化，老年人身体健康也有益于提高我国老年人口的生活质量。倡导健康老龄化则需要全体国民从自身做起，保持每一个个体的健康才能提升全国整体的健康水平。健康资源需要老年人提高自身身体素质，要保证饮食合理、保持心情愉悦、时常锻炼身体等。

第三节　老年人需求及其引发的养老资源配置

一、马斯洛需求层次理论对老年人需求的指导

如今，我国老龄化趋势越来越严重，老年人的需求成为每个家庭日常生活中无法忽视的一部分。满足老年人多元化的需求，是积极应对人口老龄化的必然选择。按照马斯洛需求层次理论，要满足老年人的需求，首先要做到满足其生理需求和安全需求。然后，才会上升到精神养老，也就是尊重并认可老年人，使其感受到亲情及邻里之间的关爱。从生活、身体、精神等各个方面让老年人享受晚年的丰富生活，体会生活的珍贵意义，实现自身价值，在晚年生活中也能继续发光发热。

1. 马斯洛需求层次理论

老年人在日常生活中的各方面都有不同的需求，美国心理学家亚伯拉

罕·马斯洛，以人本主义心理学为基础，在 1943 年发表的论文《人类激励理论》中提出了“马斯洛需求层次理论”，他认为将人类需求从低到高总共分为五个层次，依次是生理需求、安全需求、社交需求、尊重需求和自我实现需求。也就是说，一个一无所有的人，对食物的需求是最强烈的，其他方面的需求则不那么重要。因为此时饥饿几乎占据了人的所有意识，在此极端情况下，人生的全部意义就是解决个人的生理需要。而更高级的需求如安全需求，则是当人解除了生理需求的控制时，才可能出现。

马斯洛从低到高五个层次的需求像阶梯一样，随着层级的升高而升高，但次序也不是完完全全固定的，也有例外情况使层级之间可以自由变化。马斯洛需求层次理论由两个基本出发点做支撑，一是每个人都存在需求，只有上一层的需求获得满足后，另一层才会出现；二是当某人有多种需求没有被满足时，必然首先满足他最迫切的需求，当该需求被满足后，后面的需要求才能够显示出其激励作用。也就是说，只有当某一层次的需求相对得到满足，我们的需求才会向高一层次发展。马斯洛需求所提到的五种需求可以大致划分为两级，其中相对低一级的需求包括生理上、安全上和社交上的需求，这些属于通过外部条件就可以满足的需求；而更高一级的需求就是尊重和自我实现的需求，它们的满足是通过内部因素，而且人们对于尊重和自我实现的需求是无止境的。在相同的一段时期内，一个人可能同时存在几种需求，但总有一种是处于占支配地位的，这种需求对行为起决定作用。这五个层次的需求相互依赖和重叠，在高层次的需求存在的同时，低层次的需求也仍然存在，只是这时对行为产生主要影响的是高层次的需求。

许多行为心理学家都持有和马斯洛相同或相似的观点，他们认为，一个国家的经济水平、文化水平、科技发展水平都直接影响该国家多数人的需求层次结构。例如，在发展中国家，大多数人处于生理需求和安全需求的层次，有高级需求的人数占比较小；而在发达国家，则刚好相反。

2. 需求层次理论下老年人的需求特点

第一，生理需求，这是马斯洛需求层次理论中级别最低但最具优势的需求，如食物、水、空气等都属于生理需求。生理需求是人维持生存最基本的要求，健康的身体是进行其他一切活动的基础。人的身体机能随着年龄的不断增长逐渐呈现出衰减的趋势，进入老年阶段之后，身体行动能力和头脑思维能力都有所下降，此时，应满足老年人有整洁保暖的衣物，充足营养的食物，整洁卫生的环境，等等。因此，政府应多宣传健康养老的生活理念，健全医疗体系建设，完善社会保障工作制度。

第二，安全需求，包括希望免遭痛苦、威胁或疾病，生活安全稳定，等等。老年人身体机能弱化，社交圈变窄，警惕性不高，极易受到蒙骗。同时，许多子女工作、生活并不在老年人身边，无法及时发现老年人遇到的问题并好好照料，这会使老年人对生活产生焦虑和不安。因此，关注老年人生理需求的同时也要关注老年人的精神健康。

第三，社交需求，属于较高于生理和安全的需求，包括社会交往中对友情、爱情的需求。老年人社交范围逐渐变窄，没有工作上必要的社交要求，极易产生消极情绪，因为没有感受到身边人的关怀，而认为在世界上自己是没有价值没有意义地活着。人的本质是一切社会关系的总和，社会性是人的本质属性，老年人也需要建立一个合理、有助于愉悦身心的社交圈。对于子女不常陪伴在旁的老年人，社交需求表现尤为明显，政府应及时并有效地帮助老年人建立健全社交渠道，帮助老年人分享喜怒哀乐，有效地抒发内心情感，满足老年人的社交需求。

第四，尊重需求，也是相对较高层次的需求，主要包括声名、地位、威望等。尊重需求既包括对自我价值和所获成就的个人感觉，也包括周围其他人对自己的尊重与认可。老年人在养老时，身体行动能力和头脑思维能力都有所下降，很多年轻时轻易做到的事情现在都无法完成，这样会使老年人遭受挫折。此时老年人往往会过度表现出被尊重的需要，如迫切在人前表现自己，很积极地用行动让别人认同自己，好面子爱虚荣，等等。因此，年轻人应该对老年人表现出应有的尊重，弘扬我国尊老爱幼的优良传统。

第五，自我实现需求，这是马斯洛需求层次理论中最高层次的需求，包括在至高人生境界中实现自我价值、社会价值、人生价值。当前四项需求都达到满足之后，人类生活中最基本的需求已得到解决，这时最高层次的需求就相继衍生出来。老年人时常被空虚感影响着自己的生活，所以，他们需要有能更充实自己的事情，让他们深刻地体会到这个世界还需要他们。老年人辛苦操劳几十年，政府应号召年轻人多支持老年人完成自己的梦想，从而找到生活的意义，实现人生的价值。

二、福利多元理论对养老资源配置的指导

1. 福利多元理论的主要观点

福利多元理论最初由罗斯在《相同的目标、不同的角色——国家对福利多元组合的贡献》一文中提出，它关注福利的多元来源、供给、传输的结构。罗斯认为福利应是市场、家庭、国家三个部门在社会中提供的福利总和，国家是现今最主要的福利提供者，但并非唯一来源，市场也是福利的来源之一，无论是个人还是家庭都要从市场中获得福利。从历史角度看，福利的基本提供者一般来说都是家庭，但若作为单独的福利提供者，无论是市场和国家还是家庭，都会存在一定的缺陷，只有这三个部门相互补充，扬长避短，才能提供更多的福利。约翰逊提出了国家部门、商业部门、志愿部门和非正规部门四个社会福利部门，在罗斯的福利多元部门组合中增加了志愿机构。他解释为福利多元暗含着福利供给的非垄断性，是对福利来源的进一步细化。

福利多元理论提出了国家、家庭、市场、志愿组织等多元福利提供者的联合互助模式，对我国社会福利体系的构建具有十分重要的借鉴意义。我国尚未具备西方发达国家的经济实力，福利多元化理论就给我们提供了一个很好的创新方法。我们可以利用各方各面的力量，以福利多元理论为基础，改革创新出适合中国国情的福利保障政策，构建合理稳定的福利保障制度，实现最大最优的福利保障服务。

2. 福利多元理论下的养老资源配置

老龄化问题涉及政治、经济、文化和社会生活等诸多领域，目前我国社会养老服务体系尚处于初级阶段，城乡、地区之间养老保障水平差距较大，并且由国家单独承担养老事业的资金投入过于困难。下面就从多元福利理论视角探讨应如何从国家、商业、志愿和非正规这四个部门配置养老资源。

首先，国家部门一直以来都处于养老发展的主导地位，社会各方面为养老事业做出的投资和努力，都根据政府制定的政策和制度进行投入。所以，国家要正视自己的主导地位，充分了解不同地域的不同情况，深入调查研究各地区老年人口的差异性和阶梯性，有效配置有限的养老资源。同时，完善老年人社会救助制度，建立健全基础设施与服务体系，调动社会服务资源，切实起好带头作用。

其次，商业部门主要包括市场组织和机构组织，商业方面的养老资源更具有强制性。目前，我国的养老机构主要由政府出资创办，政府开办的养老机构存在设备齐全，但缺乏专业人员这一通病，非政府开办的养老机构又存在收费高昂、人员稀少的问题。政府用于这方面的养老资源多处于大量投资少量使用的状态，这样就使本就短缺的养老资源严重浪费。考虑到我国的发展情况，政府应多号召商业组织对养老资源投入资金，改善养老资源结构不合理的状况，弥补资金短缺的现状，优化老年人的养老资源质量，使养老资源合理有效地服务于老年人。

再次，志愿部门是福利多元理论中后加入的一个部门，也是当今社会逐渐兴起的养老服务新模式。每年的 12 月 5 日是国际志愿人员日，养老志愿服务在为老年人安享晚年提供有效服务方面做出了很大贡献。随着我国文明化进程的推进，养老服务事业中志愿组织渐渐占据重要的位置，政府也通过出台一系列政策来鼓励和推动志愿服务，如《志愿服务条例》规定："对有突出贡献者予以表彰、奖励，采取措施鼓励公共服务机构等对有良好志愿服务记录的志愿者给予优待。"志愿服务需要奖励，也需要规范，政府应正确引导养老志愿服务，让志愿部门发展为今后养老保障服务的一大助力。

最后，非正规部门指家庭方面，其能够提供的养老资源更具有主观性。受中国传统思想影响，现今社会的大部分老年人还是更倾向于选择在家养老，在家养老的老年人就需要子女花费更多的时间和精力给予关心和照顾，政府除了可以为家庭养老的老年人提供经济支持外，各地政府还应结合各地区的家庭养老情况，多进行宣传并调动家庭成员为老年人提供生活照料和情感交流。政府可以以硬性约束，如法律条约；软性约束，如道德情感等方式保障老年人的养老需求，也可以建立一定的奖励机制，鼓励子女亲友多关心爱护老年人，增进彼此的沟通，提升与老年人的感情。

福利多元理论就是以政府作为主导，积极有效地整合了各方面的资源，由国家部门、商业部门、志愿部门和非正式部门多元主体合作，对我国更好地提供养老服务保障，满足老年人养老需求提供了不错的借鉴。

三、社会支持理论对养老需求的指导

1. 社会支持网络的特点

社会支持网络是指一个人能够获得情绪支持、物质援助的社会接触，通过这些接触，使个人得以维持其社会身份。在社会支持理论的观点中，一个人能够拥有越强大的社会支持网络，就能够越好地应对各种挑战。个人所拥有的资源又可以分为个人资源和社会资源。个人资源包括个人的自我功能和应对能力，社会资源是指个人社会网络中的广度和网络中的人所能提供的社会支持功能的程度。一些工作以社会支持理论为基础，它强调改变个人在其生活中的作用要通过干预个人的社会网络来实现。对于社会支持理论的看法总共分为四大方面：第一，亲密关系观。社会支持的实质其实是人与人之间的亲密关系。理解社会支持需要从社会互动关系上来看，同时，社会支持在多数情况下属于一种社会交换，它不仅仅是一种单向的帮助或关怀，还是人与人之间的一种社会互动关系。第二，帮助的复合结构观。从另一个方面看社会支持是一种帮助的复合结构，社会支持能够在帮助行为之后产生出来。第三，社会资源观。社会支持也是一种潜在资源，如个人处理紧张事件问题时，可以通过社会关系、个体与他人的社会资源来解决。第四，社会支持系统观。社会支持是一个系统的心理活动，需要进行深入考察，它涉及方方面面如行为、认知、情绪、精神等。

2. 社会支持理论下老年人的养老需求

从社会支持理论的主要观点可以看出，社会支持是一种正向的社会关系，对于其中每一个个体的物质和精神生活都有着积极的作用。这种积极作用对不同的个体产生的效果也是多种多样的，可以增进个体的社会融入感。个体不能完全脱离社会而独立存在，我们将基于社会支持理论，从以下几个方面探讨老年人的养老需求。

首先，社会支持理论强调社会工作者应该对那些利用社会网络的能力不足或者社会网络资源不足的个体给予帮助，帮助他们提高其利用社会网络的能力，并且进一步扩大社会网络资源。老年人群体也有接受教育的需求和必要，一部分老年人由于之前的生活环境不允许，或者生活条件的落后而没有接受过正规教育，社会和政府应正视老年人对教育的需求，可以邀请一些教育工作者合理安排适合老年人的学习内容。除了政府安排的学习内容之外，还可以对老年人的学习兴趣进行深入调查，丰富课程种类，升华学习意义，教会老年人正确维护自己的权利，正确行使自己的权利。

其次，社会支持理论认为社会支持是人与人之间的亲密关系，是人与人之间的一种社会互动关系，因此，可以利用其满足老年人身心健康发展的需求。

身体方面需要建立健全医疗保障制度，定期为老年人进行体检，多与生病老年人沟通交流，等等。也可以多组织适合老年人的活动，让老年人有更多的机会强健体魄，舒展身体。心理方面要为老年人提供及时有效的心理疏导，老年人更需要体会在社会中被理解、受尊敬、被认可，包括在团队中被支持、被需要，等等。无论在客观的物质、医疗等方面，还是在主观的情感、心理等方面，社会都应给予老年人足够的支持与理解，这样才能有助于老年人健康生活、健康养老。

再次，从另一个方面看社会支持是一种帮助的复合结构，社会支持能够在帮助行为之后产生出来。也就是说，社会支持是在不断的人际交往中得到的，进入老年阶段之后，老年人的交友圈变得相对狭窄，减少了与社会和其他人接触的机会，这时，人际交往需求就成为老年人养老过程中的重要需求。社会中可以通过多建立老年人能够娱乐消遣的场所，能够与人交流的机会，能够缓解压力的活动，等等，为老年人提供娱乐性支持。并且，社区志愿者和义工，可以根据各地区的养老情况，为老年人提供上门问候、陪伴聊天、简单照料等服务，或者安排老年人之间互相交流，拓宽老年人的交际范围，提升老年人的自我价值。

最后，社会支持理论也可以满足老年人的尊重与贡献的需求。老年人离开原本的社会岗位之后，心理会产生一定的落差，无法直接适应养老生活，这时，养老工作者应及时发现老年人的不适，并尽可能地为他们提供继续发挥余热的机会和贡献社会的机会。我们可以鼓励老年人合理运用多出来的空闲时间，投资自己的爱好，发展自己的特长。不仅如此，还可以用自己的特长贡献社会，如可以教授书法绘画、组织管理老年社区活动、为社区服务出谋划策等。通过这些行为既可以让老年人得到贡献社会的满足感，又可以为老年人赢得社会更多的尊敬和认可。

四、公共物品供给理论对养老资源供给的指导

1. 公共物品的特点

公共物品的狭义概念是指纯公共物品，如国防、灯塔等具有不可分割性、非竞争性和非排他性的物品，这些物品一旦被国家提供，该国的居民都能享用，并且增加居民一般也不会影响其他居民的国防或公共安全。公共物品的广义概

念则包括纯公共物品和准公共物品，即基于两者之间，不能归于纯公共物品或纯私人物品的部分。社会产品在公共经济学理论中被分为公共产品和私人产品。在《公共支出的纯理论》中，萨缪尔森对纯粹的公共物品或劳务做出这样的定义，即每个人对这种物品或劳务的消费不会导致别人消费的减少。同时，公共物品具有有别于私人物品的三个显著特征：效用的不可分割性、消费的非竞争性和受益的非排他性。相对来说，私人物品就是具有可分割性、敌对性和排他性的物品，并且可以由个别消费者占有和享用。介于二者之间的物品称为准公共物品。

效用的不可分割性表现最为典型的就是国防、外交、治安等，私人产品具有可分割性，可以被分割成许多单位，谁付款，谁受益。公共物品则是不可分割的。消费的非竞争性是指边际生产成本为零，通俗来讲就是当公共物品供给水平不变时，新增消费者不会增加供给成本，并且任何人对公共物品的消费，不会影响其他人同时享用该公共物品。受益的非排他性是指任何人消费公共物品不排除他人消费，不同于私人产品只能是占有人才可消费的现象。公共物品是所有人都可以消费的，无论有没有付款，因而不可避免地会出现“白搭车”现象。

公共物品理论在中国改革的实践中，也起到了重要的借鉴作用，中国的计划经济实行已久，大量产品有公共产品的特征，导致效率低下，阻碍经济的发展。1992 年中央宣布逐渐建立和完善市场经济，才使这一状况得到有效的改善。但是依然存在“政府应该管什么，市场内在运行应该解决什么，政府要实行什么措施才能管好”等问题。在中国过渡转型时期，以公共物品理论为基础分析制度变迁，进而分析市场的资源配置方式，尤其是政府行为边界及其公共物品生产效率，具有很强的现实意义。

2. 公共物品理论下供给主体的资源配置

公共物品存在多个供给主体，分别是以政府、市场和自愿为主体，这三种方式相结合能够更好地对需求方供给丰富有效的公共物品，并且针对不同的主体提供种类丰富的公共物品。下面我们就公共物品理论来研究不同的供给主体对于养老资源的不同配置。

首先，许多国家都将提供公共物品作为政府的主要责任，国家的这一举动对公民生活做出了很大贡献。政府供给公共物品的方式主要分为两种：第一种称为全过程供给，即先以公共决策的形式规定出公共物品的品种、数量和质量，并规定出相应公共财政投入的数目，然后生产的过程交由以官僚制为架构的政府组织。第二种称为非全过程供给，即同样先以公共决策的形式规定出公共物品的品种、数量和质量，并规定出相应公共财政投入的数目，而具体的生产过程，则是与其他组织合作，通过订立契约的方式执行。但目前国家提供的养老服务设施存在总量不足，区域之间、城乡之间发展不平衡的问题。这就需要国家尽快完善老年福利法治体系，整体协调宏微观技术与制度，支持鼓励社会力量参与老年人服务事业，充分发挥政府的主导力量。

其次，自我国加入世界贸易组织之后，一些城市的政府开始实行开放对公用事业领域的严格管制，即实行公共物品市场化运作模式。其依据主要有政府供给的低效率、理性经济人动机和社会需求的差异性。其中，主要需要处理好政府与市场的关系，还有公共利益与企业利益的关系。就养老资源的配置而言，如果公共物品过分市场化，就会造成老年人生活成本提高，老年群体的物质生活压力就会变大，进而导致老年人生活的幸福感下降。同时，以市场为供给主体并不意味着完全脱离政府，政府同样应该引进、协调各种机制，激励、支持市场运作，二者相互结合得到最有效的养老资源配置方法，为老年人供给最需要的公共服务。

最后，以社会参与自愿供给为主体，是指通过社会慈善或政府等途径的财政支持向公众供给公共物品。提供公共物品的组织不以营利为目的，并且也会提供志愿服务。这是为弥补政府失灵和市场失灵而引入的一种新的主体，以公民社会的发展和自愿组织的发展为基础提供社会性资源供给，并且独立发挥重要的作用。社会网络与社区服务志愿者是一种重要的养老资源，这种养老资源能为老年人提供政府与市场缺乏的内心关怀。但目前自愿组织还存在业余性与非专业性，这就需要政府制定激励性公共政策，促进自愿供给的持续发展，加强对公共物品自愿供给活动的政府规制，使自愿供给更好地弥补政府供给和市场供给。

五、供给与需求平衡理论对养老资源配置的指导

1. 供给与需求平衡理论的主要观点

供给与需求平衡模式是指在一个国家或地区中，市场管理水平不同等因素，而导致的不同市场产品供应过剩或是需求未充分满足的情况，并且包括价格因投机而产生的波动情况。每一种供给与需求平衡模式市场的产品供给与需求都

包括两个平衡维度：一个是稳定性，即波动的幅度和频率，包括经济整体的波动和产品价格的波动两个层面；另一个是充分性，即需求获得满足人口占全部人口的比例，以及已满足者的需求所处的层次水平。

供给与需求平衡存在以下三种模式：一是自然平衡模式，即按照弱肉强食的社会达尔文主义规则形成的供给与需求平衡模式。在这种平衡模式下，供给与需求严重不平衡，投机严重，价格波动很大。二是公平平衡模式，即在社会环境公平和分配公平基础上形成的供应平衡。在这种平衡模式下，供给与需求基本平衡，投机很少，价格波动较小。三是自由平衡模式，即在各尽所能，各取所需基础上实现的供给与需求平衡。在这种平衡模式下，供给与需求完全平衡，没有投机存在，没有价格波动。资本主义初期的平衡模式一般来说属于自然平衡模式，社会主义社会发展到成熟阶段时一般为公平平衡模式，自由平衡模式则是共产主义社会阶段的平衡模式。

2. 供给与需求平衡理论下的养老资源配置

在发达的资本主义国家和社会主义初级阶段的市场中间存在一种过渡性的平衡模式，即其处于自然平衡模式与公平平衡模式之间。我国目前的社会就同时存在自然平衡和公平平衡，如 2017 年“广东民声热线”在广州佛山交界地暗访时发现未完工的养老院预售床位，一张床 24 万元起，26 年内可住可租可卖，甚至被指有“升值空间”，该养老院的经营模式引起了广泛争议。参与炒床者有的是为了投资，有的则是将养老院的床位当作投机对象，这就表现出现在养老资源特别是优质资源较为稀缺，如果政府不能对此引起足够的重视，加大投入，那么我们在面对即将进入的老龄化社会时就会有很大的压力。

政府在面对社会供需要求配置养老资源时，还是存在投入不足、认识不准确等问题，同时，投机行为的产生和当地社会保障部门没有受到财政方面的约束等，阻碍了养老保障财政的可持续发展。为改善这种情况，政府应担负起制度设立的责任、监督管理的责任和整改平衡的责任，维护老年人养老的基本权益，合理配置老年人的养老资源，最终实现我国养老保障体系全面协调的可持续发展。

习近平总书记强调，要“推动养老事业多元化、多样化发展，让所有老年人都能老有所养、老有所依、老有所乐、老有所安。”[①]对于老年人个人来说，

---

① 习近平元旦前夕在北京市看望一线职工和老年群众[EB/OL]. http://www.xinhuanet.com/politics/2013-12/28/c_118749469_2.htm[2018-04-05].

养老生活中最大的矛盾在于资源供需的极度不平衡。政府和社会提供的养老资源存在配置不均衡、功能发挥不全、利用率不高、结构不合理等多种问题，老年人应多与社区等养老保障单位沟通，提出实际需求，避免政府投入的资金浪费。同时，每个老年人也可以成为养老资源的供给方，如一些养老机构和社区为老年人提供学习和娱乐的机会，老年人也可以发挥自己的特长，教授书画、编排节目等，为同伴提供精神食粮，帮助更多老年人满足他们自我实现的需求。这样从宏观和微观的角度共同调节供需平衡，才能让每一位老年人都生活得安心、静心、舒心。

第四节　老年人口分布及其对养老资源的影响

一、可持续发展理论与适度人口

在人类发展的历史长河中还没有出现过生物繁衍的几何级数规律无限增长的趋势。一方面受到生态平衡规律的制约；另一方面受到自身所创造物质财富的约束。人类在认识和改造自然的过程中，不仅认识到人类可以通过对自身后代繁衍的控制达到和生态发展平衡相适应的目的，更能在社会生产过程中促进可持续发展。社会生产从客观的角度认识大致可以包括以下三个方面。首先是可以满足人类基本生活需求的物质资料生产，其次是人类自身的生产，最后是环境的生产。物质资料的生产可以解释为人类利用自己的聪明才智进行物质资料的生产，在认识环境生产规律的基础上创造出满足人类自身需要的生产和生活资料。人类自身的生产则是指依赖大自然为人类所提供的各种资源和人类通过自己的努力所产生的巨大的社会财富。环境的生产具体是指整个大自然资源的产出和各种废物在分解的基础上所进行的利用。人类的社会生产实践可以从其本质的角度去理解，在特定的时空下人类自身的生产和物质资料的生产都在不同程度上受到环境生产的约束，通过这种相互作用达到比例的协调，并且可以做到人口的再生产以适应物质资料的发展过程和环境生产的演化规律。在一定社会形态下人口普遍具有的规律表明，在物质的生产过程中想要和人种的繁衍进程相协调必须经历一定的过程，这个规律是人类社会持续发展的重要基石。

我们从人口再生产的方面来说，物质资料的生产也就是利用合适的人口数量和适度的消费规模促进人类可以利用的丰富的自然资源和人类的生活资料生产协调一致；同时，也对人口的年龄结构和为长期生存发展的劳动力提出了要求，在一定程度上不能让人口抚养的数量超负荷；人口的空间分布和人口素质要适度，并能和某一区域社会生产的可持续发展及生态平衡相符合。所以，透过物质资料和人口与环境生产的本质特点的内在联系和机制来看，仿佛也是有只“看不见的手”在对人口的再生产进行调节，以达到人类社会在大自然的生态环境中不断良性循环的目的。适度人口规律就是这只进行调节的“看不见的手”。

适度人口是一种目标人口，它能够与我们人类社会经济的可持续发展相协调，也能够使大自然的环境向有序改善的方向转变。这种目标因为各种因素的影响不同，如社会的生产方式、自然环境及社会不同集团的利益不同而发生改变，因此适度人口在一定的时空表象上显示出多目标性的特点，但是它也需要和人类社会持续发展的两个基本准则相符合。代际公平与代内公平就是基本准则，这两个准则所描述的是一个综合指标集合，但是这个集合是相对的，同时基本准则也指出了一个有弹性伸缩的合理空间。人口的再生产和适度人口目标的时空领域中所有的社会、经济及生态环境有着紧密的联系，所以其内容包括适度人口的四个方面，即人口的数量、人口的质量、人口的年龄结构、人口的空间分布。一定时空领域所有的特定素质和年龄结构的人口群体规模的表现就是人口数量。在一定的自然环境和社会经济的约束下，提高人类的智能和体能的素质就要对人口的总数进行控制。如果追求比较合理的人口年龄结构就要对每年人口的出生率和机械变动进行调节。合理的人口地域分布情况需要使人类社会的经济发展状况和自然环境能够承载的有效人口的数量维持平衡。

总而言之，适度人口四个方面的内容是紧密联系的一个整体，形成了人口再生产的适度空间。人口再生产的适度空间以“人口数量”作为主体。它的表现形式又可以分为以下三方面：经济适度人口、生态适度人口、社会适度人口。人类社会生产发展的过程和适度人口空间的变动大致是相同的。人口的再生产渐渐从以自然和生物性为中心的原始社会转变为人类适应社会生产过程中所表现出的对物质和精神的追求。在农业发展过程中，当受到技术和环境的约束，生产规模的报酬发生递减且逐步减至负数时，人类农业生产过程中所需要的劳动力与此时的生活资料能够养育的人口数量则渐渐出现相对过剩的情况。之后，随着社会的不断发展，农业在一定程度上会出现要和其他产业进行合作的现象，所以社会大分工随之产生，在手工业的基础上，独立于农业的第二产业迅速发展。在最初的转化过程中，所需要的劳动力和消费的人口数量也大大超过了适度人口的数量。在第二产业得到充分发展，以及人类的生存空间出现扩张或者是自然环境在一定程度上得到改善之后，适度人口的数量区间才会渐渐递增，人口的年龄结构才能够从传统型转化成发展型，人口的空间分布才会出现从分散的农村转向工业区或者城市区。

二、中心地理论与基本公共资源服务供给均衡化

1933 年德国的地理学家克里斯塔勒利用对德国南部一些城市和中心聚集地的调查，阐述了中心地理论。中心地也就是指周边一些地区的中心，能够给周边地区的人们提供各种生产和生活的商品及一些必要的服务。中心地有可能是很多地方，如城市、居民聚集集中的地方，提供商业服务的地方。中心地一般位于一个圆形的圆心，对于该圆形区域周边所有的人们来说，在这个圆心区域消费所支付的交通成本相对于其他中心来说是比较低的。因此，这个圆心是这个圆形区域的最佳位置。在一般状态下，提供某一特定服务为半径所确定下来的圆形区域就经常被假设成一个六边形。中心地有等级划分，可以划分成三个级别，由高到低依次是高级中心地、中级中心地、低级中心地。高级中心地的特点是服务的范围最大、所出售商品的档次最高、能够提供服务的品种也最全。低级中心地的服务范围相对来说最狭窄、所出售商品的档次也最低、能够提供服务的品种也最少。中级中心地的服务范围、商品档次服务种类当然是介于高级中心地和低级中心地之间。此外，高级中心地除了拥有一些固定的职能之外，还具有中级中心地和低级中心地的职能。克里斯塔勒还指出，中心地的空间分布状态会在不同程度上受到市场、交通、行政三个因素的影响，同时三级中心地按照这三个因素进行布局。

我们积极探索构建基于中心地区域的公共资源配置模式。首先，在公共资源的规划上，遵循公共服务均等化原则，可以加大公共服务资源配置向低级中心地倾斜，坚持统筹中心地经济社会发展，实行工业反哺农业、高级中心地支持低级中心地和多予少取的方针，建立健全统筹中心地经济社会发展的公共服务机制。尽快提高低级中心地的教育和卫生及其他社会事业发展的质量，将区域发展的差距缩小在可能范围之内。其次，公共资源的服务业也需要将空间布

局逐步向低级中心地分布。由于城市规模不断扩大和高级中心地人口数量逐步增加，各种问题也渐渐出现，如交通拥挤、环境污染、社会治安得不到保障等。此时，高级中心地的聚集已经超过自己的承载能力，人口流量开始从高级中心地转向低级中心地，这就使得低级中心地周边的各种服务资源初步形成。低级中心地出现人口生产区域和人口聚集区域之后，与之相匹配的各种服务行业和设施也已经着手建立。各种服务网络建成后，以低级中心地为中心的公共资源服务中心出现。这在一定程度上拓展了公共资源服务的新空间，也将公共资源服务业务的空间分布从单一的服务中心转变成多元的服务中心。

以中心地理论为基础，国家人口和计划生育委员会提出了人口发展功能区划分的方案。人口发展功能区可以分成四类，分别是人口限制区、人口疏散（收缩）区、人口稳定区、人口集聚区。根据国家下发的《关于开展人口发展功能区编制工作的指导意见》，人口发展功能区以自然资源为基础，将人口的发展列入未来发展的主要部分，应该优先做到的是人的全方位发展，对人口发展功能区有一个科学的界定，其主要目的是有序地引导人口的流动和区域的聚集，扩大人口生产和发展的空间范围，增加人口发展的公平机会，促进地区人口和环境资源协调及可持续发展。具体划分情况如下。

1）人口限制区。人口限制区是不适宜人居住的环境，其人居环境指数不超过 20。这些地区的生态环境比较脆弱，资源环境的承载力度也比较小，由于受到各种自然条件的限制（如气候、降水、地形等因素的限制），人口的密度极小而且还是聚集在一些拥有水源的河谷或者绿洲地区，大片的荒地就是无人区。人口限制区有着庞大的土地面积并且能够占到全国土地面积的 31%，然而人口却只占到全国人口的 2%，人口密度不到 1 人/公里^2。人口限制区大部分分布在青藏高原和一些西北干旱地区。这些区域一般都在一些生态地位重要的区域如风沙的源头，是国家的生态屏障区域。另外，国家不允许开发的自然保护区域和一些观光游览区域也是人口限制区。

2）人口疏散（收缩）区。这些地区的人居环境指数基本在临界适宜和一般适宜之间，人居环境指数在 20～60，资源环境的最大容量大约是超载的边缘或者已超载，土地的最大容量指数也没有到 1.1，水的最大容量指数也不到 1.3，所能够积累的物质基础与人类的发展指数都没有达到中等水平。在这些区域人口的分布范围比较广，产业分布十分分散，城市化水平也不高，人口的数量和资源环境的状况处于失衡状态。人口疏散（收缩）区大部分为我国西北地区，如云贵高原、大兴安岭、内蒙古草原等。这些区域都是国家生态的重要屏障，国家对这些地区是进行重点扶贫的。人口均分布在一些生态环境比较好的地方，大部分人口集聚的地方都是人地比例较大的地方。在该区域，国家主要是构建生态保护网，进一步缓解人和大自然的关系。

3）人口稳定区。人口稳定区的人居环境指数超过 40，资源的容量往往是均衡或者有余，土地的最大容量指数也只有 1.1，水的最大容量指数也没有达到 1.3，积累的物质基础与人类的发展水平都处于中等水平。在这些区域，人口相对密集，产业集中，交通也更加发达，城市化水平相对较高。人口的数量和资源的关系是协调的，但是仍然存在一些问题，如自然提供的生存空间是有限的，人口发展不稳定。人口稳定区基本上是在西北干旱地区的河西走廊和黄河的流域地区。人口稳定区的发展潜力相对来说不大，没有吸纳外来人口的能力。人口稳定区的重点战略应该是提高人口城镇化质量，促进经济可持续增长。

4）人口集聚区。人口集聚区是一些比较适合人居住的地方，人居环境是适宜的。人居环境指数超过 60；资源环境的最大容量是充足的，水资源的最大容量指数不到 1；积累的物质基础与人类发展的水平也在中等位置。在这些地区，人口密集，产业聚集，交通发达，城市化水平相对较高，人口和资源的关系处于协调状态。人口集聚区大部分在东南地区、华北平原、长江中下游和东南沿海地区等。这些地区的资源承载能力相对来说较好，经济较发达，具有较大的发展潜力和对外来人口的吸纳力。这些地区的重点是增大人口集聚规模，保证经济增长的速度和质量，实现经济又好又快增长。

三、人口老龄化对养老资源配置的影响

1. 家庭生命周期理论

家庭生命周期理论最开始是由美国学者格利克于 1947 年提出。一般是指一个家庭从产生、发展直到灭亡的整个过程，该理论反映了一个家庭从最初的形成到最终的解体所出现的循环变化的现象。一个家庭由于家庭组织者年龄的增加，所出现的阶段性比较明显，而且会随着家庭组织者生命的结束而灭亡。家庭生命周期理论包括人口变动的大部分内容，从一个人结婚到生孩子抚养孩子到成年，最后出现衰老和死亡的一个整体过程。学者同时将这些影响人口学的因素有机结合起来并且在家庭的发展历程中进行实地考察，并不是孤立地看待

这些因素，因此该理论对人口变动的过程和运动的机制有一个更加深刻全面的研究。1949 年格利克又对家庭生命周期的阶段进行了细致的划分，他以每个阶段的开始和结束的人口事件为基础，将家庭生命周期理论划分为四个阶段。①家庭的形成期。也就是一个人从开始结婚到其孩子出生的时期，这一阶段一般为1～5 年。家庭的形成期是一个家庭的主要消费阶段。随着经济的不断增加，生活也变得更加稳定，家庭已经有了一些物质基础可以购买基本生活用品，进而提高生活质量。②家庭的成长期。从家庭新生儿的出生一直到孩子上大学的时间，一般为 18～25 年。在该阶段，家庭的成员没有增加，每个成员的年龄都在增加，家庭的开销包括生活消费、医疗消费和教育支出，此时家庭的经济负担较重。在该阶段，孩子不断长大，自理能力也不断增加，父母的生活和工作也积累了一定的经验，所以投资的能力也增加。③家庭的成熟期。该阶段是孩子参加工作到家长退休的时间，大约为 15 年。这一阶段家长的工作能力和经验已经达到高峰期，孩子已经能够完全独立，此时的债务逐渐减少，理财开始转向扩大投资。④家庭的衰老期。这一阶段是家长退休以后，此时主要的部分就是安度晚年，各种投资理财也都偏向于保守。

从一个家庭的养老方面来看，家庭的养老能力不断降低，这是由于现代家庭规模相对较小，但是各种条件的改善使得老年人的寿命不断增加，高龄老年人相对较多，老年人的抚养比例也加大。现代退休制度让老年人在退休后一度成为消费者，即使没有国家的退休制度，仅仅因为寿命的增加也使得老年人的消费大于收入的阶段延长，更加降低了家庭的养老能力。家庭生命周期理论虽然被大家普遍接受，但是家庭周期理论的迅速发展使我国传统的居家养老模式受到冲击。人们认识到一个家庭的发展过程，发现居家养老在一定程度上是没有保障的，于是在政府鼓励社区养老的同时，机构养老的潮流也随之兴起。由于家庭养老在不断弱化且目前养老机构不充足，大多数学者都把解决养老问题的焦点放在社区上。国家也正在努力探索将居家养老作为基石，依赖于社区的各种服务，使其发展成为养老模式的重要保障。

2. 结构演化与养老资源配置

老年人口结构演化，一方面指的是老年人口的数量变化。放眼国际，中国不仅是世界第一人口大国，也是老年人口最多的国家。据 2000 年第五次全国人口普查，我国 60 岁以上的老年人口数量已经超过 1.4 亿人，是老年人口数量在世界排第二位的印度的2倍，大约是美国的2.5倍。从2010年第六次全国人口普查来看，我国现在的老年人口数量已经有1.78亿人，同时每年还在以800万人左右的速度增加。由于老年人口数量的不断增加，对老年人日常生活起居的照顾、康复医疗、文化方面的需求日渐增加，养老问题也日渐严峻起来。另一方面指的是老年人口年龄结构的变化。人口学认为，老年人可分为三个阶段，60～69岁是低龄老年人，70～79岁是中龄老年人，80岁以上是高龄老年人。在我国超过80岁的高龄老年人口每年以5%的速度增长，到2040年高龄老年人的数量会达到7400多万人。高龄人口在老龄人口中所占的比例相对较大，且高龄人口存在丧偶或者患病的比例大，高龄的女性人数远远多于男性人数，高龄老年人的生活自理能力较差，社会的压力在无形中增加。全国老龄工作委员会办公室等在2015年1月进行的中国城乡老年人生活状况调查显示，在我国超过60岁的老年人有2.1亿人，占全国总人口数的15.5%，在这些老年人口中超过80岁的高龄人口数量占比为15%。和2011年的数据对比起来我们可以看到，我国的老年人口数量急剧增加，并且表现出高龄老年人口数量大、老年人家庭空巢、老年人独居等状况。我国的老龄化问题在将来的几十年会进一步加剧。由于长期低下的出生率、人口寿命的不断延长和人口效应的累积，2015～2050年，我国人口年龄结构将出现大的变化，老年人口的数量迅速增加，老年人口的比例不断增加，老龄化进程的速度不断增加。2015年我国超过60岁和超过80岁的人口数量分别达到2.1亿人和2300万人。假设我们利用中位生育率进行估计，2050年超过60岁和超过80岁的人口数量分别为4.9亿人和1.2亿人，该数据是2015年的2.3倍和5.22倍。

由此可见，随着老年人口的数量迅猛递增，高龄老年人、空巢老年人占比越来越大，未来对养老资源的需求和配置将产生重大影响。首先，老年人对医疗、文娱、入户服务等资源配置将增大，但由于养老资源是有限的盈利、没有盈利甚至要求补贴，再加上政府没有兼顾这些机构，有时会需要利用民营资本。其次，需要构建完善的老年人养老资源配置标准。目前，关于养老资源配置尚未有国家标准，已出台的养老服务设施配置标准，如《城镇老年人设施规划规范》（GB 50437—2007）和《城市居住区规划设计规范》（GB 50180—93）。但实际上这些规范仍然存在不匹配的地方，如社区配置的养老服务设施和老年人口的规模不能对应，对资源配置的指导性较弱。最后，对于失能老年人来说，养老资源相对匮乏。2010年的调查数据显示，在大部分养老机构中的收住对象上，只会接收能够自理的老年人，却不会收住失能老年人。

3. 老年人口更替与养老资源更新

我们的社会是一个群体集合。社会群体的组成与更替在很大程度上决定了社会的进一步发展。老龄社会的老年人口，在数量、结构和更替方面有变化是一种客观现象。和老年人口的数量与结构比起来，老年人口的更替现象有规律可循并且是持续的，对老龄化的发展有着深刻影响。根据计算，我国老年人口现在已经开始步入更替的阶段，新一批的老年人口正在代替传统的老年人口。第六次全国人口普查数据预测，到 2020 年，1960 年以前出生的人已经全部进入老年时期，1970 年以前出生的人也开始向老年阶段迈进，20 世纪 50 年代和 60 年代的这两代老年人口的总数约为 1.55 亿人，占老年人口总数的 63%；到 2030 年，1980 年以前出生的人整体进入老年阶段，1990 年以前出生的人也即将进入老年人的行列，两个准老年群体的总数约为 3.1 亿人，占老年人口总数的 90%。以此类推，不到 100 岁的老年人口将会整体由新的老年人口代替，占老年人口总数的 100%，老年群体的整体更替完成。

4. 总结

老龄化的问题和老年人口的整体数量及老年人口内部的结构有着密切的联系，同时和老年人口的更替更是紧密相连。老年人口的更替，一代一代老年人的更替是形式上的表现，然而在本质上更是老年人整体的变化、社会产生的变化和老年人口与社会之间的关系变动。从老龄化问题的方面来看，老年人口的更替呈现出社会发生的变化、老年人整体的变化、老龄化问题的持续和加深。首先，社会的结构变化推动着老年人口的整体变化。老年人生活在我们特定的社会体制、特定的社会观念、特定的社会条件中。一定的社会环境对老年人口整体的特征有着很大的影响。在传统的农业社会中，等级制度和一些传统的文化将老年群体放置于一个依赖被动的生活中，但是在现代的信息化社会，经济结构的变化，制度分配的变化，教育医疗的变化，都在潜移默化中改变着老年人的养老意识，使该群体在追求自我、价值、独立的方面有着明显的改善。其次，老年人口整体的变化产生了新的社会需求。老年人口的变化，将该群体从社会的边缘位置拉到主体位置，在根本上改变了老年人口和社会发展之间的关系。社会的不断发展，从根本上对老年人口的自身状况和条件产生了影响，也影响到老年人对社会的需求。从最基本的维持生活到要求健康和长寿，从依赖年轻人到要求参与社会。最后，老年人口的整体变化也触发了一系列老龄化问题。在生活的观念上，提出社会要对老年人的价值有正确的理解；在老年人的发展上，提出要让老年人真正融入社会的发展过程中；在需求的角度上，提出社会要对老年人出现的新需求给予正确对待。在我国目前老龄化日益加剧的状况下，老年人口的更替完成所产生的新的供需问题使得老龄化问题更加严峻。

老年人口更替会对养老资源更新产生影响。研究我国目前的老龄化问题，就要对老年人口的更替做出分析；想要解决老龄化的问题，就要重视老年人口更替的现实。要着手发展老年产业和老年事业。老年产业是以年龄和年龄决定的消费特征为标志而划分的产业，老年事业则是由国家财政资助为老年人提供多种形式的服务业。老年产业是要满足老年人口中的高端群体对生活质量的要求，老年事业是指对老年人基本生活的保障。这两种形式都有助于经济的发展和转型。老年人口的更替是社会中新产生的现象，这种人口更替对我国老龄化社会的发展将会带来日新月异的变化。只有老年群体真正进入更替阶段，我们才能够切实做好老龄化产业和老龄化事业,促进我国老龄化社会的可持续发展。所以，我国现在对老年人口的更替十分重视，应充分发挥老年群体的主动性和能动性，进而促进老龄产业的发展。同时，健康、高效、美观是人类对居住环境的要求和目标，因此将生态环境引入养老资源的规划中，居住环境生态化，达到建筑与绿化合二为一，形成生态建筑。老年人口会更替，会新陈代谢，同样服务于老年人口的养老资源也需要不断进行更新换代，使养老资源生态化。生态化就是通过调整人居环境生态系统内生态因子和生态关系，使养老资源建设发展为具有自然生态和人类生态、自然环境和人工环境、物质文明和精神文明高度统一和可持续发展的理想住区。因此，养老资源要在生态环境的维护方面提出要求，不仅要多方位地了解当地的风向、降水、日照等天气状况，还要从科学的方面对环境进行改造，创造出良好的生存环境，从而能够建设出一些相对更加人性化的场所。同时，还应该以老年人的休闲娱乐活动为基础，创造出一个更加自然健康的外部活动空间，如可以配置户外健身设施、广场、公园、文娱空间等。

第四章

养老资源配置的体系建设

第一节 养老资源的构成体系

一、养老资源及其影响因子识别

1. 何谓养老资源

“养”是一种自觉或不自觉的施与行为，既可以施给别人，也可以施与自己。“老”是人的一种人体生理机能衰退的自然状态，往往伴随而来的是人际关系网络的疏散和经济社会地位的下降。广义上“老”是“病”的一种，反映了人体由健康状态经由亚健康状态转化为不健康状态的过程，老化速度往往慢于病变速度，犹如机器的耗损，“老”是机能衰退的过程和表现。每个人都要经过从出生到成熟再到衰老直至死亡的生命有机体的一般历程，“养老”是每个个体都必须考虑的重大问题，也关系着社会组织的有序演替。

“养老”涉及养老主体和养老客体的关系。家庭养老建立在血缘关系基础上，是我国主要的养老模式，其行为主体包括老年人自己、配偶、子女、父母、兄弟、姐妹，以及其他血亲和姻亲；社区养老建立在地域关系基础上，其行为主体包括居委会、村委会、敬老院、养老院、老年大学等基层社区服务组织；机构养老建立在商业经济利益基础上，行为主体包括以营利性为目的的自然人和企业法人。国家作为养老主体寻求社会利益最大化，传统上普遍认为国家作为公民养老的保护伞，通过养老社会保险保障全体公民的养老需求。实质上，养老社会保险作为一笔重要的资金，支持着人类社会的顺利运转，公民和国家之间关系的基础建立在信用之上。传统的熟人社会，养老具有突出的地方性，血缘关系和地缘关系紧密结合，与国家几乎不相干，完全依赖于“亲属-乡绅-邻里”的关系网络。市场主义和国家主义破坏了传统的养老模式，人们为了自己或他人养老的需要，出于资产保值增值的目的，建立养老社会保险储蓄基金账户。经济社会地位越高的人，相比于投资社会保险，他们往往倾向于商业保险。现代的养老模式本质上依赖于金钱关系，代与代之间通过财产继承的关系使资产在代际间流动。国家通过婚姻法、继承法、社会保险等强制性措施不断强化个人对国家的依附，尤其是对于地域辽阔、人口众多的中国来说，如此广阔的地理空间和网络空间给人以宽阔感，降低了亲密度，增强了人们对于年老的恐惧。相比传统的个人对熟人的依赖，个人所能触及的空间范围不断扩大，地方性不断减弱，依恋度不断降低。总之，养老客体是现实中的老年人，是多元化的老年人群体，市场和国家作为当今社会的主导力量，不仅直接构成了重要的养老施与方，而且深刻影响着传统的家庭和社区养老关系。

“资源”在第六版《辞海》中直译为资财之源，恩格斯（1954）认为劳动和自然界的结合构成了财富的源泉。可见，自然资源是客观存在的，人类劳动创造了劳力、智力等人力资源。组织构成了人力资源的规模效应，而信用是形成有效组织的前提。“资”体现的是组织调配，“源”其实是有用之物。利伯曼和霍尔（2006）认为资源是那些能满足人们需要和利益的物品、非物品（如信息）及事件（如选举等），行动者和资源构成了社会系统的两个组成部分。市场化条件下“资”不断加强了货币化的价值色彩，国家化背景下强化了“源”的社会化属性。中国大多数人生活在雨热同期的季风气候区，旱灾、涝灾、蝗灾等自然灾害频发，中国传统社会形成了宗法氏族社会和乡绅世俗社会，养老主要依靠地方族长或名门望族组织担负，形成了以养儿防老为中心、地方氏族为保障的养老体系，国家政府和营利性企业发挥的作用极其有限。现代社会是信用社会，市场和国家合力不断推动着社会组织的规模化，养老金缴纳凭证、养老保险合同、继承法条、遗嘱等信用维系着庞大组织的运作，现代养老模式的组织架构实质上形成了“家庭-社区-企业-国家”的利益链条，规模大的养老行为主体更是加强了组织性，而大家庭不断碎化为核心家庭，由此产生了大组织与小家庭之间的关系模式，养老资源的组织模式发生了深刻的变革。

对于养老资源因素的构成，学术界还没有形成统一的表述。黄乾（2005）指出养老资源是可以用来进行养老保障并能产生保障效果的东西。王思斌（1999）认为养老资源既可以是资金、物品，也可以是服务、机会、关照和支持气氛，或者是有利于老年贫困者走出困境的政策及其他具有养老保障价值的东西。穆光宗（2002）提出有关养老的“财富”大概念包括情感资源（如温暖的关爱、宽心的话语、亲切的眼神、频繁的互动，以及对老年人意愿和决定的理解、尊重和支持等）、经济资源（如物质、商品、金钱等有形的物品）、时间资源（如陪伴聊天、看病、帮助做家务等）和服务资源（如购买服务性商品、请护工等），并将其称为“代际资源流”，用公式表示，即代际交换的“财富”

=情感资源+经济资源+时间资源+服务资源。柴效武（2005）提出：“养老资源，不再仅仅是传统概念的养老资金，还应该包括国家、社会、家庭、个人等养老主体，所拥有的能够对养老事业开展带来实际效用，并有助于养老事业开展的一切资源。也就是说，养老生活中需要具备并运用消费的各种资源，包括货币资源、房产资源、环境资源等多项内容。”从货币化转向多元化，体现了对各种养老资源的深入发掘，实现重组融合、形态变换、价值转换等，因此有必要按照不同标准对养老资源的类型进行划分，以实现养老资源的清晰识别、优化配置与保质增效，使有限的养老资源尽可能地满足更多老年人的养老需求。

据此，我们可以将“养老资源”构成因素广义地定为：存在于自然界和人类社会中的一切能够被人类利用，并实现全体公民养老需求保障的物质和精神要素的总和。同时，总结出养老资源的几个特征：第一，以自然人的养老需求为前提；第二，提供有效的晚年生活保障；第三，表现为现有的和有待开发的动态特点；第四，内容上包括有形的物质和无形的精神两个方面。

2. 养老资源的类型

根据养老资源要素自身特性，可将养老资源分为以下五大类：生态环境保障资源、经济保障资源、养老保障资源、医疗保障资源和精神文化保障资源。在不同的研究尺度上，养老资源的含义会出现适当的变化。需要补充的内容主要有三点：一是以下所选指标可能因数据采集难以准确收集，有些在量算研究中没能考虑到；二是在不同区域、不同研究尺度上，采纳的指标会不尽相同；三是老年人体质千差万别，现实生活中存在许多特异质人群，以下所选指标仅能针对大多数老年人的普遍情况。

（1）生态环境保障资源

生态环境保障资源主要来源于（城市和乡村）人居环境科学，主要包括自然生态环境与人工生态环境。此外，自然灾害对人类居住产生负面影响。宜老环境源于宜居环境，也应该遵循宜居环境“安全性（safety）、健康性（healthy）、便利性（convenience）、舒适性（amenity）”的基本理念。自然生态环境，即地球外部表层的圈层结构，包括大气圈、岩石圈、水圈、土壤圈、生物圈，自然生态环境基于地球物质流和能量流的循环，使得各生命体生生不息。虽然空气调节器、增湿剂、除湿剂的使用能够改变室内的温湿度情况，但是犹如新生儿不可能一直待在育婴室，老年人不可避免地会受到大气的物质组成、大气的温湿变化、大气的水平或垂直运动的影响，或舒缓，或剧烈。人工生态环境，即人类在地球表层的活动改变着原生环境，影响着生态演替的方向和速度，使得人居环境朝着有利于或者有害于人类健康长寿的方向变化，这里侧重于物质性的硬环境。

1）空气质量指数（air quality index，API）。空气质量指数为二氧化硫（SO_2）、二氧化氮（NO_2）、可吸入颗粒物（PM_{10}）、细颗粒物（$PM_{2.5}$）、臭氧（O_3）、一氧化碳（CO）六项空气污染分指数的几何平均值，是定量描述空气质量状况的无量纲指数。空气质量指数划分为0～50、51～100、101～150、151～200、201～300和大于300六档，对应于空气质量的六个级别，指数越大，级别越高，说明污染越严重，对人体健康的影响也越明显。老年人是对污染物比较敏感的人群，易引发上呼吸道感染、支气管炎等呼吸系统疾病。

2）全年15～25摄氏度气温天数。15～25摄氏度是老年人的宜居温度，一个城市年适宜温度天数越多，说明该城市对老年人来说越宜居。

3）最冷月平均气温和最热月平均气温之差。年平均气温是评价一个地方气温最常用的单一指标，但是不能反映年内气温的变化程度。最冷月平均气温用一月平均气温代表。由于中国人口（老年人）集聚在东部季风气候区，并且中国大陆性季风气候的海洋性特征不明显，故没有选择海洋性气候全年月平均气温最低的二月平均气温。最热月平均气温用七月平均气温代表。由于中国东部人口（老年人）密集区处于东亚大陆性温带和亚热带季风气候区，七月出现全年最高日平均气温的概率最大。

4）干燥度和湿润度。大气中的水分通过分子扩散和气流传递而运动，使得各地的大气中具有不同的潮湿程度。大气的湿润程度是决定云、露、雾、霜、雨、雪等天气现象的重要因素。相比年降水量，干燥度和湿润度能更加全面地反映水汽状况。

5）海拔。著名学者邦奇（Bunge）曾经绘制人类大陆图以揭示世界人口的分布状况，反映出人口分布趋向于暖湿地区、低平地区和岸边。中国人口分布也随着三级阶梯地势呈现递变的趋势，总体上海拔越低的地区聚集的人口越多。老年人作为重要的人群，理应也具有对低平地区的趋向性。

6）气象脆弱度。一个地区的气候反映的是前30年气象要素的平均情况，忽略了大气现象的非平稳性，因此纳入台风、涝灾、旱灾、寒潮等气象灾害的发生频率，以及年最低气温和年最高气温等极端天气因素。计算方法采用几何加权和归一化得分处理。

7）地表径流。水是生命的起源，地表充沛的水系有利于人体保持健康，我们假设地表径流越大老年人越宜居。地表径流是水循环的重要环节。地表径流量等于降雨量乘以地表径流系数，公式表示为 $R=P\times a$，式中，R 为地表径流量（毫米），P 为多年平均降雨量（毫米），a 为平均地表径流系数。

8）河网密度。河网密度是流域中干支流总长度和流域面积之比。河网密度的大小能够反映水系发育的疏密程度，受到流域内气候、植被、地貌特征、岩石土壤的渗透性和抗侵蚀能力等多重因素的影响。

9）建成区绿化覆盖率。建成区绿化覆盖率是指城市建成区中用于绿化的灌木、乔木和多年生草本植物的垂直投影面积除以城市建成区面积的百分比。提高建成区绿化覆盖率不仅是保护环境、改良气候的需要，也是防灾防震的要求，对为老年人提供良好的休养、疗养、游憩环境具有积极意义。

10）人均绿地面积和人均公园绿地面积。相对于建成区绿化覆盖率，人均绿地面积和人均公园绿地面积更能体现以人为本的生态环境理念。

11）废物处理率。废物处理率是工业固体废物综合治理率、城镇生活污水处理率、城镇生活垃圾无害化处理率三者的加权，是建设美丽城市的重要指标。工业固体废物综合治理率=工业固体废物处置利用量/工业固体废物总量×100%；城镇生活污水处理率=城镇生活污水处理量/城镇生活污水排放总量×100%；城镇生活垃圾无害化处理率=城镇生活垃圾无害化处理量/生活垃圾产生量×100%。

12）人均享有清扫保洁面积。人均享有清扫保洁面积是一个地区环卫水平的重要体现，在一定程度上反映了人们对于保洁卫生需求的供给程度。通常，一个地区的人均享有清扫保洁面积越大，说明该地区的卫生状况相对越好。

13）癌症村数量。“癌症村”集中反映了在一定时间和空间上癌症聚集发生、引起社会群体格外关心的公共卫生问题，其出现是特定时期人地关系演变的结果，具体表现为从某一年开始并持续多年远高于正常水平的癌症发生率和死亡率。人们对癌症村并没有形成统一的认识，可以参照文献资料、主流媒体报道等进行统计。

14）风景区等级。中国旅游景区质量等级划分为 5 个等级，从低到高依次为 1A、2A、3A、4A、5A，分别赋予 1 分、2 分、3 分、4 分、5 分，进行加权得分。

15）人均道路面积。人均道路面积为城市道路总面积除以市区常住人口数量。它是城市交通设施发展程度的重要体现，在一定程度上反映出老年人出行的便利程度。

16）路网密度。人均道路面积不能反映农村地区老年人的出行便利程度，采用路网密度对研究区域的道路设施状况进行评价。

17）可达性。可以根据《中华人民共和国行业标准 公路工程技术标准（JTGB01—2014）》，结合各地的路网密度和路网质量，为高速公路、国道、省道、县道、乡道、其他公路赋予相应的运行速度，运用网络分析法或栅格分析法进行可达性评价。

（2）经济保障资源

经济的良好运行决定了养老政策施行的持续性和稳定性，有充足的收入才能保证一定的支出。伴随着一个地区经济发展水平的不断提高和人民生活水平的逐步改善，各地区才能够加强医疗卫生服务水平和养老服务设施、老年教育、老年就业等社会服务保障水平。同样地，由于各地区域经济发展水平不均衡，各类地区的社会服务水平呈现出一定的差距。正是由于各地在生产、流通、分配、消费等经济运行环节所扮演角色的不同，各地经济发展水平的差异，国家需要依靠财政转移支付、地方对口支援等干预措施促进基本公共服务均等化。

社会的发展就是具有一定生产经验和劳动技能的劳动者使用生产资料、改造自然并创造物质精神财富的过程和人口完成自身生产过程的统一。作为生产力要素的劳动力是整个人口中的主要部分，所以人口是社会生产力必不可少的前提和要素，劳动人口也是社会经济发展的必要条件，是社会生活、经济发展的主体。作为消费者，经过生产领域所生产的物质资料最终要经过分配领域进入消费领域，从而使再生产流动过程的终点落在人口生产和生活的消费上。而这种生产和生活上的消费需要，反过来又推动了下一次的再生产运动，因此消费又成为起点。所以，实际上，人口是再生产运动的起点和终点。老年人与青壮年劳动力相比，在社会物质精神财富生产运动中主要扮演着消费者的角色，行为受到生产者的制约。老年人在家庭中财政决策地位的下降，导致其对子女养老行为的约束力减弱，在办理商业养老保险、走亲访友、雇佣家政服务人员、接受老年大学教育、寻求黄昏伴侣、合理处置遗产、寻求法律援助等行为时的话语权减少。一个地区的生产能力越强大、收入水平越高，相应地能够用于消费者生活的部分也就越多，老年人的晚年生活就越有经济保障。

1）城镇居民人均可支配收入。城镇居民人均可支配收入是指反映居民家庭全部现金收入能用于安排家庭日常生活的那部分收入。它是家庭总收入扣除缴纳的所得税、个人缴纳的社会保障费，以及调查户的记账补贴后的收入。其中，家庭总收入指的是调查户中生活在一起的所有家庭成员在调查期得到的工资性收入、经营性收入、财产性收入、转移性收入的总和，不包括出售财物和借贷收入。收入的统计标准以实际发生的数额为准，无论收入是补发还是预发，只要是调查期得到的都应如实计算，不作分摊。

2）农村居民人均纯收入。农村居民人均纯收入是指农村居民家庭全年总收入中，扣除从事生产和非生产经营费用支出、缴纳税款和上交承包集体任务金额以后剩余的，可直接用于进行生产性、非生产性建设投资，以及生活消费和积蓄的那一部分收入，也包括工资性收入、经营性收入、财产性收入、转移性收入。它是反映地区经济发展水平和农村居民生活水平的重要标尺，间接反映农村老年人的生活水平。

3）城乡居民收入比。城乡居民收入比是一个地区城镇居民人均可支配收入与农村居民人均纯收入的比值，客观上反映研究区的城乡差异，从而表征该地区城乡老年人的生活质量差距。

4）城乡居民人均储蓄存款余额。城乡居民人均储蓄存款余额是指某一时点城乡居民存入银行及农村信用社的储蓄金额，包括城镇居民储蓄存款和农民个人储蓄存款，不包括居民的手存现金和工矿企业、部队、机关、团体等单位存款。它是反映养老的个人经济给付能力的重要指标，并且也能够在一定程度上反映出人们对于养老储蓄的价值判断和价值选择。

5）恩格尔系数。恩格尔系数指的是食品支出总额在个人消费支出总额中的比重。通常，一个地区的恩格尔系数越小，说明该地区的人们生活越富裕，反映出老年人的经济生活保障。

6）就业率。就业率指的是具有城镇户口的法定劳动年龄内的人口中就业人口的比重。它反映了一个地区的人口结构和产业结构，是影响社会和谐稳定的重要因素。

（3）养老保障资源

老年人作为弱势群体，对自然生态环境变化敏感，对自然灾害抵御能力弱，需要更多政策上的优待，如延迟退休政策与养老金制度、老年人优抚（老年津贴、景点优惠、公交优惠、专门通道）、社会保险（养老保险、医疗保险）、商业保险（大病医疗保险、长期护理保险）。

1）每千名老年人拥有养老服务机构数。每千名老年人拥有养老服务机构数是指每千名老年人占有的养老机构的比重。机构养老是社会养老体系的重要组成部分，养老机构数在一定程度上反映了一个地区的养老水平。养老机构按照所有制类型主要包括公立养老机构和私立养老机构，如老年人医院、康复医院、临终关怀医院、家庭病床、“高龄者服务中心”和“护理住宅”等。

2）每千名老年人拥有养老床位数。每千名老年人拥有养老床位数是指每千名老年人占有的养老床位的比重。养老床位是各类老年社会福利机构拥有的养老床位，可在一定程度上反映一个区域的养老保障水平。

3）基本养老保险参保人数。基本养老保险是按国家法律法规政策规定，强制实施的为保障广大离退休人员基本生活需要的一种养老保险制度。基本养老保险基金实行社会互济。在基本养老金的计发上采用结构式的计发办法，强调个人账户养老金的激励作用和劳动贡献差别。基本养老保险参保人数在一定程度上反映一个地区的养老保障水平。

4）城镇职工基本养老保险覆盖率。城镇职工基本养老保险覆盖率是指已参加城镇职工基本养老保险人数占该地区城镇职工总人口的比重。城镇职工基本养老保险是指社会统筹和个人账户相结合的基本养老保险制度。城镇职工基本养老保险覆盖率用来反映城镇老年人口未来经济生活的保障程度。

5）新型农村社会养老保险覆盖率。新型农村社会养老保险覆盖率是指已参加新型农村社会养老保险人数占该地区农村总人口的比重。旧有的农村社会养老保险主要是农民自己缴费，实际上是自我储蓄的模式。国家近些年大力推行的新农保采用的是个人缴费、集体补助和政府补贴相结合的模式，其中中央财政将补助给地方，直接补贴给农民个人，它是一种具有保险特性的农村基本医疗互助保障制度。新型农村社会养老保险覆盖率越高，说明该地区农村老年人口未来经济生活的保障程度越大。

（4）医疗保障资源

和青年人相比，老年人对药物的反应性增加、用药个体差异大、不良反应增多。临床研究发现，老年人应用阿片类镇痛剂（吗啡、芬太尼等）、地高辛、氨茶碱等药物后，血浆药物浓度位于正常的治疗范围，或与青年人血浆药物浓度相似，但是老年人药理效应更强，更容易发生毒性反应。老年人在药物的吸收、分布、代谢、排泄方面也与青年人有所差异。例如，老年人唾液分泌减少，口腔黏膜吸收能力下降，使得舌下给药吸收较差。老年人由于水分减少，脂肪组织增加，因而水溶性药物（如地高辛、普萘洛尔、哌替啶等）分布容积减少，血药浓度增高，而脂溶性药物如氯丙嗪、地西泮、利多卡因等分布容积增大，血药浓度降低。肝脏是药物代谢的主要场所，老年人肝血流量减少，肝药酶活性下降，药物代谢能力下降，药物半衰期延长，使得硝酸甘油、异丙肾上腺素等药物浓度大大提高。老年人以肾小球为主的维持体液平衡的功能减退，容易引起电解质紊乱，使得以原形从肾脏排泄的药物如血管紧张素转换酶抑制剂、阿替洛尔等半衰期显著延长，应该予以特别注意。因此，老年人用药需要更多注意事项，对一个地区的医疗卫生水平要求更高。

老年人由于在人际需要、亲情需要、认知需要和价值需要方面需要得到满足，自身人生经历、家庭经济状况、和主要赡养人的关系、享受的社会保障水平成为老年人心理健康的重要影响因素。例如，一些中低龄老年人经历从工作状态变成养老状态，极有可能会感到不适应，进而影响心理健康；高龄老年人由于生理机能迅速下降，身体健康状况、劳动能力和生活自理能力显著下降，很多时候都需要依赖家人，有些老年人会觉得活着没意思，为子女增添负担，加重老年人生无可恋的心理负担；随着年龄的增长，眼睁睁地看着身边的亲戚朋友渐渐离去，逐渐感觉与这个世界格格不入，犹如植物人一般难耐；老年人随着年龄越来越大，学习能力、适应能力迅速衰退，而这个世界的科技革命极其迅速，地球面貌日新月异，老年人迅速衰减的适应能力和这个世界极速变化的形势相互矛盾，一些老年人增添了对另一个世界的渴望，逐步对这个世界没有感情，有些老年人信奉宗教以寻求精神寄托。

1）城镇职工基本医疗保险覆盖率。城镇职工基本医疗保险覆盖率是指已参加城镇职工基本医疗保险的人数占该地区城市职工总人数的比重。城镇职工医疗保险是劳动者因患病需要治疗时，由政府向其提供必要的医疗服务的一种社会保障制度。政府建立医疗保险基金，其以税收优惠的形式负担部分费用，职工和用人单位按照工资收入的不同比例，按月向社会保险经办机构缴费（职工退休后不再缴费）。

2）新型农村合作医疗覆盖率。新型农村合作医疗覆盖率是指已参加新型农村合作医疗保险人数占该地区农村总人口的比重。新型农村合作医疗制度是一种具有保险特性的农村基本医疗互助保障制度。扩大新型农村合作医疗保险的覆盖面、提高覆盖率对于保障农村老年人生活具有重要的保障作用。

3）每千名老年人拥有医疗机构数。医疗机构是指设有固定床位，能够为患者提供医疗、护理服务的医疗机构，包括县及县以上医院（含综合医院和专科医院）、乡镇卫生院和其他医院三部分。医疗机构数在一定程度上能够衡量一个地区的医疗水平。一般地，我们认为其数量越大，表示空间分布越广，并且也可以认为是每千名老年人医疗大型器械设施拥有量的代理变量。

4）每千名老年人拥有医疗卫生技术人员数。医疗卫生技术人员是指卫生事业机构支付工资的全部职工中，现任职务为卫生技术工作的专业人员，包括西医师、中医师、西药师、中药师、护师、检验师等初级及以上卫生技术人员。卫生技术人员数在一定程度上也能够衡量该地区的医疗水平。

5）每千名老年人拥有医疗床位数。医疗卫生机构数、医疗床位数、医疗卫生技术人员数分别从组织、规模、能力三个方面测度区域医疗卫生服务的总体数量水平，是衡量区域医疗卫生服务资源供给最常用的统计指标。因此，纳入每千名老年人拥有医疗床位数可以较好地反映一个地区老年人的医疗保障水平。

（5）精神文化保障资源

老年人虽然基本上离开了社会生产系统，但是他们依然是社会生活系统中的重要参与者，是社会文化娱乐的创作者和传承人。例如，中国老年人组成的秧歌队、合唱队等，中式广场舞的文化扩散，以及许多非物质文化遗产传承人。这些都在说明老年人是中国文化体育事业的贡献者和精神文化产品的生产者。随着中国人口老龄化和高龄化趋势日益突出，人们寿命越来越长，退休年龄必然相应推迟，高龄工作者越来越多，老年人既是社会物质精神财富的消费者，也是生产者，对社会经济的运行产生更加复杂的影响。

1）每千名老年人拥有居民服务机构数。随着远离职场，老年人的社会身份主要由社会物质精神财富的生产者转化为消费者，需要足够的居民服务机构满足老年人的晚年生活需要。

2）每千名老年人拥有服务业人员。居民服务机构为老年人提供了一个生活空间，但是提供服务的从业者才是实实在在的需求满足者和情感互动者。每千名老年人拥有服务业人员反映了老年人的生活保障水平。

3）每千名老年人拥有老年大学数。每千名老年人拥有老年大学数是指每千名老年人拥有的老年学校比重。老年大学是在当地教育部门正式注册登记的老年人教育机构，是全国老龄工作委员会办公室提出的“老有所学”工作目标的重要体现。“老有所学”是老年人根据自己的兴趣爱好，学习掌握一些知识技能，丰富老年生活，陶冶高尚情操。

4）每千名老年人拥有文体机构数。老年人由于退休，生活空余时间延长，需要丰富的闲暇生活内容和足够的室内外空间。由于生理年龄的增长、身体机能的下降，家庭住房和邻近社区成为老年人主要的生活空间，其中文体机构是其生活空间的重要组成部分。每千名老年人拥有文体机构数可用于衡量老年人精神生活的保障程度。

5）每千名老年人拥有文体等人员数。老年人拥有大量的闲余时间投入精神文化消费生活中，同时也需要文体工作者创造丰富的文化作品满足老年人的日常生活。每千名老年人拥有文体等人员数也是反映老年人精神生活保障程度的重要指标。

3. 养老资源影响因子的识别

丰厚的养老资源环境要求自然生态环境优、人工建成环境佳、经济运行状况好、养老保障制度全、医疗卫生水平高、生活设施便利行。养老资源的丰度以时间、地点、条件为转移。养老资源丰寡与否取决于自然本地条件、人工影响程度、老年人口数量和结构。养老资源的丰富程度有绝对丰度和相对丰度，此外还要考虑到养老资源-老年人口结构协调度。养老资源的评价没有一成不变的绝对指标，要结合该地区一定时期的实际情况。例如，对于还处于新石器时代的人们来说，拥有足够的洞穴是养老的重要物质载体；对于山间江畔的一些人来说，洞穴为老年人去世后提供了良好的安葬场所，如龙虎山、长江三峡、贵州山区的悬棺现象。

随着时代的推移和地区的差异，养老资源的内涵和外延在各地区存在许多差异，每个人都要经历生老病死，死亡作为一个人生命的结束，（正常死亡）意味着一个人养老生活的结束，养老是过程持续到葬礼结束以后，丧葬理应也是养老的一部分。但随着人口流动和迁移，现在越来越多的老年人呈现空巢和留守状态，子女不在身边的结果是无论赡养还是殡葬都已经缺失。有的老年人死亡几天都没有被发现，有的逝者多年都不曾有人来祭扫，等等。

现实一点说，养老资源的影响因子也就是物的固有属性和能动变化，以及人的价值判断和价值选择。为了使读者能够更深刻地认识这句话的内涵，这里以莲藕作为例子。莲藕有“长寿菜”的称号，是南方秋季常用来煲汤的食品，如莲藕墨鱼猪脊骨汤。老年人常吃莲藕，可安神健脑，有延年益寿的功效。秋季吃藕正当时，老年人常吃可延年益寿。麻花藕，又叫“粉藕”，外表粗糙呈粉色，生吃有点苦、涩，所以比较适合熟食。麻花藕的淀粉含量比较高，还富含蛋白质及维生素，吃起来绵软可口，常食对脾胃有益，有滋阴养胃的作用，还能润肠通便。简单来说，莲藕富含淀粉、蛋白质和维生素，常年秋季煲汤食用，老年人可健脑安神、延年益寿。

1）科学的认知问题。科学革命仅仅数百年，近代科学是新近事物，虽然相对于宗教而言进步性不言而喻，但是科学本身就存在许多问题。例如，何为养老资源？养，对老年人身体和心理健康有帮助；老，老年人，将年龄定位在60岁以上或65岁以上；资源，即物质，实体或虚拟。科学认知注重数学计量，也就是讲究测度，以便找寻养老资源评价指标，根据指标之间的内在关系和人们的感知设立权重予以量化，并且分布计算和综合集成相结合。所以，科学自身有其逻辑性，和宗教一样，只是改进人们对世界和自身的认知。

2）测度的扭曲问题。首先是代理变量对真实变量的代表性。周尚意等（2017）在构建中国老年人宜居城市指标体系时遵循了立足中国国情、坚持人本主义、实现多目标最优的三个理念，坚持了科学性原则、可操作性原则、系统综合性原则、可持续性原则等七项原则，从指标库的建立到指标体系的最终确定，许多指标由于数据的可获取性和降维处理方法的处置没有保留下来。笔者在承认科学局限性的前提下借鉴周尚意等（2017）的思路，同时感到指标体系的构建无论如何都是难以真实度量现实世界的。其次是研究方法的适用性。学者的义务在于增进人们对于世界和自身的理解，从而调整自己的价值取向和行为，进而更好地与世界、与自己共处。2018 年 1 月 22 日美国政治学顶级期刊《政治分析》宣布禁用 p 值，因为 p 值本身无法提供支持相关模式或假说的证据。它给我们的启示是看似正确实则错误，现实世界没有那么多假设，我们的测度是有先天缺陷的。

养老资源的影响因子究竟是什么？按照传统的分析框架，可以说是资本和政策，因为资本是市场这只“无形的手”在配置资源，政策是政府这只“有形的手”在宏观调控；也可以说是地缘，如西藏的高原民族、新疆的绿洲民族可能就不适合 15～25 摄氏度这一宜居温度。

此外，还存在养老资源折旧。折旧（depreciation）是指在固定资产预计使用寿命内，按照确定的方法对应计折旧额进行系统分摊的过程。两个地区，即使各个指标面上量值一致，两地的养老资源依然不同，如养老康体设施等固定资产由于使用年数不同，折旧程度不同；相对人工资源，天然资源的价值变化更小一些，如气候学中对年降水量的测量采用前 30 年数据的平均值（现行的是 1981～2010 年这 30 年的平均值）。所以，养老资源的影响因子是多方面的，人们认识到的和现实世界存在的总是存在一定距离。

二、养老资源的供给主体

经济学概念中的供给指的是厂商在一定地点和时间内，愿意生产和销售的产品的数量，是不同的价格水平下厂商愿意和能够提供的商品数量的反映。笔者认为养老资源的供给是指能够满足老年人对于自身健康与发展需求的养老资源的数量和方式。养老资源的供给主体主要是政府、社区、市场、家庭、自身。自然生态环境资源的供给很难受人调控，因此不予考虑。

在中国，家庭作为社会的基本单位，在为家庭成员提供福利资源方面居于主体地位，而社会上数千年形成的尊老爱幼的价值理念强化了家庭作为养老资源供给者的主体地位。在城市化、工业化、市场化的不断推进下，家庭规模普遍缩小，家庭的抚养和赡养结构呈现“倒三角”结构，而居住方式上的代际分离则加强了老年人的生活不便、照料不周、精神苦闷等问题。一些子女忙于事业，无暇照顾父母，而将有限的时间、精力大部分投入到子女的养育上。并且，受到西方价值观的冲击，传统的儒家“孝悌”文化正在衰落，使得家庭养老的文化根基变得不那么牢固。但是，正如张秀兰和徐月宾（2003）在《建构中国的发展型家庭政策》中指出，任何在家庭以外建立起来的正规的社会保护制度都不能取代家庭的功能和责任，而只是政府在不同程度上、用不同的方式对家庭责任的分担。毫无疑问，家庭是人们生活的港湾和情感的依托，家庭在为老年人提供情感慰藉方面是不可替代的，血浓于水的亲情是难以割舍的，这是社会养老所不能替代的。

家庭反映了传统社会中的血缘关系，而社区反映的则是地缘关系。在费孝通（1999）的“差序格局”中，基于亲缘的家庭、亲情关系就是差序格局的核心。家庭关系向外延伸就成为社会关系，如由于家庭之间的联姻而派生出来的各种表亲关系及各种构想出来的亲缘关系（“象征性亲缘关系”）。地缘关系也可以认为是一种象征性亲缘关系。地缘关系是人们长期共同生活形成的，为的是家庭繁衍、财富和安全的需要。由于家庭养老不能够承担养老资源的全部供给，任远（1997）在《论社区是我国社会经济协调发展的有效载体和良好机制》中指出，中国传统的社会结构是一个乡土社会，乡土社会是在地域性的限制下成了一个生于斯长于斯的社会，其本质就是一个社区性的社会。社区养老使得老年人在熟悉的环境中生活，通过社区居民的共同参与和互助，有效地分摊了养老成本，且弥补了家庭养老的一些不足之处。中国的社区养老模式参照了西方国家的经验，利用了社区的硬件设施和人际网络资源，减轻了家庭和政府的负担。陈树强和李翊骏（1998）认为社区照顾是指为因受到年老、精神不健全、弱智或弱能或五官功能受损等问题影响之人提供服务与支援，使其能在其家庭，或在“接近家庭环境”之社区内，尽量度过一个自主和独立的生活。社区在照顾老年人方面提供家政服务、日间照理、家庭医生、健康管理、心理治疗等服务。社区照顾为老年人提供了一种非正式保障，使得人们互助扶持，相互信任依赖，而这种信任依赖关系增加了人们的社会资本存量，使老年人得到更多的社会支持，降低或化解了生活风险，满足了老年人的日常生活需要。

政府在养老资源供给中起到主导作用。政府或者国家通过法律、行政等强制性手段，执行国家如何对待老年人和如何调配养老资源的意志。通常，国家或者政府以社会养老保险、养老救济、公立养老机构、新型农村合作医疗等法定的形式向老年国民提供养老资源。国家供给方式的持续依靠的是国家信用体系，本质上是政府对国民经济和社会发展的宏观调控，借助国家强制力保证社会财富的再分配。国家还通过对养老资源供给的数量、质量和结构的法律规定，使得市场主体能够按照法定规范调节养老资源供求市场。此外，国家通过宣扬中华传统美德、弘扬社会主义核心价值观、加强思想政治教育、开展社会主义卫生文明运动等方式增强社会敬老爱老氛围，调节老年人、家庭、社区养老资源供给的内容和形式。

市场对养老资源供给发挥补给和调节作用。市场通过供求机制和价格机制对养老资源配置起到调节作用。养老资源不同于生活消费品，在一定程度上公共物品的属性较强，养老资源的供给不能由市场发挥主导作用。市场主要通过商业养老保险和营利性养老机构的方式为老年人提供养老产品和服务。虽然银行、保险、基金、证券等机构正在开始试水老龄市场，养老理财产品、养老保险产品、养老金信托产品等金融产品陆续推出，但总体上中国老龄金融发展尚处于起步阶段，养老金融产品单一低效，许多老年人以储蓄为唯一的理财方式。

养老保险方面也存在过于依赖基本养老保险、商业养老保险补充不足的问题。高收入群体毕竟是少数,价格高昂的养老院对于普通人而言还将是奋斗的目标,质优价廉的养老院在国内并不普遍。

自己是养老资源供给的源泉。人既是社会财富的消费者,也是社会财富的生产者。一方面,人们自己在工作期间积累的储蓄用来支付老年时的消费,本质上是依靠退休者年轻时的储蓄来换取当前社会生产产品和服务的一部分,它秉承的是“代内自养”原则。另一方面,人们在年轻时养成良好的生活习惯,坚持合理的运动量,保持积极阳光的心态,维护良好的人际关系网络,为老年身心健康积累资本。随着人类社会的发展,医学模式已经从生物医学模式转变为生物心理社会医学模式,人们的健康从主要靠医生转变为更靠自己,人们努力寻求从“治已病”到“防未病”。在人口老龄化加速的中国,年轻人“角色冲突”难以兼顾家庭和事业的背景下,老年人更应该及早为自己的晚年生活积累足够的养老金和精神慰藉资源。

三、养老资源的功能

功能,传统上的意思是事物或者方法所发挥的有利作用或效能,即对象能够满足某种需求的一种属性。凡是满足使用者需求的任何一种属性都属于功能的范畴。满足使用者现实需求的属性是功能,而满足使用者潜在需求的属性也是功能。功能作为满足需求的属性便具有客观物质性和主观精神性,称为功能的二重性。功能与功能载体在概念上有分有合,麦尔斯在创立价值工程时就提出,顾客购买物品时需要的是它的功能,而不是物品本身,物品只是功能的载体。只要功能相同,载体可以替代。也就是说,功能与其载体在概念上应有所区分。但是,一种功能的实现不可能没有载体,所以功能与其载体又必须结合。在价值工程运作中,往往是某种功能与原来的载体分离,经过创新方案与另一个载体结合起来,这就称为功能的载体替代。功能的特性是指对功能进行定性、定量的描述。商品的功能特性一般可包括三个方面:品质、能力和款式。考虑到这三个方面的功能特性,将会完善功能分析和价值取向的结果。刘仲康和佟晓秋(2003)认为功能可以分为以下几类:①按功能性质分为使用功能和品位功能。使用功能,就是具有物质使用意义的功能,通常具有客观性。品味功能(美学功能),就是与使用者的精神感觉、主观意识有关的功能。②按用户需求分为必要功能、不必要功能、不足功能和过剩功能。必要功能，就是只为满足使用者的需求而必须具备的功能。不必要功能，就是指对象所具有的、与满足使用者的需求无关的功能。不必要功能的出现，有的是由于设计者的失误，有的则是由于不同的使用者有不同的需求。不足功能，是指对象尚未满足使用者的需求的必要功能。过剩功能，是指对象所具有的，超过使用者的需求的必要功能。过剩功能应当剔除掉，以节约成本。③按重要程度分为基本功能和辅助功能。基本功能，是与对象的主要目的直接有关的功能，是对象存在的主要理由。辅助功能，是为更好地实现基本功能而服务的功能，是对基本功能起辅助作用的功能。

资源是否只对人类有利？答案是否定的。其一，对于某些资源来说，与其说人类利用了资源，不如说人类反被资源利用。人类利用资源以满足人类种群生存繁衍，代代相传。其实，换一个视角，我们会发现，有些资源会利用人类对自身需求的满足反过来利用人类壮大自己。赫拉利（2017）认为物种演化的成功，看的就是这个物种 DNA 拷贝数在世界上的多寡。人类原本是杂食性动物，在农业革命以前，谷物不过是人类饮食的一小部分。以谷物为主的食物不仅矿物质和维生素含量不足，难以消化，而且还危害人类的牙龈健康。这对我们的启示是，正确对待养老资源的丰富与否，养老资源不是越丰富越好，有些资源可能具有自我复制功能。其二，资源对于一部分人有利的同时，对另一部分人无利，甚至是某些人驾驭一些人发掘资源供自己享用。小麦、水稻、玉米对人类整体而言是福音，但农民却为其长年累月面朝黄土背朝天，辛勤劳作，劳累一生。这对我们的启示是，虽然具有一定的养老资源，但是老年人不一定能够真正享用应得的部分。这也是我们为什么一方面要注重养老资源的丰度，另一方面更要重视养老资源的合理配置问题。从人和物两方面的关系角度来说，也就是涉及老年人口和养老资源谁顺应谁的问题。是种子不断进化以适应人类的胃口，还是人类的胃口不断被谷物所诱导。

资源是否越多越好？答案是否定的。资源诅咒（resource curse）是一种经济术语，又被称作“富足的矛盾”（paradox of plenty），指的是国家拥有大量某种不可再生的天然资源却反而形成工业化低落、产业难以转型、过度依赖单一经济结构的窘境。丰富的自然资源可能是经济发展的诅咒而不是祝福，大多数自然资源丰富的国家比那些资源稀缺的国家增长得更慢。经济学家将原因归结为贸易条件的恶化，荷兰病或人力资本的投资不足等，主要由对某种相对丰富资源的过分依赖造成。荷兰病（the Dutch disease），是指一国（特别是指中小国家）经济的某一初级产品部门异常繁荣而导致其他部门衰落的现象。20世纪50年代，已是制成品出口主要国家的荷兰发现大量石油和天然气，荷兰政府大力发展石油、天然气业，出口剧增，国际收支出现顺差，经济显现繁荣景象。可是，蓬勃发展的天然气业却严重打击了荷兰的农业和其他工业部门，削弱了出口行业的国际竞争力。到80年代初期，荷兰遭受通货膨胀上升、制成品出口下降、收入增长率降低、失业率增加的困扰，国际上称之为“荷兰病”。Corden和Neary于1982年给出了“荷兰病”的经典模型，他们将一国的经济分为三个部门，即可贸易的制造业部门、可贸易的资源出口部门和不可贸易的部门（主要是一国内部的建筑业零售贸易和服务业部门）。中国目前很多资源型城市出现“荷兰病”，成为资源枯竭型城市，如阜新、景德镇。人口负债（demographic debt）是指已经预先支付、今后要偿还的人口发展代价。在人口转变过程中，由于出生率与死亡率的下降初始时间与速度不同步，后者先于前者发生，因而在人口转变的前一阶段，易出现人口年轻化趋势，少年儿童快速增长，而老年人口增长缓慢，其结果是总抚养比，主要是少儿抚养比快速上升，经济增长将深受其累，这时就形成了“人口负债”。虽然养老资源与矿产等自然资源和劳动力等人口资源并不是很对应，但是仍然给我们一些启示：养老资源也有可能对一个地区的发展形成“资源诅咒”效应，如何合理规划养老资源中的人为可控部分是一项有意义的课题。

第二节　养老资源的空间特征

一、养老资源的设施空间

设施是指为满足某种需要而建立起来的机构、系统、组织、建筑等。养老资源的设施空间主要指的是养老服务设施的空间布局，典型的有机构养老的独立社区及普通社区的公共设施和公共空间，是养老社区规划的重要内容。社区养老服务设施体系的重构需要集约高效的服务设施空间布局，也就是说养老服务设施建设受有限的土地、资金等客观条件的约束，只有通过合理的空间布局规划才能激发养老服务设施对老年人发挥出最大化的服务效应。由于养老资源的设施空间提法有待商榷，大多数学者更多地关注养老服务设施的空间布局与规划。

在国外，剑桥社区养老服务设施空间布局具有代表性，呈现集中布局与分散布局、独立用地与混合用地、专用设施与公共设施等多重复合特点。国家老龄委、老年人服务中心、日托所等位于剑桥中心地带，并且集中在一栋建筑中，而剑桥医院主院、公共图书馆主馆也都分布于中心地带，形成了社区养老服务相对集中的地区，交通便利，可达性高，也具有一定的象征意义。社区医疗站、社区学校、图书馆分馆、非政府组织的小型活动中心、养老居所等则分散于各处，便于老年人就近选择服务。有些服务设施是独立用地，如医院主院、公共图书馆主馆、专门老年人住房、社区学校等；有些服务设施则是和其他机构混合使用一栋建筑，如社区医疗站、成人教育中心等。混合用地有利于非政府服务机构在市场上寻找合适场所。专门的咨询服务、医疗护理服务设施及需要专门管理的设施一般都为专用设施，如老年人中心、日托所、养老居所等；而为健康老年人服务的设施，如图书馆、社区学校等则是与其他人群共用，以有利于老年人融入社会，促进代际交流。有些设施通过旧房改造而来，许多设施根据老年人口数量增加而新建，剑桥社区养老服务设施合理控制成本，提高服务效益，取得了设施空间的经济效益和养老服务设施的服务效益，对国内养老服务设施的空间布局具有一定的借鉴意义。

虽然可以在《城市公共设施规划规范》（GB 50442—2008）、《城镇老年人设施规划规范》（GB 50437—2007）、《城市居住区规划设计规范》（GB 50180—93）、《老年人居住建筑设计标准》（GB/T 50340—2003）中找到相关内容，然而，目前并没有成熟的社区养老服务设施规划建设的相关规范。谢波（2015）在《城市老龄化社区的居住空间环境评价及养老规划策略》一文中通过调研武汉市超老龄化社区的人口类型、住宅状况、社区周边空间环境、社区内部空间环境，从区位条件、公共设施环境、道路交通环境和公共空间环境四个方面评价城市老龄化社区的居住空间环境。

由此可见，养老资源的设施空间不仅需要考查养老服务设施的空间布局状况，也要注意养老服务设施与交通道路、公园绿地、周边设施的空间位置关系。我国城市一般来说，中心城区用地紧张，郊区自然环境较舒适。因而在城市新区，老年服务中心和老年活动中心应该与社区服务中心和社区活动中心统一建设，社区医疗卫生中心由于占地面积大、医护要求高，应该单独建设，老年服务站、老年活动站、卫生服务站、日托所可以融合在一起，建设社区养老多功能服务站。而在老城区，需要挖掘可以利用的空间资源，采用产权、经营权、使用权分离的方式合作提供养老服务设施。在城市规划土地利用分类标准中，老年公寓属于居住用地而养老院属于社会福利设施用地。因而养老院的布局应该专门规划，要求环境优美，周边安静，比较独立；而老年公寓属于居住用地，依赖于社区养老服务，应该在空间布局上邻近社区中心。养老公寓主要有三种开发收益模式，即出售、出租和出售与出租相结合。对于大型综合性老年社区则存在住宅建设与经营管理相结合和住宅建设与经营管理相分离的经营模式。由于老年社区针对老年人的各种专门服务有别于其他普通社区，故老年社区的物业服务费采取相对高价位标准。此外，社区服务也包括日常的订餐送餐服务、厨师服务、清洁卫生服务、患者看护服务、家政保姆服务、钓鱼怡情服务等。

二、养老资源的地域类型

地域类型是指在一定的地理环境和长期的历史发展过程中形成的，由若干发展条件、生产结构、发展特点和发展方向相类似的地区或单位组成并具有相对稳定性的地域单元。王利和韩增林（2010）在《不同尺度空间发展区划的理论与实证》一书中阐述：出于地理空间差异研究的需要，选择特定的地理要素或者要素的组合，针对选择要素的属性，采用一定的技术方法在一定的地理空间上对该要素的分布区进行识别，形成的具有“岛状”特征的地理要素分布区，如农业专业化地区。出于地理空间差异研究的需要，对于选择的单一地理要素或者复合要素，按照要素的空间递变特征，对地理空间进行连续划分，形成空间上“连续”特征的、全覆盖的地理空间分区，属于区划空间，如综合自然区划、行政区划、各类功能区划。养老资源的地域类型的识别实际上就是一类地理区划问题，是从宏观层面对养老资源的空间布局进行总体特征概括。

夏元通（2013）在《城市养老设施规划布局影响因子研究——以昆明市中心城区养老设施规划研究为例》一文中提到：宏观养老资源包含气候条件、物价水平、医疗条件、基础设施水平、总体人文气息、养老设施水平、城市绿化环境等，它是一个城市或地区养老条件的总和。对于不同的城市，根据资源禀赋的差异，可进行养老资源的比较，而具体的量化过程，有待进一步研究证明。

我们认为养老资源结构性丰度是识别养老资源地域类型的关键，可以粗略地分为自然资源主导型、经济资源主导型、社会资源主导型、多元资源混合型等，还可以分为生态保障资源型、基础保障资源型、养老保障资源型、综合保障资源型等。可能养老资源地域类型的说法不是很合适，但是笔者希望能够给大家一点启发。

三、养老资源的功能空间

克里斯泰勒的中心地理论认为中心地是向居住在它周围地域的居民提供各种货物和服务的地方，中心地提供的商品和服务的种类有高低等级之分，中心地的等级决定了中心地的数量、分布和服务范围，各级中心地构成了中心地体系。养老资源包括自然界和人类社会提供的各种物品，包括有形的和无形的。这些物品中有些是满足老年人基本生活需求的，有些是满足老年人自身发展需求的，还有些是满足老年人自我价值实现需求的。非常典型的例子来源于城市和农村之间的巨大差距，养老资源的总量、种类、层级都存在巨大差异。大城市最有可能出现新型养老模式，为老年人提供个性化的养老服务，如北京市朝阳区率先实施驿站式养老，作为新型居家养老的重要实现方式。中国中西部广大地区人口外流趋势明显，农村空心化现象严重，党的十九大报告和 2018 年中央一号文件相继提出“乡村振兴”战略，其中很重要的一点是要实现基本公共卫生服务的均等化，当然包括基本养老服务的均等化。另外，东部沿海地区在养老经济保障、养老医疗保障、养老卫生保障方面具有优势，但中西部欠发达地区可能在原生态农产品供给、自然生态环境、社会关系、低廉的地价和工资方面有优势，在养老资源功能的发挥上形成空间差异性。例如，广西巴马瑶族自治县是全国著名的“长寿之乡”，国内外学者认为巴马长寿现象可能与膳食、环境因素、行为因素、基因表型等因素有关。养老资源就是为了实现老年人健康长寿、晚年生活安详，笔者以为长寿村随着现代化的生产生活方式和外界社会对其的各种辐射可能出现“交叉感染”症状，威胁长寿村老年人千百年以来形成的人地和谐关系。

养老资源功能空间的评价与识别，上升一个高度就是国土安全性和国民生活舒适度评价，就像《中国国家地理》评选的“十大新天府”对我们有一定的启迪，樊杰（2015）的主体功能区提出生态重要性评价和生态敏感性评价，也成为我们认同养老资源功能重要性空间和养老资源功能敏感（脆弱）性空间表述的参考依据，而养老资源具体的量化识别还有待深入探究。

第三节 养老资源配置标准的建设系统

一、国家对养老资源配置的统一标准

资源配置（resource allocation）是指相对稀缺的资源在各种不同用途上加以比较并且根据人们的需要而进行分配的过程。资源配置有两种表现形式：一种是人们对有限的、相对稀缺的资源进行合理配置，使得有限的资源通过合理的配置方式和组合方式实现最大化的产出效益；另一种是使得达到预定的产出效益而花费的成本最小。资源配置的方向可以是横向配置和纵向配置，也可以是混合配置，资源配置的内容有增量配置和存量配置。

养老资源配置是指养老硬件和软件资源在各部门、各地区间的分布及流动，养老资源的合理配置是指养老资源的高效益配置，能够公平地提供养老服务，保证养老产品与养老服务供给和需求的平衡，实现经济效益和社会效益的最大化。养老资源配置本质上是资源配置的一种。由于自然生态环境等难以在一定时间阶段内、一定地域范围内实现改变转移，人工建成环境、老年经济生活保障、老年文体生活保障等养老资源可以通过物资流、资金流、信息流等中介力量进行转移。

我国学者彭积敷（2005）认为准公共物品具有局部排他性和有限的非竞争性，准公共物品可以分为非竞争性和排他性、竞争性和非排他性两种。前一种是具有外部性的私人产品，通过补贴和征税主要由私人市场分配；后一种是由政府公共部门直接提供或者由市场提供，资源配置可以是市场分配也可以是预算分配，由集体消费，但随着消费者数量增加会变得拥挤，提供物品的费用可以来自政府拨款也可以来自市场投资。依此可以认为一部分养老资源是具有非排他性和竞争性的准公共物品，具有供给公共性和消费私人性的双重特征，因此，它具有双重供给主体，即政府和市场。政府提供公共物品可以采取公办公营、公办私营、公私合办合营等多种形式。但是政府配置养老资源和市场配置

养老资源都存在失灵的情况，所以非营利组织成为重要的补充形式。非营利组织具有相对独立性，可以在一定条件下代政府行使一些公共权力，兴办养老机构，提供养老产品和养老服务，政府给予必要的政策扶持和规范引导，它能够在一定程度上弥补政府和市场失灵带来的资源错配和资源浪费现象。

2013 年 9 月 6 日，国务院印发的《国务院关于加快发展养老服务业的若干意见》（国发〔2013〕35 号）指出，总体上看，养老服务和产品供给不足、市场发育不健全、城乡区域发展不平衡等问题还十分突出；提出统筹规划发展城市养老服务设施，大力发展居家养老服务网络，大力加强养老机构建设，切实加强农村养老服务，繁荣养老服务消费市场，积极推进医疗卫生与养老服务相结合的任务要求；明确提出人均用地不少于 0.1 平方米的标准，分区分级规划设置养老服务设施。

2016 年 12 月国务院办公厅印发《国务院办公厅关于全面放开养老服务市场提升养老服务质量的若干意见》（国办发〔2016〕91 号），强调“加快推进养老服务业供给侧结构性改革，保障基本需求，繁荣养老市场，提升服务质量，让广大老年群体享受优质养老服务，切实增强人民群众获得感。”同时，提出以下四点主要任务：①全面放开养老服务市场。降低准入门槛，放宽外资准入，精简行政审批环节，进一步改进政府服务，完善价格形成机制，加快公办养老机构改革，加强行业信用建设。②大力提升居家社区养老生活品质。推进居家社区养老服务全覆盖，提升农村养老服务能力和水平，提高老年人生活便捷化水平。③全力建设优质养老服务供给体系。推进“互联网+”养老服务创新，建立医养结合绿色通道，促进老年产品用品升级，发展适老金融服务。④切实增强政策保障能力。加强统筹规划，完善土地支持政策，提升养老服务人才素质，完善财政支持和投融资政策。

涵盖养老、养生、医疗、文化、体育、旅游等诸多业态的康养产业已引起了国家的高度重视，开始在中国蓬勃发展，成为备受国民关注的新兴产业。《新闻联播》2018 年 1 月 14 日播报了如下一条消息：记者从国家统计局了解到，2018 年，我国将建立以旅游、养老、健康等为主的幸福产业统计监测制度，研究建立反映数字经济、共享经济、现代供应链的统计制度；完善全面建成小康社会指标体系，进而建立起新时代现代化统计调查体系。2018 年，我国将进一步完善国民经济核算体系，通过完善地区生产总值统一核算实施方案，为正式实施地区生产总值统一核算改革奠定基础。这反映出我国不断推进的供给侧改革在统计制度上将迎来巨大进步，显示了国家对于旅游产业、养老产业、健康产业等幸福产业的核算将会有一个统一的识别标准。

2018 年 3 月 5 日国务院总理李克强在做政府工作报告时说：“积极应对人口老龄化，发展居家、社区和互助式养老，推进医养结合，提高养老院服务质量。”“深化养老保险制度改革，建立企业职工基本养老保险基金中央调剂制度。”“加快技术、土地等要素价格市场化改革，深化资源类产品和公共服务价格改革，打破行政垄断，防止市场垄断。要用有力的产权保护、顺畅的要素流动，让市场活力和社会创造力竞相迸发。”因此，可以预见，未来几年国家将确保社会养老保险的“兜底”作用，通过引进市场和社会力量支持养老产业发展，提高养老行业供给数量和质量。

2018 年 3 月 8 日全国政协委员楼继伟作了题目为“供给侧结构性改革要破除传统思维”的发言，他谈到，中国特色社会主义事业进入新时代，供给侧结构性改革是实现经济高质量发展的必由之路，相对于需求侧，供给侧是指生产要素一侧，包括劳动力、土地、资本、创新，结构性改革是指破除体制机制障碍，从而实现要素优化配置的制度调整。在这个过程中，如果主要依靠行政命令和政府推动，就是计划经济“关停并转升”的再版，不是改革。但是，由于传统计划经济思维惯性，近年仍存在运用传统方法来完成任务的现象。可见，我国生产要素供给包括养老资源的供给，在很大程度上还是依靠政府指令而不是市场调节，养老资源配置主要涵盖养老金、养老保险、养老机构、社区养老、医养结合方面。

2018 年 3 月 13 日，国务院机构改革方案公布，组建国家卫生健康委员会，保留全国老龄工作委员会，代管中国老龄协会；组建自然资源部和生态环境部。这些变革充分表明国家高度重视满足老年人多方面的需求，在养老资源配置方面给出比较有效的识别标准，形成资源管理的一般性措施和特殊性措施。

二、区域对养老资源配置的参考标准

2015 年 11 月 24 日，北京市民政局和北京市规划委员会发布《北京市养老服务设施专项规划》，首次明确提出“9064”养老模式，即 90%的老年人在社会化服务协助下通过家庭照顾养老，6%的老年人通过政府购买社区照顾服务养老，4%的老年人入住养老服务机构集中养老。至 2020 年，北京市养老床位数达到 16 万张，政府保障性床位占总床位数的 30%，护养型床位占总床位数的

70%；人均养老设施用地将达到0.25平方米。针对北京各区县人口分布差异较大、养老设施需求不一致的特点，《北京市养老服务设施专项规划》对中心城、新城、乡镇和农村地区的养老设施建设提出了不同的要求。例如，针对乡镇和农村地区，原则上每个乡镇至少应有1所养老机构。新建养老机构的床位规模一般为300～500张床，最小规模不宜低于100张床。即使在人口规模较小的地区，最小规模不宜低于30张床。

2016年，河北省先后出台《河北省推进医疗卫生与养老服务相结合实施意见的通知》和《河北省医养结合工作重点任务分解方案（2016—2020年）》，并逐步探索形成了“政府保障与引入社会资本相结合、居家养老与机构养老相结合、县乡村相结合、中西医相结合，突出重点人群”的医养结合模式。

2017年，江西省对符合奖励条件的城镇独生子女父母，每人每月发放奖励金100元，直至亡故，计划生育奖励金将建立动态调整机制。

2017年8月22日，《江苏省“十三五”时期基层基本公共服务功能配置标准（试行）》（简称《标准》）正式出台，在全国尚属首例。根据《标准》，每个乡镇设置1个以农村敬老院为基础的养老服务中心；每个街道设置1个老年人日间照料中心，重点提供助餐、助浴、康复护理等服务；每个建制村、每个社区设置1个居家养老服务中心，有条件的居住小区根据需要设置1个居家养老服务站。

2018年3月，《安徽省构建多层次养老服务体系（2018—2020年）行动计划》公布，列举了2020年底之前经济困难老年人养老服务补贴覆盖面达到50%，全省乡镇养老服务中心覆盖率达到100%，并同步在其辖区内设置3～5个村级养老服务站，设立1～2个养老服务标准研制中心等24项任务。

三、地方对养老资源配置的执行标准

2017年3月，徐州市云龙区蝶梦社区已率先开展江苏省公共服务标准化配置试点。引入专业化机构运营200平方米的居家养老服务中心，为老年人提供专业助餐服务等。而苏州市吴江区盛泽镇黄家溪村按照《江苏省“十三五”时期基层基本公共服务功能配置标准（试行）》，要求有条件的建制村设置1个爱心超市，向孤寡老年人、单亲家庭等弱势群体及其他生活困难群体提供无偿捐助的生活用品和商品。但是还要建3个快递点，外来人口和村民只需走不到

1 公里就能寄、收快递。

2017 年《大连市推广社区居家养老服务“林海模式”的实施方案》规定了社区食堂、签约医生、文化娱乐 3 个必备项目，即建立相应规模的就餐设施，为老年人提供一日三餐饮食服务，承接老年人订餐服务；为 60 岁以上的低保、“三无”、失独老年人及 70 岁以上的老年人提供签约医生服务；建立相应规模的文化活动设施，针对老年人开设老年课堂，开展文体活动。该方案规定设置城市社区居家养老服务中心服务半径以 500 米为宜，服务人口为 2500～3500 户（或 0.75 万～1 万人）。有条件的地区应 1 个社区建立 1 个城市社区居家养老服务中心。在特殊情况下，也可以 1 个社区辐射周边几个社区。城市社区居家养老服务中心应设在建筑物 3 楼以下（含 3 楼），建筑面积在 300 平方米以上，其中社区食堂面积应不低于 100 平方米；单体面积不足的，社区食堂可以另设。

大连市林海社区内凡是 60 岁以上的三无、低保、半失能的失独老年人和 70 岁以上的老年人都有自己的签约家庭医生，每个家庭医生负责 50～60 户，为老年人建立健康信息档案，随时为老年人提供体检、医疗、护理和康复医疗服务。林海社区还打造了一处 370 平方米的社区小食堂，为老年人提供一日三餐服务。对于行动不方便的老年人，还提供上门送餐的升级服务。林海社区还精心打造了一处 800 平方米的社区居家养老健康驿站，成立了林海社区“暖巢志愿服务超市”、“夕阳有约老年互助社”和“楼援助老点”等，满足老年人在日间照料、家政保洁、看门望锁等方面的日常基本服务。截至 2017 年底，全市共投入 3500 多万元，首批 51 个复制推广“林海模式”城市社区全部投入运营，完成核查验收和绩效考评。中山区望海中心社区、西岗区云峰社区、沙河口区麦芽糖春柳街道、甘井子区辛寨子街道魅力社区等都建成了居家养老服务中心，运营状态良好。

第四节　老年人口与养老资源配置的协调关系

一、老年人口地域分布与养老资源配置的协调

《江苏省 2012 年老年人口信息和老龄事业发展状况报告》显示，江苏省老

年人口具有基数大、老龄化速度快、农村老龄化程度比城市严重、"空巢老人"数目增多的特点。苏中、苏南、苏北之间的地域差异较大，以苏北地区为例，外出务工人员居多，形成众多的"留守老人"乃至"空巢村"，老龄化实际上比城市更加严重；全省老龄化比重排前三位的是南通、苏州、无锡三市，分别为 24.55%、22.27%、21.18%，该报告说明人口老龄化不一定与当地的经济发展水平密切相关，经济发达的地区养老服务资源需求可能没有欠发达地区需求量大，政府忽视农村养老发展，尤其是在投入资金方面，某种程度上造成养老服务资源存在供给与需求缺口。

潘屹（2014）对社区综合养老服务体系的研究选择兼顾经济发展水平、社会建设发展程度，以及公共基础建设不同的上海、甘肃和云南作为考察对象。研究发现，三地在发展社会养老服务方面所制定的许多政策，使现有社区的资源得到优化配置，说明处在不同经济社会发展水平的地区都可以整合资源用于养老，对于缓解我国的养老压力和资源供给负担有现实意义，有利于突破养老资源限制的瓶颈，跨越当前养老服务的障碍。因此，各地养老服务的提供要因地制宜，不需整齐划一。

可以预见，在老年人口地域分布不发生改变的情况下，在一定的养老资源存量基础上，通过有效的政策可以实现养老资源的优化配置，满足尽可能多的老年人的需求。

二、老年人口迁移与养老资源配置的协调

20 世纪 80 年代，费孝通通过中国乡镇及乡镇企业的考察，认为从乡镇、县属镇到县城，各个层次的小城镇都在起着层层截流聚居人口的作用，从而减轻了大中城市的人口压力。

陈钊和陆铭（2009）所著的《在集聚中走向平衡》一书中详细阐述了他们对空间均衡的理解，实际上是支持各地人均意义上的相对平均，而不是各地产出在总量上的一致性。

党的十九大提出：从现在到 2020 年，是全面建成小康社会决胜期。为了实现这一目标，需要首先实现城乡之间的协调发展，确保基本公共服务均等化，即要在城乡生存性服务、公共发展性服务与基础设施建设服务等方面实现均等化，充分发挥政府的功能支撑作用，最大限度地缩小城乡基本公共服务之间的

差异。

2017 年 6 月 16 日，国务院办公厅发布《国务院办公厅关于制定和实施老年人照顾服务项目的意见》，其中要求，除极少数超大城市需按政策落户外，80 周岁及以上老年人可自愿随子女迁移户口，依法依规享受迁入地基本公共服务。陆杰华和张莉（2018）认为，我国提倡 90%的老年人居家养老，老年人和子女生活在一起，可以得到子女的照料、慰藉，同时给国家减轻养老负担。老年人的生活自理能力是一个逐渐下降的过程，80 岁以上的老年人在穿衣、吃饭、上下楼这些活动中受限更多，与子女生活在一起不仅可以得到照料，还能够得到精神慰藉。

2017 年 3 月 27 日《安徽工人日报》报道了“时间银行”，它是由瑞士联邦社会保险部开发的一个养老项目——人们把年轻时照顾老年人的时间存起来，等到将来自己老了，病了，需要人照顾时，再拿出来使用。申请者必须身体健康，善于沟通且充满爱心，每天有充裕的时间去照顾需要帮助的老年人，其服务时数将会存入社保系统的个人账户内。这不仅为国家节约了养老开支，还解决了一些其他的社会问题，得到了大多数瑞士公民的支持。瑞士政府还专门立法支持“时间银行”养老。克里斯蒂娜是一位 67 岁的独居老太太，养老金非常丰厚，但令人费解的是，她找了一份照顾一位 87 岁高龄的独居老年人——利萨的工作，每周两次，每次两小时，用来帮助老年人购物、整理房间，带老年人出去晒日光浴，陪老年人聊天等。按照协议规定，在她服务期满一年后，“时间银行”会将她的工作时数统计出来，并发给她一张“时间银行卡”。当她需要别人照顾时，可以凭着“时间银行卡”去“时间银行”支取“时间和时间利息”，在信息验证通过后，“时间银行”会指派义工到医院或她家中照顾她。

全国老龄工作委员会办公室副主任吴玉韶（2014）建议政府尽快制定出台积极的家庭养老社会政策，包括长期护理保险要优先考虑支持居家养老的老年人，还应调整个人所得税，有赡养老年人的子女可以少征税，鼓励子女、父母就近或者共同居住的政策，实现“一碗汤的距离”。其他政策还包括设计多代屋，像德国一样，白天打开隔断是一家，晚上关上隔断是两家；像新加坡一样，发放三代同堂花红，跟父母同住政府会发补助；探索建立照料假，父母生病住院，子女可以累计一年内请 20 天的带薪照料假，以及时间银行，互助养老；等等。

养老资源供给为的是满足老年人口需求，两者犹如一面镜子的两面，一种方法是调节养老资源在空间上和时间上的配置，另一种方法是通过老年人口迁移适应养老资源时空分布上的差异性，实现老年人口与养老资源之间的平衡和谐。

第五章

国外典型区域人口老龄化与养老资源配置分析

第一节 亚洲人口老龄化及其养老资源配置

一、日本模式

日本进入老年型社会的时间相对较晚，但目前在世界上已经成为人口老龄化发展速度最快的国家。半个世纪以来，日本的社会养老资源配置模式在曲折中不断进行艰辛探索并得以完善和发展，经历了从1963年政府颁布《老人福利法》到2000年开始正式实施《介护保险法》的发展历程，目前日本的养老资源配置已经基本覆盖整个社会，形成了一套完整的养老资源配置模式。在应对日趋严重的养老问题方面，日本建立的“东亚福利模式”具有典型意义和研究价值。

1. 日本人口老龄化现状

日本是世界上老龄化发展速度最快、老龄化程度最高的国家。从1950年开始，日本的人口老龄化问题便已初见端倪。对比1950年前后的日本人口增长速度可以发现，在这之前，日本老年人口数量增长缓慢，人口结构趋于年轻；在这之后，日本老年人口数量增长迅速，老年人口数量占总人口数量的比例开始明显上升。到了20世纪70年代，日本65岁以上的人口数量达到733万人，占总人口数量的比例为7%，日本正式步入人口老龄化社会。80年代，日本65岁以上的人口数量超过1065万人，相比70年代增长了近一半，增速明显加快。根据相关统计数据，日本65岁以上的老年人口数量占总人口数量的比例达到14%是在1994年，而仅用了13年时间，到2007年，这个比例就已经上升到21%。从1970年的7%上升到1994年的14%，日本仅用了24年，相比任何一个欧美发达国家来说都要快；而从1994年的14%到2007年的21%，时间更是缩短到只用了13年，表明日本人口老龄化的速度不断加快（张慧敏，2016）。根据日本总务厅编写发布的《老龄社会白皮书》，截至2016年，日本超过65岁的老年人口数量占总人口数量的比例达到26.7%。据预测，到2055年，日本超过65岁的老年人口数量占总人口数量的比例将会达到40.5%。换句话说，此时日本社会每 2.5 个人中就有一个老年人，日本将会步入“超高龄社会”。图 5-1 为日本老年人口变化。

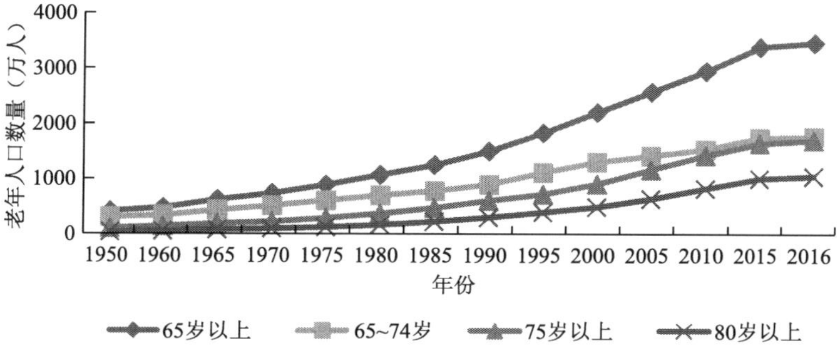

图 5-1　日本老年人口变化

日本厚生劳动省网站数据显示，日本的人口发展趋势表现为总人口逐渐减少，65 岁以上的老龄人口相对增加，老龄率不断攀升。2016 年，日本国内新生儿人数约 98.1 万人，是日本自有统计以来新生儿人数首次跌破 100 万人，人口出生率趋于下降。据估计，到 2053 年，日本总人口将会跌破 1 亿人；到 2065 年，日本总人口将降至 8808 万人，50 年后的日本总人口数量相比 2015 年的总人口数量将减少约 30%。

日本人口老龄化的特点如下：①人口老龄率持续上升，人口结构超高龄现象凸显。与欧美其他国家相比，日本老龄化的进程开始比较晚，但是发展的速度却非常快，仅用了 24 年的时间就进入老龄化社会。到 2000 年，日本已经是全球人口老龄化进程发展速度最快的国家，并且拥有较高的老龄化发展水平。此外，20 世纪 70 年代后，随着日本经济的快速发展，营养饮食、医疗设备、卫生条件等都得到了极大改善，日本超高龄的现象日趋明显。侯建明和周英华（2010）曾预测，到 2055 年，日本人均寿命延长显著，其中日本的男性平均寿命将会增加到 83 岁，女性的平均寿命将会达到 90 岁。②地区发展不平衡。主要表现在都道府县之间的人口老龄化发展程度差异在不断缩小，但市町村之间的人口老龄化发展程度差异却在持续加大。例如，东京、大阪、爱知这种大都市和其他地区相比人口老龄化发展程度相对较低。日本的经济、政治大多数分布在这三大都市圈，导致劳动人口也相对集中，人口老龄化程度相比其他地区来说较低。在日本总务省 2008 年对外发布的数据中，岛根县的老龄化率为 28%，是日本比例最高的地区。冲绳县老龄化率为 17%，是日本比例最低的地区。随着劳动力人口不断向大都市进入，农村地区的人口老龄化发展速度明显加快。

日本人口老龄化的成因如下：①人口出生率低，年轻人口数量不断减少。第二次世界大战后的日本曾经出现过两次生育高峰期，首次出现是在1947～1949年，这三年时间内的新出生人口数量达到806万人，在第一次生育高峰期后，人口出生率快速下降，1950～1970年，日本新出生人口数量大约为160万人，人数维持在较为合适的人口替代水平上；第二次生育高峰期是在1971～1974年，这三年时间内的新出生人口数量为816万人。经历这两次生育高峰期之后，日本的人口出生率开始出现快速下降趋势。1975年，日本人口出生率下降至1.91（王晓峰和马学礼，2014）。在此后很长的一段时间内，日本人口出生率始终处于人口更替水平之下，人口出生率呈现下降趋势。②死亡率降低，平均寿命延长。人口出生率的持续降低是造成人口老龄化的首要原因；同时，人口死亡率的降低及人口平均寿命的延长对于加快老龄化发展速度也起到了一定的促进作用。第二次世界大战后的日本经济得到了迅速恢复和发展，人民生活质量也得到提高。与此同时，医疗技术不断进步、社会公共保障体系也逐渐得到完善。在以上这些因素的共同促进作用下，日本婴幼儿死亡率开始降低，人均寿命不断延长。1947年，人们的平均寿命普遍不长，日本女性的平均寿命为54岁，而男性平均寿命仅为50岁。截至2008年，人们的平均寿命有所延长，日本男性平均寿命和女性平均寿命都比60年前延长了将近30岁；其中，女性平均寿命已经达到86岁，而男性平均寿命也已达到79岁，这使得日本成为世界长寿国之一（王晓峰和马学礼，2014）。人口死亡率的降低及平均寿命的延长，对老龄化的发展起到了一定的推动作用。③女性因素的影响。20世纪70年代，日本生育率不断降低，这和日本女性结婚年龄的增加，以及晚育、不婚有着不可脱离的关系。女性结婚年龄的推迟直接关系着人口再生产的世代间隔。另外，女性学历的不断提高和职业化也对生育率有着一定的限制作用。随着工业化的不断发展，女性的思想逐渐受到西方思想文化的影响，个人的价值观也趋向多元化发展。女性向高学历身份转变，也不断脱离家庭角色，她们走向社会开始承担社会责任。但是，随着女性在社会中工作压力的不断增加，如果想要在家庭和社会中拥有独立的地位，步向晚婚晚育的生活是难以避免的。

2. 日本现代养老模式

日本是工业化发达国家中较早开始关注养老相关问题的国家，也是基于本国国情探索养老资源配置模式比较成功的国家之一，主要推行的是以“家庭-社会”为中心的多元化养老模式、以“集中型养老住宅”为特色的养老模式和以渐进式惠及全民为基础的养老模式。

1）以“家庭-社会”为中心的多元化养老模式。在日本，传统的养老模式是以家庭为核心、社会提供服务为补充的一种单一化的养老模式。其中，家庭养老又分为三种：同居家庭养老、分居家庭养老及社会化养老。但是，第二次世界大战后随着社会经济的快速发展，日本家庭在养老的规模、观念、结构上都发生了很大的改变，传统的依靠家庭养老的模式已经不能适应现代化的生活。1960年，日本超过65岁的老年人和自己儿女一起居住和生活的比例高达82%，然而到了1988年超过65岁的老年人和自己儿女一起居住和生活的比例下降到60%，与1960年相比下降了22%，这反映了日本的养老模式开始从传统的家庭养老模式转向家庭和社会并重的多元化养老模式。首先，小数量的多功能的养老社区对老年人24小时开放，同时也可提供日托服务，使得居家养老模式和社区养老模式相互融合。目前，以“家庭-社会”为中心的多元化养老模式已经成为一种发展趋势。其次，可以用于满足老年人居住和日常生活特殊需求的养老院已经遍布全国各地。这些养老院基本分为三类：一是健康型养老院，也就是老年人随时可以入住的养老院，有专门的人员为老年人做家务；二是住宅型养老院，这种养老院对身体状况正常的老年人开放，在老年人有需求时提供上门服务；三是看护型养老院，这种养老院为身体活动不便及患病老年人提供服务，也可提供全面的护理。护理保险范围覆盖了这些养老院的所有类型，“按需养老、按需护理”的需求真正被满足。

2）以“集中型养老住宅”为特色的养老模式。1995年，日本提出了建设租赁式住宅，这种住宅的受众对象是高龄人群，这种租赁式住宅在2009年达到1.9万户。租赁式住宅在设计和各种配置上全方面顾及老年人的一些需求，受到了人们的欢迎。对于鼓励和支持修建租赁式的住宅，日本政府在财政上提供了大量的支持和扶持政策。同时，日本也有许多开发商投资了大量资金在养老住宅上，修建了“集中型养老住宅”小区。“集中型养老住宅”主要是指由各种房地产商开发和建设的，主要为老年人口群体提供服务的住房。这种住宅不会依赖政府的资金支持，主要是以商品的形式出售给老年群体。主要特征表现如下：首先，这种“集中型养老住宅”主要针对老年人口群体。老年人身体普遍不好，行动也不方便，所以在这种养老住宅的修建过程中开发商整体考虑了房屋的建设、看护设备的存放位置、家电物品的摆放位置、房屋内的无障碍通道和各种报警设备。例如，在住宅的出入口设置了斜坡式，为方便依靠轮椅出行的老年人，卫生间都设置了安全扶手和警报装置。其次，这种住宅的四周和各种娱乐设施都有特色的养老因素。这种养老住宅一般会建设在日本的二三线城市，相对一线城市来说这些城市的房价较低，房屋所占地面积也相当大。在房屋的四周一般都有附加的菜地和天然的温泉，老年人居住在这样的环境中，能够满足自身的各种需求。此外，这种住宅也建有各种娱乐设施，这些娱乐设施在一定程度上能够照顾老年人的身体状况，运动器材一般是以保健为主的器械。同时，住宅中也修建了可供唱歌、跳舞的老年活动中心，还包括棋牌室、图书阅览室、聊天室等娱乐场所。这种以“集中型养老住宅”为特色的养老模式有力地缓解了日本人口老龄化带来的问题。

3）以渐进式惠及全民为基础的养老模式。老龄化在日本经历的半个多世纪以来，相应的保障制度不断得到完善，老年人的各种待遇和福利则逐渐扩大。2000年的“国民健康保险、医疗保险”，覆盖全体日本居民，在日本社会形成了一套相对完整的居民养老保障体系。护理保险，保障的是护理，主要是针对老年人有特殊需求时的特殊保证。在这种养老模式下个人只需承担10%的费用，“按需养老、按需护理”的目标即可实现，这种以渐进式、惠及全民的养老模式值得各国参考借鉴。

3. 日本养老资源配置模式

日本现行的养老制度体系结构主要包括国民养老金制度、医疗保险制度和护理保险制度。其中，国民养老金制度作为养老体系的根基，主要实行的是国民皆养老金体制，该体制按照性质主要可以分为公共养老金和非公共养老金两种类型。医疗保险制度是养老体系中有关医疗保障部分的主要内容，该制度规定所有国民都有资格加入其中，主要分为被用者健康保险和国民健康保险两部分。护理保险制度是养老体系中的重要内容，其主要内容是解决老年人在医疗制度和福利制度中产生的问题，有利于减轻家庭护理老年人的负担，从而实现“护理的社会化”。

（1）国民养老金制度

国民养老金制度作为面向老年人的核心性收入保障政策，按其性质分为公共养老金和非公共养老金。日本现行的公共养老金制度由国民养老金和厚生养老金（也称共济养老金）构成，非公共养老金制度由国民养老金基金、厚生养老金基金、税收适格养老金在内的私人养老金构成。国民可以通过老龄基础养老金、遗属基础养老金、障碍基础养老金、老龄福利养老金进行养老金的给付。根据 2008 年的养老金给付情况，公民需要每月缴纳 14 410 日元作为国民养老金的保险金，达到退休年龄后退休的公民能够领取每月 66 008 日元的平均工资。根据厚生养老金的相关要求，公民每月需要缴纳月平均工资的 14.669%作为保险金，达到退休年龄后退休的公民可以领取每月 10 100 日元的平均工资。厚生养老金的保险金根据人群种类的不同而有所区分，如国家公务员每月需缴纳工资的 14.896%作为保险金，退休后每月的满额支付额为 15 万日元，而私营学校的教员每月需缴纳工资的 11.876%作为保险金，退休后每月的满额支付额为 17 万日元。表 5-1 为国民养老金制度的构成。

表 5-1　国民养老金制度的构成

层次	养老金类型	参加对象	范畴
第一层次	国民养老金	要求所有国民都必须参加	直接由国家和政府进行管理和规范，并由政府保证制度得以强制实施，属于公共养老金范畴
第二层次	厚生养老金	面向国家公职人员及大中型的私营企业员工	
第三层次	国民养老金基金、厚生养老金基金、税收适格养老金在内的私人养老金	个人或者企业可以进行自由选择是否需要加入	国民和企业具有自主权，属于非公共养老金

第一层次，国民养老金。《国民养老金法》于 1959 年颁布，规定年龄在 20～60 岁的日本公民，都需要强制性地加入国民养老金，其主要目的在于保证日本所有公民能够在老年时期得到基本生活保障。国民养老金的参保者分为三种类型，图 5-2 为国民养老金参保人员示意图。第一类是公务员和企业雇员等固定工作者，依据参保者的身份不同分别加入厚生养老金，与国民养老金合称为公共养老金，并由政府运营，带有一定的强制性。第二类是公务员和企业雇员等固定工作者的配偶，配偶作为被保险者不需要缴纳保险费，由加入养老金的公务员和企业雇员负担。第三类是农民和个体商户等自主经营者，其保险费主要实行定额制，需要缴纳的固定金额为 13 300 日元，与参保者的个人收入无关。年龄达到 65 岁的老年人还需要参加保险 25 年以上就可以开始领取国民养老保险金。除了上述三类国民养老金参保者之外，还有一些自愿加入养老金的

情况，称之为自愿加入者。自愿加入者主要是已经退休但还不够领取养老金条件的人，同时外国人也可以参加日本的国民养老保险。国民养老金的资金来源由被保险者缴纳的保险和国家财政的补贴组成，其中被保险者缴纳的保险占2/3，国家财政的补贴占1/3。凡缴纳保险的时间超过25年，并且年龄达到65岁的人均可以领取到国民养老保险金，其发放标准如下：

$$国民养老金金额（年度）=\frac{标准养老金金额\times(保险费缴纳月数+半免保险费的月数\times 2/3+全面保险费的月数\times 1/3)}{参保年数\times 12}$$

标准养老金额是以参保者20～60岁加入满40年为标准进行设定的。

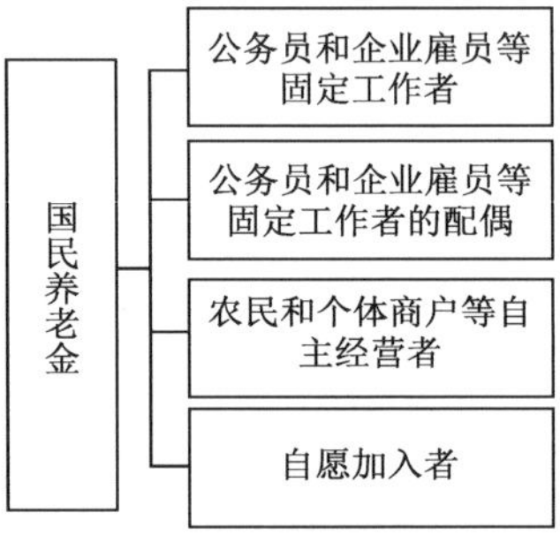

图5-2　国民养老金参保人员示意图

第二层次，厚生养老金。厚生养老金和国民养老金作为两大支柱共同组成了日本现行的公共养老金制度。设立厚生养老金的基本目标是使员工退休后能够拿到当时未退休员工平均工资的60%。其参保者主要是民间企事业单位的员工，要求单位正式员工超过5人的企事业单位都必须加入厚生养老金。与国民养老金不同的地方主要在于：厚生养老金与个人的收入是成正比的。2003年4月改革以后，明确规定厚生养老金保险的缴费基数为个人的总收入，月工资的计算方法是员工的年总工资和年终奖金加起来除以12个月。保险费率在2004年10月13.58%的基础上每年提高0.354%，而且需要员工和雇主各自负担一半的保险缴费比例（刘祁等，2012）。厚生养老金的资金来源由参保人的保险费和保险基金的运营收益组成。

厚生养老金包括基础养老金和老龄厚生养老金。老龄厚生养老金的领取可以不需要达到最低参保年限，但是必须具备国民养老金的领取资格，也就是需要参加保险25年以上并且年龄达到65岁，即可以按照规定开始领取老龄厚生养老金。老龄厚生养老金中有一个加额养老金，主要针对加入老龄厚生养老金超过 20 年的参保者，支付给其配偶或孩子。参保者的配偶在 60～65 岁可以申请领取加额养老金，子女根据子女数量的不同可以领取不同额度的加额养老金。此外，厚生养老金的发放种类还包括“伤残养老金”，针对参保人在参保期间发生受伤或残疾的情况；“遗属养老金”针对参保者发生死亡的情况，其金额为参保者养老金的 3/4。

共济作为养老金的参保对象主要按照特定行业划分。其资金主要来源于个人的保险缴费及国家按照规定所负担的保险缴费，个人和国家承担的缴费比例根据所属行业的不同而有所区别。表 5-2 为公共养老金制度的构成。

表 5-2　公共养老金制度的构成

类别	保险费	养老金额	给付种类
国民养老金	定额：每月 14 980 日元	定额：老龄基础年金（预期的金额），每月 65 541 日元	老龄基础年金 障碍基础年金 遗属基础年金
厚生养老金	收益比例：收益额的 16.412%	收益比例：现役时代的收益额的平均数×一定的比率×期间	老龄厚生年金 障碍厚生年金 遗属厚生年金
共济养老金	收益比例：收益额的 13.292%～15.892%	收益比例：现役时代的收益额的平均数×一定的比率×期间	老龄厚生年金 障碍厚生年金 遗属厚生年金

资料来源：整理自东京大学高龄社会综合研究机所的文献资料

经过多年的改革后，2012 年日本 63 号法案规定，自 2015 年 10 月 1 日开始，日本厚生年金和共济年金正式实施“并轨”，统一了二者的缴费率，厚生年金于 2017 年、共济年金于 2018 年达到 18.3%的统一缴费率，并在 2017 年之后相当长的时间内维持不变（郭鹏，2017）。

第三层次，国民养老金基金、厚生养老金基金、税收适格养老金在内的私人养老金。其中，国民养老金基金制度于 1991 年 4 月实施，截至 2000 年，日本已经有 47 个都道府县都已经建立了地域型国民养老金基金制度，另外还有 72 个全国范围的职能型国民养老金基金制度。根据统计，2013 年参加日本国民养老金的人数达到 48.13 万人。国民养老金基金制度的参保对象主要是个体工商户，目的是满足个人对于养老保险更高层次的需求，其支付方式主要包括无期支付和有期支付两种类型，金额也可以由参保者进行自主选择，比较灵活。另外，日本政府还通过财政或者税收的优惠政策，鼓励个体工商户加入国民养老金基金中。

企业养老金制度主要包括厚生养老金基金和适格养老金基金。厚生养老金基金的参保对象是大企业的员工，而适格养老金基金的参保对象主要是中小企业的员工。表 5-3 为厚生养老金制度与适格养老金制度的比较。

表 5-3 厚生养老金制度与适格养老金制度的比较

内容	厚生养老金制度	适格养老金制度
创设时间与法律	1965 年 10 月 1 日	1962 年 4 月 1 日
法律依据	《厚生养老保险法》	《法人税法》
实施主体	厚生劳动大臣认可的厚生养老金基金	各企事业单位
企事业单位规模	员工在 500 人以上	生命保险契约在 15 人以上，信托投资银行契约在 100 人以上
契约方法	与个别基金签约	个别企业适格养老金契约
保障期限	终身	有期或终身
支付水准	有最低限制	无限制
企业的税制优惠	保险费作为损失金处理，不作为纳税对象	
个人的税制优惠	保险费从收入中扣除，不纳税	

资料来源：郭丽爽，2011

（2）医疗保险制度

《国民健康保险法》颁布于 1958 年，要求各地方必须严格执行，其目的在于实现日本国民皆保险。日本医疗保险制度具有全民性和强制性两大特点。①全民性：医疗保险制度中的健康保险是针对被雇者的一种医疗保险，包括中小企业职工参加的“政府掌握健康保险”和大型企业联合的“组合掌管健康保险”，前者主要由政府负责，后者由企业自身负责。另外，医疗保险制度还包括国民健康保险，这是一种主要针对农民、个体经营者和家庭就业者的医疗保险。②强制性：法律规定了任何在日本居住的人都必须参加医疗保险，其保险的强制性不仅保障了国民的健康及社会的安定，而且也减轻了国家财政的负担。另外，实行严格化、规范化的管理。例如，医疗保险中可以作为报销的药瓶均列在规定的表上，需要按照表上的药品严格执行报销程序。同时，实行严格的支付手续，患者会在每个月固定的时间向医院提供服务，并且医疗保险的支付手续也是有严格的流程。患者每月向医疗保险审议支付机构提出支付的申请，由医学专家构成的审议支付机构会判断审查申请是否符合规定，通过审查的申请书会被寄到保险机关，由医疗保险机关认可后经由审查支付机构支付给医疗机构。

（3）护理保险制度

日本的《护理保险法》制定于1997年，并于2000年开始正式实施。《护理保险法》规定，20岁以上的日本公民具有参加护理保险制度的资格，要求强制加入并需要缴纳相应的护理保险费。在参保人需要接受护理服务时，可以通过申请和认定，选择服务的种类及服务的等级。2006年，修改后的《护理保险法》中增加了“护理预防”的相关内容，护理保险制度的发展，标志着日本养老服务体系的不断完善和升级，开始向“老化预防”方向转型。

综上所述，总结日本养老资源配置的主要特点，可以概括如下。

第一，公私混合型及强制性与选择性并存。无论是在建立养老社会保障体系还是后勤快速发展老年社会保障的阶段，日本政府都始终发挥着主导作用。形成了以国家、地方政府、企业、民间组织、家庭及个人等多元主体为中心的社会养老资源配置模式。国民养老金和厚生养老金主要由政府主导运营并强制要求公民加入，这两种养老金共同构成了一套相对完整的公共养老金体系。厚生养老金基金和企业养老金基金等主要由大小企业自主运营或者公民自主参与，构成了非公共养老金体系作为补充，具有选择性。对于上述三种养老金体系，日本政府都是强有力的施保者。除此之外，厚生养老金资产中的一部分由厚生养老金基金进行代管，所以厚生养老金具有半公半私的性质。日本的养老资源配置模式体现了国民之间的互帮互助互济原则，将养老责任交给国家、社会和个人共同承担，更加有利于保障国民的老年生活。

第二，“国民皆养老金”的养老保障体系。国民养老金打造了人人享有养老金的“国民皆养老金”的养老保障体系，这一保障体系以完备的法律为依据，明确的责任划分，形成了以国民养老金为基础，厚生养老金及非公共养老金在内的养老保障的两大结构和三大层次，涵盖了不同年龄、不同职业的养老保障对象，基本奠定了日本养老保险制度的基础。

第三，养老制度与经济发展同步。第二次世界大战后，随着日本经济得到迅速恢复和发展，其社会养老福利制度的发展也呈现出快速发展的态势。经济的快速发展给养老资源的配置带来了新的需求，促进并推动养老福利事业的快速发展；反过来，养老福利的全面发展又可以服务于经济的发展，二者相互促进、共同成长。20 世纪 60 年代初，日本制定了国民养老金制度，随着养老金制度的不断完善，逐步实现了“国民皆养老金”的养老模式。而随着世界石油危机的爆发引起的波动，日本经济发展开始趋于迟缓，其养老福利制度开始进行改革，缩减国家对养老福利的承担比重，并强调将家庭、企业、社区及社会团体的力量引入其中，将养老引导为国家和社会的共同责任。

第四，根植于东方文化的传统。传统儒家文化非常强调仁、义、礼、智、信，特别注重以家庭为中心的主体地位，这种看中家庭的观念也深刻影响着日本养老福利制度的产生、发展及养老的思维观念。林卡认为日本的福利体制可以称之为“儒学文化圈中的福利体系丛”——这是在儒家文化影响之下的一种体系化的构建。这种根植于东方文化的传统儒家观念，使得日本的养老福利制度与西方发达国家普遍强调的家庭代际间的自主养老观念有区别，更加重视家庭保障，重视以家庭作为纽带来维系代际间的养老责任。

二、韩国模式

1. 韩国人口老龄化现状

虽然韩国进入人口老龄化的时间比日本晚了整整 30 年，但其老龄化的发展速度却值得引起我们的注意。根据相关统计数据，65 岁老年人口占总人口数的比例由 7%上升到 14%这一过程，日本经历了 24 年，美国经历了 71 年，瑞典经历了 85 年，法国经历了 115 年，而韩国仅仅经历了 18 年。20 世纪 60 年代以后，韩国的社会经济开始发生巨大的变化，现代化、工业化、城市化促进了经济的飞速增长。1960 年，韩国 65 岁以上老年人口为 726 450 人，但是随着社会经济的发展，人们的思想观念发生了变化，韩国的人口增长开始减缓，甚至出现负增长的现象；2000 年，韩国 65 岁以上老年人口占总人口数的比例为 7.2%；2012 年，韩国 65 岁以上老年人口数占总人口数的比例为 11.8%。而随着经济的发展和科技的进步，韩国的人均寿命越来越长，结合出生人口增长缓慢甚至出现负增长的现象，老年人口占韩国总人口数的比例不断提高。截至 2015 年，韩国的总人口数为 5029 万人，其中老年人口达到 933 万人，占比为 18.6%。根据预测，到 2060 年，韩国的人口老龄化程度将很有可能超过日本（詹军和乔钰涵，2017）。

除此之外，1990 年以来，韩国老年人的居住方式也产生了很大的变化。如图 5-3 所示，1994～2014 年，韩国老年人的居住方式发生了明显的变化，表现为单身老年人独居的比例出现缓慢上升，与儿女同住的老年人比例呈现出大幅度减少，而老年人夫妻同住的比例出现明显上升并已经成为老年人主要的居住方式。这说明随着韩国的养老资源配置模式发生转变，传统的家庭养老模式功能也在逐渐被弱化。

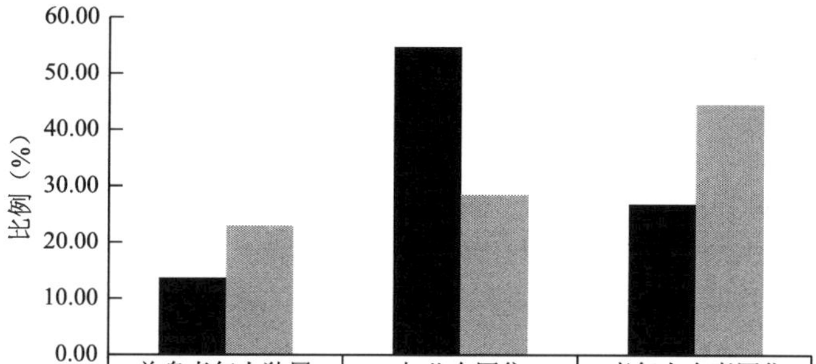

	单身老年人独居	与儿女同住	老年人夫妻同住
■ 1994年	13.60	54.70	26.80
▒ 2014年	23.00	28.40	44.50

图 5-3　韩国老年人居住方式变化

2. 韩国多支柱养老保障体系

1998 年，韩国正式开始启动国民年金计划。在国家提供社会养老保险的基础上，更加强调企业、个人在养老资源配置中的作用，随着养老资源配置模式的不断调整和完善，韩国逐步建立了一套较为完善的多支柱养老保障体系。多支柱养老保障体系主要涵盖四个层面：零支柱，以确保公民得到最低养老收入为目标的非缴费型基础年金；第一支柱，与公民的工资收入形成紧密挂钩的国民年金及特殊职业年金；第二支柱，强制性退休制度；第三支柱，自愿性个人商业养老保险。根据韩国金融监管院的相关资料，截至 2012 年，韩国多支柱养老保障体系中的国民年金为 364.7 兆亿韩元，退休年金为 55.2 兆亿韩元，个人养老金为 189.8 兆亿韩元，分别占整个养老保障体系的 59.8%、9.1%、31.1%。

（1）零支柱

设立非缴费型基础年金。由于作为第一支柱的国民年金不能实现百分百全面覆盖，为了弥补这种情况带来的养老问题，韩国政府于 2008 年开始设立基础老年年金，主要用于规定的每月向全国 70%的 65 岁以上老年人发放养老补助金；养老补助金采取差额发放的模式，根据情况的不同，补助金最高可以达到

10 万韩元。符合领取基础老年年金资格的老年人可以在互联网、社区或国民年金公团分支机构自愿提出申请领取基础老年年金，依据对老年人月收入评估的不同划分结果，可以领取不同额度的基础老年年金。同时，为了照顾国民年金待遇过低的老年人，规定领取的国民年金金额低于 30.39 万韩元的老年人可以提出申请领取全额基础老年年金。与其他养老保险不同，申请领取基础老年年金的个人无须缴费，用来支付基础老年年金所需要的资金主要来源于国家财政拨付，因此被称为非缴费型基础老年年金。为了更好地发挥基础老年年金的作用，将补助金发放给最需要救济的老年人，对基础年金的金额进行调整，将基础老年年金的具体领取金额与加入国民年金的年限形成适当的挂钩，规定加入国民年金的年限超过 12 年时，此后每增加一年，其基础老年年金金额将减少 1 万韩元。由此，老年年金就构成了韩国多支柱养老保障体系的第一层体系——“零支柱”。

（2）第一支柱

国民年金与特殊职业年金共同保障养老基本收入。韩国多支柱养老保障体系中的第一支柱包含两个内容。第一部分是国民年金（national pension），主要针对一般劳动者；第二部分是特殊职业年金（special occupational pension），主要针对政府公务员、军事人员及私人学校教师等。表 5-4 为韩国养老保障体系第一支柱构成。

表 5-4　韩国养老保障体系第一支柱构成

项目	国民年金	特殊职业年金		
		政府公务员年金	军事人员年金	私人学校教师年金
建立年份	1988 年	1960 年	1963 年	1975 年
执行机关	卫生与福利部	行政安全部	国防部	教育科学技术部
适用对象	18～60 岁	国家与地方公务员、法官、警官	下士以上职业军人	私人学校教职工
缴费比例	9%（企业、雇员各 4.5%）	17%（政府、雇员各 8.5%）	17%（政府、雇员各 8.5%）	17%（政府 3.5%，学校 5%，雇员 8.5%）

第一，国民年金。1988 年，韩国政府新修订了《国民养老保险法》，并将其改称为《国民养老保险制度》，标志着国民年金制度的开始。如图 5-4 所示，国民年金由强制的养老保险和自愿的养老保险构成。强制的养老保险由企业养

老保险和个人养老保险构成，前者的保险金由企业和个人共同承担，后者的保险金由个人独自承担。自愿的养老保险根据适用范围的不同而分为自愿养老保险和继续养老保险，前者适用于18～60岁的参保者，后者适用于其他年龄的参保者。

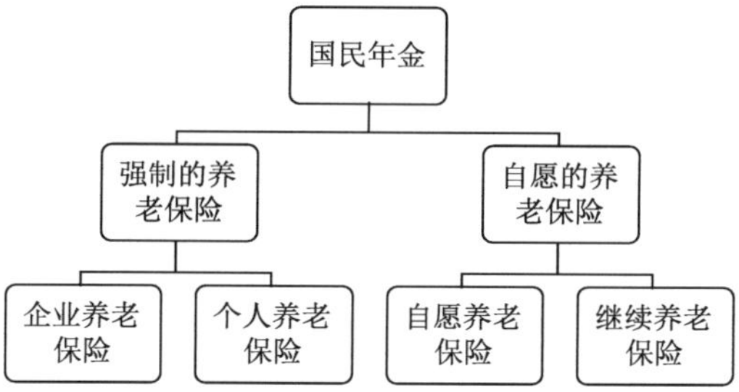

图 5-4　韩国国民年金构成

国民年金规定要求参加国民年金的参保年限达到20年时，参保者才可以获取全部的基本养老金，如表5-5所示。

表 5-5　韩国基本养老金账户

年限	养老金
参保年限≥20年	获得全部的基本养老保障（全额养老金）
年龄≥60岁，10年≤参保年限≤20年	获得部分养老金
60岁≤年龄≤65岁，还在工作，参保年限≥10年	获得部分养老金
55岁≤年龄≤60岁，已经退休，参保年限≥10年	获得部分养老金（提前养老保险金）

1）企业养老保险。企业养老保险金主要针对企业内18～60岁的雇员。从1999年以后，企业养老保险费的计算方式为雇员月平均工资乘以保险率，保险费由雇主和雇员共同支付9%，二者各分担一半，并由企业雇主管理养老金的发放。

2）个人养老保险。个人养老保险从1994年开始实施，适用对象主要是个人劳动者、超过27岁的无收入者、不足27岁且支付过超过一个月的养老金的无业者等。个人养老保险的保险费为个人收入的总和与规定保险率的乘积，保险率会随着经济发展的变化而进行相应调整。

3）自愿养老保险。自愿养老保险的适用对象主要包括希望加入国民养老保障体系但又无法参加强制性养老保障体系中的人。例如，参加国民年金的参保者无收入的配偶可以参加自愿养老保险，军事人员、私立学校教职员工等均可以申请加入自愿养老保险。

4）继续养老保险。国民年金主要适用于 18～60 岁的国民，年龄达到 60 岁且超过参保年限，便可以领取养老金。但是对于年龄已经超过 60 岁的国民，就没有资格再加入国民养老保险。另外，那些参保年限不足 10 年（最低参保年限要求）的国民领取不到养老金，而那些参保年限在 10～20 年的国民，也只能获得部分养老金。针对以上这些情况，国民可以通过自愿申请继续加入养老保险来达到理想的参保年限，以达到获得全额养老金的目的，这就是继续养老保险。

第二，特殊职业年金。特殊职业年金包括政府公务员年金、军事人员年金及私人学校教师年金。政府公务员年金建立于 1960 年，主要的参保对象是国家和地方的公务员及遗属，由国家行政安全部主管。目前，特殊职业年金费率为月收入的 14%，单位与个人平均分担，最低缴费年限为 20 年，61 岁开始领取。在年金积累方式上，公务员年金和军人年金实行现收现付制，私立学校教职工年金采用基金积累制（张慧智和金香丹，2017）。

（3）第二支柱

实行强制性退休制度。2005 年政府通过颁布的《雇佣退休人员保障法》正式建立了退休年金制度。2012 年，在修改后的《雇员退休收入保障法》中设立了个人退休年金账户，主要用于将雇员离职时领取的退休金积累到个人退休年金账户中（张慧智和金香丹，2017）。个人退休年金账务中的积累金额在雇员年满 55 岁时即可一次性或以年金的形式取出，主要可以用于购房、医疗等特定的事由，但不得随意领取。随着社会的发展，为了完善养老资源的配置，使养老保障覆盖更多的群体，退休年金制度不再仅仅限于企业的雇员参加，个体商业户也可以自愿加入其中。

（4）第三支柱

自愿性个人商业保险。随着经济的发展，韩国面临着日益严重的老龄化问题，为了满足差异化的养老资源配置需求，自愿性个人商业保险也逐渐发展起来。1994 年开始建立了个人养老金计划，截至 2012 年，韩国自愿性个人商业保险的规模已经达到 189.8 兆亿韩元，占整个国民年金体系的 31.3%。将商业保险运营机构的不同作为划分依据，韩国的自愿性个人商业保险主要包括银行的信托养老金、资产管理公司的养老金基金、保险公司的年金储蓄保险，其中保险公司的保险养老金占据韩国整个自愿性个人商业保险市场80%以上的市场份额（表5-6）。

表 5-6　韩国个人养老金账户

金融机构	银行	资产管理公司	保险公司	
			人寿保险公司	人身伤害保险公司
产品类别	信托养老金	养老金基金	年金储蓄保险	年金储蓄保险
缴纳方式	超过 1 万韩元可以自由缴付		每月缴付一定额度的资金	
年金形式	定期型（最少 5 年）		终身型、定期型、连续型	定期型（5～25 年）
保障	有保障	无保障	有保障	有保障

为了鼓励个人商业保险的发展，韩国政府采取了一些财政减免和税收优惠政策，包括1994年引入的EET税制的年金储蓄和2001年建立的TEE税制的年金保险。EET税制的年金储蓄是在缴纳保险费的阶段可以享受扣除居民所得税的优惠政策，如果中途退出EET税制的年金储蓄，则需要缴纳22%的其他所得税；针对缴纳保险费持续时间不到5年的人，领取时还需再向其征收2.2%的解约附加税，如果以年金的形式领取保险费时则可以享受扣除年金所得税的优惠政策。而TEE税制的年金保险中居民在缴纳保险费的过程阶段没有对应的税收或者财政的优惠政策，但是在资产管理过程中获得收益时可以享受减免税优惠，如果以年金的形式领取保险费时则可以享受资本利得税免除的优惠政策。随着政策的改善，个人年金所占市场份额越来越大，如图5-5所示。

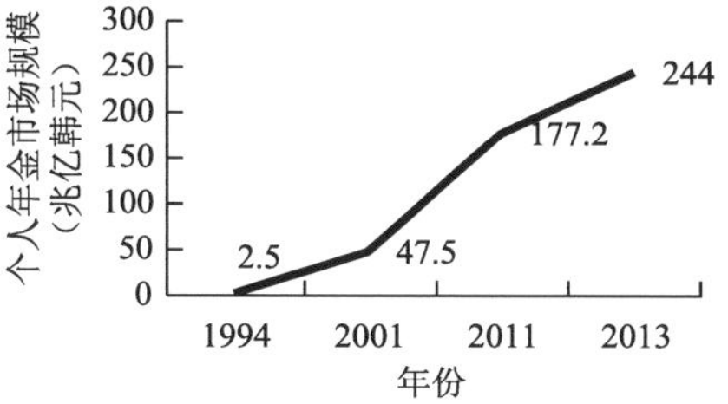

图 5-5　韩国个人年金市场变化

3. 韩国其他养老保障资源

（1）老年人居住资源

1981年，韩国政府颁布并实施《老年人福利法》，其中明确规定“国家和地方自治团体需要制造适合老年人居住的住宅”，力图通过实现保障老年人的居住资源来完善养老保障体系。老年人居住资源不仅包括老年人福利住宅，还包括一些基础的养老服务设施和老年人共同生活家庭。老年人福利住宅可供 60 岁以上的老年人购买或者租用，适用对象是那些具有一定独立生活能力的老年人，但是购买或者租用的费用由老年人自己承担。基础的养老服务设施主要可以为老年人的起居生活和娱乐活动提供便利，主要针对 65 岁以上的国民基础生活保障对象、不能得到法定抚养义务的老年人等。老年人共同生活家庭的适用对象与基础养老服务设施的适用对象一样，主要服务内容是为老年人提供家庭一样的居住环境。

（2）老年人业余生活资源

韩国老年人业余生活资源主要包括老年人福祉馆、老年人敬老堂和老年人教室。老年人福祉馆，旨在通过为老年人提供晚年再教育、特殊兴趣爱好培训、预防和控制疾病等服务。老年人敬老堂，主要通过为老年人聚会、兴趣爱好活动等提供场所，促进老年人之间的沟通与交流，满足老年人的交往需求。老年人教室，主要提供场所以满足老年人进行学习兴趣爱好、了解时事、学习基本的医疗知识等。

综上所述，总结韩国养老资源配置的主要特点，可以概括如下。

第一，国家统筹管理，监督机制完善。最基本和覆盖面最广的国民年金由国家统筹规划，进行统一管理和运营，这种国家统筹管理模式有力地保证了韩国养老保障工作的正常运行。另外，政府实行多重化的监督机制加强了对养老金的征收、结算、资金的投资、运营、给付等过程的严格监督和管理。由卫生福利部、国民年金基金运营委员会、国民年金基金运营评审委员会负责对保险费实行全面监督。另外，由金融监督院负责对进入金融市场的养老基金进行专业性的监督，使得监督机制更加完善。

第二，养老保障全面覆盖。通过多年的完善和发展建立起来的符合韩国基本国情的多支柱养老保险体系基本实现了国民养老保障的全面覆盖。国民年金和特殊职业年金作为多支柱养老保险体系中的主体部分，实现了全面覆盖 18 岁以上的国民；基础年金的设立有效缓解了处在国民年金“盲区”老年人的基本养老问题；强制性退休制度有利于更好地保障退休老年人的基本生活需求，有利于提高整个养老保障水平；自愿性的个人商业保险更是满足了差异化的养老需求，作为国家养老保障的补充，实现了养老保障的多元化供给。

第三，多元的结构保障公平。韩国的多支柱养老保障体系的制定，主要是针对不同情况的人员提供不同的养老保障服务，不仅实现了养老保障的全面覆盖，而且保障了养老的公平性。例如，对于渔民和矿工等这种从事特殊职业的国民，如果满足已经缴纳了20年的养老保险，并且从事特殊职业的工作时间超过总体工作时间的3/5时，就可以在年满55岁时申请退休并可以开始领取养老金。这样具体问题具体分析的多元结构可以满足国民不同的养老需求，而不是一概而论，有失公允。

随着经济和社会的不断进步，韩国多支柱的养老保障体系得以不断完善和发展，目前已经基本形成了政府、企业和个人权责体系清晰的养老资源配置模式，值得我们进一步学习和借鉴。

三、新加坡模式

1. 新加坡人口老龄化现状

新加坡虽然成立于1965年，是世界上最年轻的国家之一，但新加坡的人口老龄化程度在亚洲却仅次于日本。新加坡统计局调查数据显示，2015年新加坡65岁以上老年人口已经达到45.97万人，占新加坡总人口数的8.3%。据预测，到2030年，新加坡65岁以上老年人口将达到90万人，相当于平均5个人中就有一位是老年人。20世纪60年代开始，新加坡政府开始通过实行限制生育等政策严格控制人口的增长，导致人口生育率开始下降。但伴随着经济和科学技术的快速发展，医疗卫生事业也得到了进步，新加坡的人口死亡率开始下降，并且人口平均寿命延长，这导致新加坡人口老龄化进程不断加快(图5-6)。

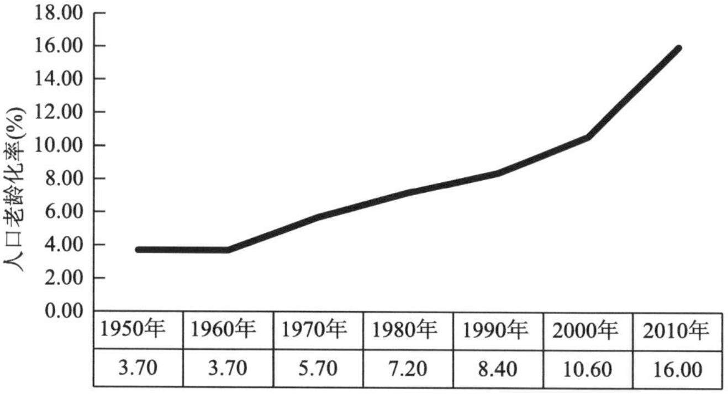

1950年	1960年	1970年	1980年	1990年	2000年	2010年
3.70	3.70	5.70	7.20	8.40	10.60	16.00

图5-6　新加坡人口老龄化率

在社会福利政策方面，新加坡政府曾经被《经济学家》称为“吝啬保姆”，因为新加坡政府不主张实施普惠的社会福利政策，而是通过采用一种强制性的储蓄手段——“中央公积金”（central provident fund，CPF），旨在引导国民为今后的老年生活提前做好经济准备，主要通过强制手段让国民为养老、医疗、住房等进行强制储蓄。新加坡的中央公积金制度开始于20世纪50年代，经过不断改革和完善，随着经济的发展而不断进行调整以满足人民日益增长的社会保障需求，最终形成了一种具有强制性和综合性相结合的独具新加坡特色的社会保障储蓄制度。这种中央公积金制度所构建的养老保险制度大大减轻了政府的养老负担，不仅有助于解决养老问题，还可以促进社会和经济的稳定发展，对于其他国家有很大的借鉴意义。

2. 中央公积金的产生及其发展历程

（1）中央公积金制度的理论基础——生命周期理论

新加坡中央公积金制度的理论基础来源于美国的 F. 莫迪利安尼（Franco Modigliani）、R. 布伦贝格（Richand Brumberg）和 A. 安东（Alberto Ando）提出的生命周期理论（life cycle hypothesis，LCH）。生命周期理论主张将储蓄与个人的生命周期紧密联系起来：在一个人的生命周期，为了实现财富效用的最大化，需要我们利用效用最大化原则，根据一生的收入来计划一生的消费和储蓄，从而使生命周期内的收入和消费达到基本持平的状态。

生命周期理论构成了以储蓄方式提供劳动者退休收入的养老金理论依据。根据该理论，新加坡建立的中央公积金制度所构建的养老保险模式就是使参与中央公积金的公民在个人生命周期内实现收入和消费的平衡，公民在工作期间按照规定缴纳养老保险费与雇主为其缴纳的养老保险费用共同存入中央公积金局所管理的养老保险个人账户。

（2）中央公积金制度的发展历程

早在1871年，新加坡作为英联邦的成员，政府依据英国当时实行的公务员相关制度制定了针对符合本国国情的公务员《退休金法》；1951年，由于各类社会矛盾突出，殖民地政府成立的委员会经过调查之后提出了养老金计划和公积金计划；1953年，政府正式通过《中央公积金法》；1955年，新加坡政府专门成立了中央公积金局，标志着中央公积金制度在新加坡正式创立；1965年，新加坡共和国宣布正式成立，新政府继承了传统的中央公积金制度，并不断加以调整和完善；1984年，加入保健储蓄计划；1990年，作为保健储蓄计划的补充而设立了健保双全计划，旨在资助公民支付因重病或顽疾所导致较高的医疗费用；1997年，建立中央公积金投资计划，旨在提供给公积金会员更多样化的投资选择。经过新加坡政府的多年探索和改革，中央公积金制度逐渐调整成为一个具有综合性、多样性的社会保障体系，最终形成了一整套独具新加坡特色的中央公积金制度。

3. 新加坡现行中央公积金制度

（1）中央公积金的筹集

根据《中央公积金法》的规定，中央公积金局会为每个加入者单独建立一个个人账户，公积金费用由雇主和雇员每月按照雇员薪酬的规定比例一起承担，并向这个个人账户供款，公积金的缴费率由隶属劳工部的全国工资理事会提出建议，经由政府同意后方可实行。雇员的个人账户中主要包括普通账户、保健储蓄账户和特别账户三种账户类型。其中，普通账户主要针对中央公积金会员用于购买住宅、公积金保险，或者用于投资不动产、股票和黄金等；保健储蓄账户主要适用于中央公积金会员及其家属成员的医疗保健支出；特别账户主要针对公积金会员的一些应急之需。

根据规定，中央公积金的缴费比例会随着国家经济和社会的发展水平而不断调整。1955年制度刚刚开始建立时，缴费率为10%，由雇主和雇员各自承担一半费用，各自需要缴纳5%。经过不断改革与调整，雇主和雇员缴纳的保险金费率根据雇员不同的年龄段有不同的规定。例如，在2011年，年龄在50岁以下的雇员需要缴纳的公积金缴费率为雇员工资的36%，分别由雇主承担16%的费用，雇员自己承担20%的费用；年龄在50～55岁的雇员需要缴纳的公积金缴费率为其工资的30%，分别由雇主承担12%的费用，雇员自己承担18%的费用；年龄在55～60岁的雇员需要缴纳的公积金缴费率为其工资的21.5%，分别由雇主承担9%的费用，雇员自己承担12.5%的费用；年龄在60～65岁的雇员需要缴纳的公积金缴费率为14%，分别由雇主承担6.5%的费用，雇员自己承担7.5%的费用；而年龄在65岁以上的雇员需要缴纳的公积金缴费率为11.5%，雇主和雇员分别承担6.5%和5%的费用。

（2）中央公积金的使用

中央公积金的使用主要涵盖居民的养老金、医疗保险、住宅购买及家属和家庭保障四个方面。在养老金方面，当中央公积金会员的年龄达到55岁时，可以全部提出公积金存款，但是需要保留规定数额的存款在公积金账户中，作为晚年的养老金；当中央公积金会员的年龄达到62岁时，每个月可以从之前预留的存款账户中领取养老金。在医疗保险方面，中央公积金局为会员建立的个人账户中包括一个强制性加入的保健储蓄计划，主要用于一般的医疗支付。这种储蓄性的医疗保险主要使用“纵向”积累的方法，不但解决了因为人口老龄化造成的筹集医疗费用困难的问题，而且也避免了医疗费用的代际转移问题。另外，还有其他两个可以自愿加入的健保双全计划和增值健保双全计划，这两种计划通过采用“社会共济、风险分担”的运营模式，主要用于满足公积金会员建立重大疾病的储蓄需求，可以帮助公积金会员支付重大疾病和慢性疾病的高额医疗费用，从而减轻公民医疗费用的负担，为中央公积金会员构筑最后一道“安全网”。在住宅购买方面，主要包括公共建屋计划和住宅房地产计划。在公共建屋计划中，会员可以从普通账户中拿出20%用于购买政府提供的组屋；在住宅房地产计划中，会员可以通过使用公积金储蓄购买房地产或者公共土地。家属和家庭保障计划主要用于缓解公积金会员及其家属发生的意外风险。

（3）中央公积金的投资与管理

中央公积金局提供了五项公积金投资年计划，包括基本投资计划与增进投资计划、新加坡巴士公司股票计划、非住宅产业计划、填补计划和教育计划，公积金会员可以在其中进行自由选择。为了加强对中央公积金的管理，形成了以新加坡政府为核心，中央公积金局作为主要管理机构，货币管理局、政府投资管理公司和商业保险机构参与管理的一整套完整的高校化管理运作模式。中央公积金局依据《中央公积金法》的规定采取独立操作的模式，不受其他部门的干预，对中央公积金进行规范化、制度化和企业化的管理，依法进行公积金的收缴、结算和使用等。货币管理局主要负责将中央公积金投资到银行存款和国债中。政府投资管理公司主要负责将中央公积金投资到国家大型基础设施建设、住房建设，以及一些其他投资项目中。商业保险机构主要负责提供一些稳健的保险产品供中央公积金进行投资。

（4）中央公积金的监督与保障

通过将市场准入监管制度和信息报告制度作为中央公积金的监督机制，新加坡政府有力地保障了中央公积金的安全。市场准入监管制度由新加坡金融管理局、独立的第三方投资顾问及中央公积金理事会进行筹划并展开实施。新加坡金融管理局主要负责制定新加坡宏观经济政策并监督各个金融机构、审查基金管理公司发行的投资产品。独立的第三方投资顾问主要负责对金融管理局筛选出来的投资产品进行评估，并将评估结果交由中央公积金理事会进行最终审核并由其做出决定。信息报告制度的主要目的在于控制和降低中央公积金会员的投资风险，要求发行投资产品的公司面向全社会进行信息的全面公开，以确保投资运作的透明和安全。

4. 新加坡的商业养老地产项目——“乐龄公寓”

“乐龄公寓”（studio apartment）作为新加坡的一种居家养老模式，旨在实现新加坡老年人“老有所居”和“老有所养”的养老目标。由新加坡政府独资或与私人合资开发建设以出售房屋所有权为主的商业养老地产项目，从 1998 年 3 月正式开始推行。“乐龄”指的是老年人辛苦工作了一辈子，到了老龄时期，是理应享受快乐的一个时期，因此将老年人居住的公寓称为“乐龄公寓”。年龄达到 55 周岁的新加坡公民，可以向相关机构提出申请入住“乐龄公寓”。根据规划，新加坡共有六个“乐龄公寓”区，包括金松、金柳、金棕、金香、金莲和金栎，均分布在公共设施完善、商业比较发达、生活便利的老年人常年居住区。“乐龄公寓”一般为 35 平方米或者 45 平方米的专门为老年人设计的精装修板式高层建筑（12～14 层），户型多为一室一厅，足够两位老年人居住（李忠东，2010）。其中，“乐龄公寓”的一、二层为老年人活动用房和养老服务机构用房，老年人活动用房设有老年人的休息场所、娱乐设施、聊天室、诊疗中心、心理疏导室等。“乐龄公寓”的价格由政府主导制定，一般比较低廉，但是产权只有 30 年（根据具体情况可适当延长），不可以进行转售，使用过后只可以回售给建屋发展局，以便售给其他需要入住“乐龄公寓”的适龄老年人。

除了“乐龄公寓”外，新加坡政府还专门推出了可以满足几代同堂的组屋户型，为了鼓励儿女和老年父母合住，在价格上给予了特殊优惠，如售价低于商品房的价格、较高的贷款额度、给予购房津贴等。这种类型的住屋户型既能分开又可以合起来，既满足了老年人和年轻人的生活需求，又可以充分发挥家庭养老的作用。

5. 新加坡的医养结合服务

医养结合服务主要是指将医疗和养老资源进行整合和串联，旨在达到老年群体能够同时得到医疗与养老两种服务的目标。新加坡的医养结合服务机构可以为接受医养结合服务的老年人提供长期的日常照顾和护理服务。主要包括政府投资的志愿福利医养结合机构、非政府投资的医养结合机构、商业化的私营医养结合机构及疗养院四种类型。其中，政府的投资金额大约为90%，而且还会对提供医养结合服务的机构进行财政和税收上的补贴。政府投资的志愿福利医养结合机构和非政府投资的医养结合机构主要针对经济支付能力较差的老年群体，商业化的私营医养结合机构和疗养院主要针对经济支付能力较强、对于养老服务有较高需求的老年群体。

综上所述，总结新加坡养老资源配置的主要特点，可以概括如下。

第一，养老资源建设与经济发展的良性循环。以中央公积金为例，公积金的资金来源于雇主和雇员，这种模式大大减轻了政府的财政负担。这种制度除了能够鼓励雇员通过自身努力实现养老保障外，还可以与经济的发展形成良性循环。首先，养老储蓄基金作为一种长期稳定性的基金，既可以用于支付公积金费用的开支和日常管理，还可以用于进行稳健的投资，使得政府可以利用养老储蓄金进行国家大型基础设施的建设和运营。其次，政府可以根据不同时期经济社会发展的状况，对公积金的缴费率进行适当调整，形成对国民消费的引导。在通货膨胀时期，通过适当提高公积金的缴费率，可以将国民的消费资金转化为储蓄资金，从而达到影响有效需求、控制消费、抑制通货膨胀的目的，对公积金缴费率的调整成为政府宏观调控的有效手段。

第二，实现了养老社会保障的全面覆盖。据统计，新加坡养老保险的覆盖率已经达到新加坡公民与永久居民总人口的97.13%，基本实现了养老保险的社会化，做到了老有所养（徐静萌，2014）。政府利用养老储蓄基金进行大批廉价住屋的建设和投资，保障了老年人基本的居住需求，实现了“居者有其屋”。由保健储蓄计划、健保双全计划和保健基金计划构成的一整套医疗保障体系，为国民医疗保障铸就了一道道的“安全壁垒”，尽可能地保障了每一个人的医疗保障需求，从而实现了“病有所医”。

第三，效率与公平的兼顾。“效率优先、机会平等”作为新加坡中央公积金制度所遵循的理念，使得公积金的管理和运作得到保障，具有一定的激励作用。中央公积金制度覆盖“整个新加坡人口”，即全体合法定居于新加坡的公民，没有性别和国籍限制，无论是政府雇员、企业雇员还是自由职业者，在年满55岁以后，都能够在充分缴纳公积金后领取由中央公积金运行和投资的养老金。同时，中央公积金制度将个人的努力程度与退休之后的养老收入待遇形成挂钩，也就是说会员工作期间的工资越高，公积金存款就越多，其享受的福利待遇也就越多。

第四，独立的基金管理运行机制。根据《中央公积金法》的规定，除政府审计部门每年可以进行审计外，中央公积金局对公积金进行独立的管理和运作，可以不受其他部门的干预。中央公积金的筹集、运作、储蓄等过程，都独立于政府的财政系统。并且，即使政府财政出现赤字，也无权动用公积金进行弥补，这样也就确保了中央公积金本身的安全。

第二节 其他典型国家人口老龄化与养老资源配置

一、美国模式

1. 美国人口老龄化现状

美国进入人口老龄化社会的时间相对较早。1950 年，美国 65 岁以上老年人口已占总人口数的 8.2%，但是受较高出生率及国际大量年轻移民的影响，20 世纪 50 年代的美国人口老龄化发展进程的总体速度比较缓慢。2010 年，美国人口普查局的调查数据显示，美国 65 岁以上老年人口达到总人口数的 13.1%。2000 年，美国 65 岁以上老年人口为 3500 万人。2010 年，美国 65 岁以上老年人口为 4000 万人，2000～2010 年，美国 65 岁以上老年人口仅仅只增长了 0.6%，增长速度缓慢。但是，在今后的二十年，随着美国 1946～1964 年出生的婴儿潮一代进入退休年龄，美国的老龄化速度将会明显加快。根据预测，到 2030 年，美国的总人口数将达到 3.7 亿人，其中 65 岁以上老年人口将达到 7200 万人，占总人口数的 19%（雒妮，2016）。

2. 美国养老资源配置现状

（1）“三支柱”养老保险制度

美国现有的“三支柱”养老保险制度主要包括国家法定养老保险、私营退休养老保险和个人储蓄养老保险，这种多支柱的养老保险制度涵盖了国家养老、私营养老和个人储蓄养老，构成了美国独具特色的“三条腿板凳”养老保障体系。由于美国进入人口老龄化社会的时间相对较早，为了应对人口老龄化，因此也较早地建立了养老保险制度。早在1935年颁布的《社会保障法案》中，政府就明确了要建立养老、遗属及残障保险制度，以此形成了美国养老保险制度的第一支柱，同时也被称为公共养老保险制度。20世纪七八十年代，随着美国政府财政困难的加剧，开始逐步发展多支柱的养老体系，政府在《雇员退休收入保障法》等法案中明确规定了雇主需要为雇员建立补充养老保险的责任，以此构成了养老保险制度的第二支柱，并在政府监管下由企业主导。另外，政府开始鼓励民间个人养老储蓄的发展，以此构成美国养老保险制度的第三支柱，属于自愿参加的养老储蓄。以上养老保险的三大支柱共同构成了美国一套较为完备的养老保险体系，有利于满足美国社会多层次化的养老服务需求。

第一，国家法定养老保险。作为美国养老保险制度的第一支柱，国家法定养老保险主要包括养老及遗属保险和残障保险。由政府统筹管理和运行并强制实施，统一的养老保险制度以社会保障税的形式覆盖全部美国公民，目标定位基础保障，强调公平性和互助性。国家法定养老保险的资金来源主要有税收、社保税及财政补充和养老金投资收益等，采用现收现付制度。根据美国社会保障总署公布的数据，2015年的社会保障税达到167亿美元，平均每位退休人员每月可领取退休金1328美元，大约占其平均月工资的40%。

第二，私营退休养老保险。作为美国养老保险制度的第二支柱，私营退休养老保险主要采取自愿建立的方式，主体涉及政府、企业和非营利组织等。国家提供的财政和税收上的优惠政策促使私营退休养老保险快速发展，投资产品种类丰富。这种模式通常是由政府按照计划缴纳养老金，并由专业机构进行养老金管理，促使养老金的升值。私营退休养老保险没有固定的利率，收益和企业的经营状况挂钩。

第三，个人储蓄养老保险。个人储蓄养老保险是由政府通过财政和税收优惠政策而发起的个人自愿建立的养老保险，个人可以建立养老账户，并享受政府提供的财政和税收优惠政策。由于美国的服务业比较发达，而服务业的雇主一般不会提供私人养老金，并且美国劳动者跳槽率相对较高，企业不愿意与员工形成长期雇佣关系。针对上述状况，个人储蓄养老保险有利于该部分员工进行个人养老的储蓄。

第四，自愿退休制度。美国的法律明确规定法定的退休年龄为65岁，最早可以62岁时申请自愿退休，但是需要扣除20%的养老金。如果职工选择的退休年龄要比法定退休年龄更晚，那么职工可以获得养老保障金的增益。例如，选择在 65 岁以下退休的人，如果年收入高于 9120 美元，收入每超 3 美元，养老金就会减少 1 美元；选择在 65～70 岁退休的人，如果年收入高于 14 500 美元，收入每超 3 美元，养老金就会减少 1 美元；选择在 70 岁以上退休的人将得到养老金的全额支付。

第五，养老保险基金运行情况。美国养老金收入的主要来源是工作人员和企业所缴纳的工薪税。在《联邦保险贡献法》中明确规定了社保工薪税为工作人员和雇主各自缴纳员工工资的 6.2%。如果雇员失去收入，管理部门按照相关因素和通胀因素进行调整。工资的 1.45%被纳入残障保险。本科生实习期间获得的工资、研究生期间获得的报酬、博士后等高级研究人员可以享受税收减免。退休金的支出主要遵循基本保额原则及员工参保收入和该年社保工资基数有一定关系的原则。通常社保管理机构会设置一个最大基数，如果员工提前退休，领取到的养老金就会按照比例进行扣除。另外，退休工人的家庭及其子女也同样可以受到保障。

（2）CCRC 养老模式

美国典型的社区养老模式是 CCRC（continuing care retirement community，持续照料退休社区），是一种复合式的老年社区，主要采用居家式的自主养老模式，通过人性化的规划、独特的建筑设计、全面的看护和科学合理的运营，使老年人足不出户就能够享受到专业化的养老服务。CCRC 的核心理念是持续照料退休社区，主要为入住的老年人提供独立生活服务、辅助生活服务和护理生活服务，其具体的服务内容基本涵盖老年人生活的各个方面，包括介助、介护、自理、治疗等。

CCRC 养老服务的主要特点如下。

1）市场养老服务。作为发达的市场经济国家，市场在美国的养老模式中发挥着主导作用，率先成为以市场提供养老服务为主的国家之一。其养老服务机构由营利性的服务机构、非营利性的服务机构及政府公立的服务机构组成，占比分别为 66%、27%、7%。

2）人性化的规划。CCRC 一般都会建在临近城市的郊区地带，拥有大面积的绿化、花园等，空气清新，十分适合老年人居住。社区采用通用化的设计（universal design），结合老年人生活起居的特点，使得室内外环境、老年人生活设施能够满足所有人的使用。由于精心的设计，社区内的各项生活、娱乐、健康等设备设施齐全。为了满足不同年龄老年人生理的需求，入住 CCRC 的老年人会首先入住独立生活区，保持原有的生活习惯。等到身体需要进行专业化的护理时，根据所需护理的不同，就会从独立生活区转入协助生活区或者专业护理区。当老年人能够恢复到正常健康状态时，又会回到独立生活区。独立生活区是带动社区其他生活区的经济引擎，各个生活区之间既相互独立又彼此相连，充分实现了功能间的互补，满足老年人多样化的需求。

3）多元化、全方位的服务。CCRC 提供的养老服务不仅能够满足老年人对日常起居生活的基本要求，为老年人提供多样化的服务设施，而且能够满足其精神需求、实现健康管理、护理及医疗保障等养老的需求，为老年人提供丰富的业余活动，同时还能满足老年人在日常生活、精神和心理等方面的养老需求。据统计，居住于 CCRC 老年人的余命年龄是非居住于 CCRC 老年人的 1.5 倍（邓仁丽和段佳忠，2013）。第一，提供各类生活设施，社区内有 24 小时开放的图书馆、游泳池，开设瑜伽、太极等课程的健身房，以及计算机室、手工艺室等；第二，交通便利，社区内有专门的公交，老年人可以乘坐免费的公交到市区；第三，注重疾病的控制和预防，社区会为每一位老年人建立个人档案，以记录老年人的病史、身体健康状况及每天的日常生活，通过定期测量血压、举办专家健康讲座、提供心理咨询等服务，以便提早发现疾病并进行及时治疗。

4）科学合理的运营方式。CCRC 最初由非营利组织建造并经营，20 世纪 80 年代中期以后，CCRC 发展迅速，全美国 CCRC 超过 1900 个，其中 18%由营利性组织经营，剩下的 82%由非营利组织经营，其中一部分是从传统养老院转型而来。每个 CCRC 的居住单元一般在 300 个以下，其独立生活单元、协助生活单元和护理单元分别占比为 80%、13%、7%。CCRC 主要针对收入中等偏上的美国公民，入住费用主要包括入门费和月费，入门费由住户承担，可以使用私人储蓄或退休金，月费可以由保险收入支付。CCRC 需得到联邦政府和州政府的审核认证才能开展经营活动，从事老年护理工作的专业人员必须通过认证资格考核才能上岗提供服务。

5）强调社会参与。早在 1993 年，美国总统克林顿签署并通过了《国家与社区服务法案》，法案明确提出美国政府可以为做满 400 小时义工的青少年提供高达 4725 美元的奖学金，奖学金可以用于学费和职业培训等。有的学校如纽约大学也特别重视学生参与社会服务，其社会工作学院将学生一年至少参加 600 个小时的义工服务作为毕业的必备条件之一。

（3）NORC 养老模式

NORC（naturally occurring retirement community），即美国自然发生的退休社区。人们因为历史因素往往住在同一个社区直到老了都不愿意离开，这种现象容易导致该社区的老年人口比例较高，从而自然形成老年人的群居社区。1985 年，纽约的滨南社区共同管理董事会借鉴米歇尔·亨特提出的“自然发生的退休社区”，提出将滨南社区定位为自然发生的退休社区，这是最早的 NORC。滨南社区居民大约有 6000 人，但 60 岁以上的老年人占据了 75%。滨南社区是由 10 栋高层住宅组成的居住社区，位于纽约市曼哈顿区切尔西的中心交通枢纽地带。据统计，1986 年美国大约有 27%的老年人都选择居住在 NORC。截至 2016 年，全美有 26 个州开展了 NORC 的支持服务项目（赵曼丽和宋彦，2016）。

NORC 与社会养老服务机构建立合作关系，以日常医疗教育、监督检查和长期预防为主，主要是将医疗保健、健康防御引入已有的社区资源中，做到事前控制。为每位老年人建立家庭档案，提供生理和心理咨询，做到对老年人健康问题的及时监管。这样的合作有利于充分发挥老年人的主观能动性，并丰富老年人的日常生活。

NORC 与医疗机构、商场、教育机构等社会资源进行合作，将原来被动的应急需求转换为主动的预防需求，有利于帮助体弱多病的老年人得到及时的疾病预防，帮助老年人及时就医。同时，社区还经常开展各式各样的老年活动，有利于促进不同种族、不同地域、不同国家的老年人进行沟通与交流，缓解了老年人从工作岗位退休时产生的心理落差感。

（4）美国全面照护服务养老程序——PACE

1997 年，PACE（the program of all-inclusive care for the elderly）被写入法案，并不断发展和完善。截至 2015 年，美国已有 114 个 PACE 项目。PACE 作为美国的一种全面照护服务养老模式，其主要在于为达到入住护理院标准的老年人提供全面照护。PACE 的适用对象是居住在 PACE 提供的服务范围以内并且年满 55 岁的老年人。建立 PACE 的初衷是在已有的社区建立老年护理院，试图整合高龄老年人所必需的医疗服务和社会支持服务。PACE 养老模式的资金主要来源于美国的两大公共医疗保障计划 Medicare（联邦医疗照顾保险）和 Medicaid（美国贫困者医疗补助保险）。前者主要针对 65 岁以上的老年人和残疾人，后者主要针对低收入人群及其家庭。另外，PACE 为参与者提供了多种多样的养老服务，包括医疗性服务、康复性服务及社会支持性服务。医疗性服务包括基本医疗、住院治疗、专科治疗及护理院照护。康复性服务包括物理治疗、娱乐治疗和心理治疗，提供专业化的治疗师和设备。社会支持性服务包括专业人员考察家庭环境并提出防止意外的建议、医疗交通运送、家政服务等。

二、德国模式

1. 德国人口老龄化现状

德国人口在欧洲仅次于俄罗斯，其是人口老龄化程度最高的欧洲国家之一。德国 65 岁以上的老年人口超过总人口的 1/5，其人口老龄化程度在世界上仅次于日本。同时，德国又是欧洲生育率最低的国家之一，其妇女人均生育率大大低于人口更替水平。根据 OECD（2015）的数据，2010 年，德国总人口约为 8180 万人，其中 15 岁以下人口占总人口数的比例不到 15%，65 岁以上老年人口为 1600 万人，占总人口数的 19.6%。根据预测，到 2030 年，德国 65 岁以上老年人口将会增加到 2400 万人，人口老龄化程度不断加深。除了生育率低以外，德国的老龄化还表现在其日趋增长的人均寿命。根据调查，2010 年德国人均寿命接近 80 岁，其中男性 77 岁，女性达到 82 岁。少子化、长寿化的现象加重了德国人口老龄化的程度。

2. 德国养老资源配置现状

作为世界上著名的社会福利国家，德国很早就已经开始探索建立国民社会保障体系。早在 1889 年，德国首相俾斯麦就颁布了世界上第一部关于养老保险的法律——《伤残和老年保险法》，并在此基础上建立了世界上第一个基于保险的社会养老体系。俾斯麦建立的社会养老体系被称为法定社会保险之母，其合理的缴纳比例和可靠的高退休收入成为全世界社保体系的典范。随着社会经济的不断发展，德国形成了强调政府、社会、雇主、个人共同承担责任的社会养老保障制度模式，不仅在资金来源、支出分配上确立起一套严密完整、具有前瞻性的养老保险制度，而且在人文关怀、社会关爱等方面也表现突出，有利于解决养老保障制度中的突出问题，通过不断地完善和更新制度来应对新出现的危机。

（1）德国养老资源配置改革历程

随着德国人口老龄化现象的突出，德国政府不断丰富和完善养老资源的配置模式，其养老体系先后经历了 1992 年养老改革、1999 年改革立法、2001 年里斯特改革（Riester Reform）及 2004 年改革调整，最终形成了一套完整的独具德国特色的养老保障体系（图 5-7）。

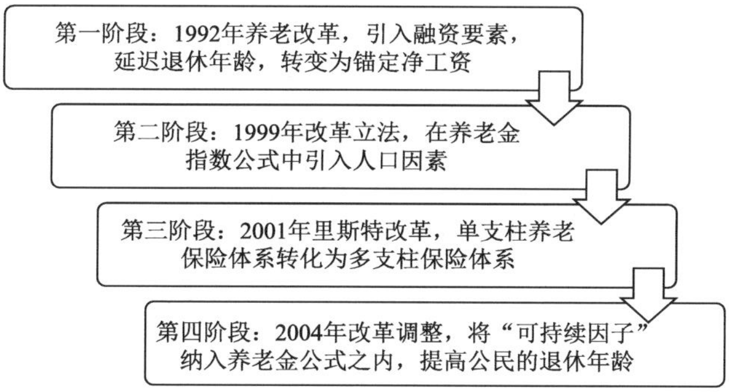

图 5-7　德国养老体系改革阶段

第一阶段，1992 年养老改革。随着德国社会出现的问题，如养老金缴纳者与养老金获得者比例的错位、预期寿命上升、平均退休年龄低、出生率低、雇佣类型发生改变等，这些问题的爆发促使德国政府在 1992 年对养老体系进行调整和改革。1992 年的改革主要引入融资要素，针对出现的问题提出了三项改革措施，有效地阻止了养老金缴纳比例的上升。首先，延迟退休年龄。在法律规定的退休年龄之前申请退休的职工，其每月领取到的养老金会进行一定的削减。其次，养老保障的计算方式发生了变化，从原来的锚定总工资转变为锚定净工资。

第二阶段，1999 年改革立法。随着德国社会的动荡，民主德国和联邦德国统一后动摇了 1992 年改革后带来的稳定，出现了高失业率等问题。同时，德国生育率的持续降低，人均寿命的不断延长，加剧了德国的人口老龄化程度，使得德国养老体系逐渐失去了代际间的平衡。1999 年的改革方案是在 1997 年通过的，改革的主要内容是将人口因素引入到养老金指数公式中，并且加大教育期间的权重。

第三阶段，2001 年里斯特改革。这次改革被认为是德国历史上自 1957 年改革后最重要、最全面、最具创新精神的改革。2001 年 5 月 11 日，德国政府通过养老保险金的改革法案，更加强调由个人承担养老的责任，提倡将单一层次的养老保险制度发展成多支柱的养老保险体系。2001 年里斯特改革的主要目的是确保缴纳率的可持续性、确保养老金水平的长期稳定，以及推广和补充私人养老金储蓄制度。

第四阶段，2004 年改革调整。经历了里斯特改革后，由于养老金缴纳率难以得到持续的稳定，政府进行了又一次的改革。2004 年养老保险改革的内容包括将“可持续因子”纳入养老金的计算公式中，并且适当延长公民的法定退休年龄。可持续因子在很大程度上决定着养老金的发放标准，该因子主要反映了养老金的缴纳人数与领取人数的相互关系及变化趋势，即整个养老保险系统的赡养比例。

（2）德国养老资源配置的主要内容

首先，养老保险制度。德国的养老保险制度按照产品归属人群的不同可以划分为法定养老保险、企业养老保险及私人养老保险，如图 5-8 所示，其中法定养老保险是最主要的构成部分，后两项保险作为补偿养老保险。法定养老保险作为一种法律规定的强制性保险，由政府主导，采取现收现付制进行收缴和支付，要求雇员和企业必须要在法律规定下进行定期投保。法定养老保险的费率根据实际情况的需要可以进行随时调整，并且由雇主和雇员各自承担费率的 50%，当雇员的收入低于某一法定限度时，由雇主承担全部法定养老保险的费率。雇员退休后所获得的养老金与其工作时期的工资和工作年限挂钩，但是规定养老金不得多于退休前工资的 75%。企业养老保险属于一种自愿性的养老保险，具有商业保险的性质，由私人公司负责经营，并接受政府的指导和调控。私人养老保险通过个人净收入支付保险费用，是一种私人养老方式，适用对象主要是高工资和高收入群体，如医生、律师等。据统计，2008 年，德国法定养老保险、企业养老保险、私人养老保险所占的比例大约为 70%、20%、10%。

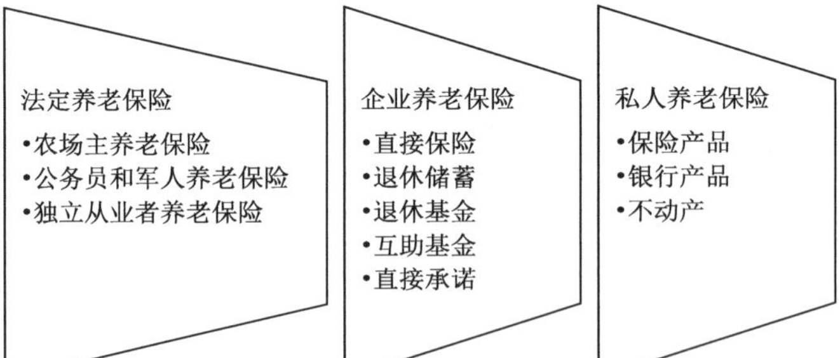

图 5-8 德国养老保险“三支柱”模式

法定养老保险、企业养老保险及私人养老保险所构成的德国养老保险三支柱模式有力地应对了德国人口老龄化的趋势。随着法定养老保险从一种稳定的养老金水平的体系转变为一种稳定的养老保险费率的体系，公共养老金支出占

GDP 的比重有所上升，有力地实现了养老金的可持续性。

其次，“三支柱”模式到“三层次”模式。2000 年，随着《老年人收入法》和《法定养老保险可持续发展法》的正式生效，使德国的养老保险体制开始从传统“三支柱”模式转变为“三层次”模式，如图 5-9 所示。《法定养老保险可持续发展法》的核心内容是将“可持续因子”纳入养老金的计算公式中，并且适当延长公民的法定退休年龄。可持续因子在很大程度上决定着养老金的发放标准，该因子主要反映了养老金的缴纳人数与领取人数的相互关系及变化趋势，即整个养老保险系统的赡养比例。《老年人收入法》的核心内容是引入养老金延迟纳税制度、改革企业补充养老保险和个人自愿养老保险。传统的“三支柱”模式主要依靠法定养老保险，但是随着人口老龄化程度的不断加深，容易导致养老保障体系的失衡。因此，为了弥补“三支柱”模式的不足，政府通过降低法定养老保险金的比重，推进第二、三层次养老保险的发展来改革养老保险体系，以此缓解政府的财政负担。

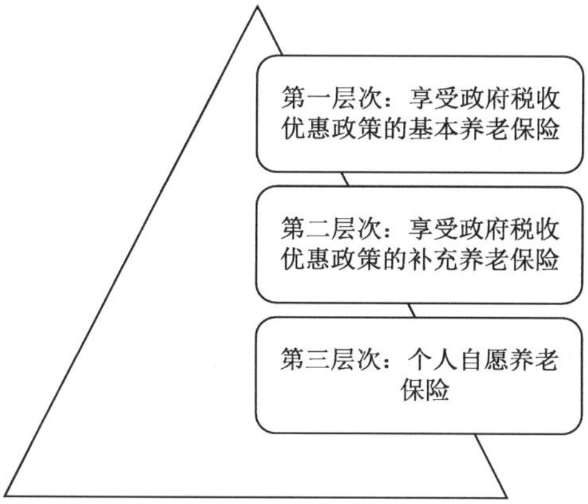

图 5-9　德国养老保险“三层次”模式

“三层次”模式将养老保险产品的可利用性及政府提供的税收政策作为划分依据，将保险产品可以分为基本养老保险、补充养老保险和个人自愿养老保险。基本养老保险是一种基础性的养老保障，可以为参保人提供终生的养老保障，包括吕库普养老保险，一种可以享受政府大数额、高比例退税的私人商业保险。在补充养老保险中，2001 年的里斯特改革成果中的养老保险就属于补充养老保险，改革中提出雇员在变换工作单位后，不会丧失企业养老金，这使得补充养老保险的吸引力大大增强。

最后，德国里斯特养老保险。里斯特养老保险建立于 2001 年 5 月 11 日，旨在改革法定养老保险的结构，由政府提供财政和税收的优惠补贴政策，建立独立于法定养老保险之外的私人储蓄养老保险。主要针对那些受法定养老金水平影响较大的人，包括中低收入者及多子家庭。政府提供的优惠补贴政策主要包括基础补贴、子女补贴及税收优惠。基础补贴：要求参保者将上一年总工资的规定比例提前存入个人的里斯特养老保险账户中，才能每月领取到全额的基础补贴。子女补贴：随着经济发展的变化，给予每个家庭的每个孩子相应的补贴，一直延续到子女年满 25 周岁或有稳定的经济来源为止。税收优惠：主要是为了鼓励国民参加里斯特养老保险，规定参加里斯特养老保险的人，可以得到政府提供的税收优惠。此外，政府对里斯特养老保险的提供者也有着相当严格的管理。里斯特养老保险的发展不但没有阻碍其他养老保障制度的发展，反而相互促进，共同完善社会养老保障体系。

3. 德国其他养老保障资源

（1）德国的住房养老措施

为了给养老者购房提供便利，德国实行了“先存后贷合同储蓄模式”，房贷实行固定的利率制，储蓄房贷利率低于市场利率并在较长时间内不会发生变动。为了鼓励住房储蓄，政府会根据家庭人口数量、收入及房租支出等情况对购房者给予相应的财政补贴和税收优惠政策，并且企业也会给雇员相应的储蓄津贴。目前，德国的购房补贴和租金补贴已经覆盖了接近 90%的德国国民。在德国，自有自用的住宅不需要缴纳不动产税，而用于出售的住宅就需要缴纳不动产税、房屋买卖交易税和差价盈利税等多种税种，以此加大了房地产投机炒作的成本，有效地限制了炒房行为，降低了自住养老的购房成本。

（2）德国的多代屋

多代屋作为一种典型的互助养老方式，旨在打破家庭界限，加强社会沟通，实现多代互助，为年轻人和老年人搭建沟通的桥梁。目前，德国有四种类型的多代屋：教育发展型、文化活动型、公共客厅型、社区服务型。教育发展型主要涵盖家庭教育、再就业指导、多代间沟通交流学习及移民人群语言学习，注重老年教育和进修。文化活动型主要包括老年团体活动、各类文化娱乐活动、体育运动活动等，注重邻里关系的培养和业余活动的组织。公共客厅型主要包括提供公共开放空间满足老年人之间、多代之间的会面，如读书角、咖啡厅和活动中心等，以及不同文化不同种族的人进行沟通和交流。社区服务型主要包括家务帮扶、儿童照看、老年人看护、专业护理机构，注重照料、看护及家政服务业。例如，由专业的护理人员提供陪护式入住服务，养老机构与福利社合作提供照料老年人生活起居的家政和看护服务等。老年人既可以得到日常的照料，又可以尽自己的能力自愿无偿地提供服务，如照看孩子、打扫房间等。

（3）多元化的养老护理服务体系

德国的养老护理服务体系已经形成了多元化机构共存的发展格局，并以私人机构和社会化的教会及慈善机构为主。2013 年底，德国养老机构达到 25 775 所，其中养老护理机构有 13 030 所，包括私立机构 5349 所、教会及慈善机构 7063 所、国立机构 618 所，占比分别为 41.1%、54.2%和 4.7%。居家上门服务机构有 12 746 所，包括私立机构 8140 所、教会及慈善机构 4422 所、国立机构 184 所，占比分别为 63.8%、34.7%、1.5%（宋群和焦学利，2016）。养老机构的护理从业人员必须接受统一的专业化培训，选拔要求严格，因此形成了一支专业素养较高且稳定的养老护理队伍。自从 1994 年德国颁布了《护理保险法》之后，养老护理从业人员有了可靠的法律保障，全国增加了两万多个新的养老护理就业岗位。

综上所述，总结德国养老资源配置的主要特点，可以概括如下。

第一，设计理念先进。德国的养老保障体系不能起到资产再分配的作用，员工的退休养老金与员工工作时期的工资及工作的年限挂钩。如此的设计理念可以保障员工退休后的生活水平大致与工作时的生活水平持平，而不是仅仅满足于高于贫困线。

第二，专业化管理、分工明确。德国联邦政府明确规定，联邦社会保障部、劳工部和卫生部分别负责制定基本养老保险、事业保险和医疗保险政策。联邦下属的 16 个州政府除了设有内政、财政、文化、经济、教育、工商等部门外，均专门设有社会保障部。而养老保障体系是在联邦政府补贴下进行独立运作的，这种专业化的管理使得分工明确，各部门各司其职，有效地保障了政策制度的高效运行，从而节约了资源，降低了成本。

第三，注重人文关怀，公平与效率的兼顾。德国的养老资源配置模式强调效率、兼顾公平。为了保障公平性，德国的养老金计算公式可以随着经济的发展和物价的变动而及时调整。从“三支柱”模式到“三层次”模式的养老保险体系实现了基本覆盖全体社会成员，除了在资金来源、支出分配上建立了一套完整的养老保险制度体系外，还充分地从人文关怀、社会关爱、互帮互助等视角出发，为老年人的晚年生活提供有力的保障。

第三节　国外养老资源配置经验启示与借鉴

一、老年服务业与老年事业结合的理念与模式

1. 发展养老服务事业，明确政府的职能定位

通过鼓励发展养老服务事业，形成以家庭、社区、养老服务机构为依托的一整套完善的养老服务体系，政府需要加强力度扶持，为空巢、失能、高龄、独居、贫困等弱势老年群体提供养老服务的公立养老服务机构，充分发挥养老服务事业在养老保障体系中的兜底保障功能，满足广大老年群体最基本、最紧迫的养老服务需求。

2. 积极扶持和引导，推动养老服务产业的发展

将高品质、个性化、享受型的养老服务产品交由企业和社会，通过引导、鼓励社会资源进入养老服务领域，培养多元化的养老服务主体，实现养老服务提供方式的市场化和产业化经营。养老服务产业作为服务产业中的一个新兴行业，需要充分发挥政府的主导作用，通过政策的扶持和资金投入解决养老服务产业发展初期所面临的基础设施建设成本高、融资困难及相关专业人才稀缺等问题。

首先，促进养老服务产业与互联网的融合。可以借助互联网大数据平台，创新养老服务模式，将传统的养老模式转变为互联网商业模式，整合 IT 行业优势资源，将互联网思维、信息技术和人工智能与居家养老服务机制建设深度融合，建设全国统一化的养老服务信息平台，完善老年人信息数据库，促进养老服务提供的便捷化和系统化。

其次，根据老年人实际需求的多样性而提供多元化的养老服务，包括老年生活服务、旅游、再教育、医疗保健、老年产品、兴趣爱好等多种需求。以发展养老保险事业为前提，以开发养老需求市场为基础，注重挖掘和整合养老保险的人力资源及物力资源，带动养老相关产业的发展，从而既能满足老年人的

多样化需求，又能带动经济的发展、扩大就业。

再次，开发养老居住社区。随着经济的发展，人们对于养老居住和护理方面的要求会不断提高，如果能够借助其他国家开发养老居住社区的优秀经验，深入研究我国老年人的生活居住习惯，把握市场需求，适时推出多样化的养老居住社区，在未来的中国养老产业中一定会有长期稳定的回报。

最后，实现养老服务产业集群开发。拓展养老综合体，以相关养老服务产业为基础，以老年医疗护理、休闲保健为支撑和配套，以服务创新和管理创新为动力，形成养老综合体。主要包括养老服务产业的本身和由养老服务产业延伸出来的其他相关产业。与养老服务产业横向关联的产业包括医疗保健业、健康服务业、旅游业、娱乐文化业、餐饮业、教育培训业等，形成核心的养老服务产业；与养老服务产业纵向关联的产业包括养老服务产业衍生行业，如交通运输业、农业、房地产业、金融业、保险业、环境保护业等，形成对养老服务产业的补充。

二、培养多元化的养老服务主体

养老服务需求具有庞大性和复杂性，而政府投资有限、社会参与不足等问题又容易导致养老服务的质量难以得到保证。因此，需要大力推进个人、家庭、社区、企业和非营利组织等不同主体参与到养老服务中，实现相互补充、相互协作，形成一整套完善的养老服务系统。政府充分发挥的主导作用，主要体现在制定行业法律法规、加强监督和管理、引导第三方提供养老服务等方面。

1. 充分发挥社区作用

首先，可以完善现有的社区服务机构。截至 2014 年，我国现有的社区服务机构有 31 万个，可以借助现有的社区机构，广泛地开展老年人文化、体育、教育、医疗知识普及等活动，将养老服务从社区机构延伸到家庭和个人，增强现有社区服务机构的养老功能。其次，构建新型的社区养老服务体系，通过完善社区养老服务管理的制度，弘扬社区养老服务的文化，建立社区养老服务的评估机制，加强社区养老服务的监管，提升社区人员的素质，从而形成以家庭为核心、社区为依托、机构为保障的社区养老服务模式。

2. 鼓励和引导民营自办发展养老服务产业

民营自办养老服务产业在发展初期往往会遇到瓶颈和难题，因此需要政府加强培训和引导，可以通过定期举办培训班，为有关中小企业提供基础知识和现有政策的普及、咨询、经营指导等内容。政府还可以通过给予财政支持和税收方面的优惠政策，鼓励民营自办养老服务产业的发展。同时，作为一个新兴的行业，需要加强监督和管理，严厉打击不法分子投机取巧来牟取暴利。

3. 协助非营利组织参与到社会养老服务事业中

介于政府和企业之间的非营利组织往往可以最先感知到社会迫切的需求，以及一些最新鲜、最敏感、最重要的讯息。所以政府需要协助非营利组织积极参与到社会养老服务事业中，进行正确的引导和鼓励。同时，还需要对参与社会养老服务事业的非营利组织的注册条件、运营规范等方面进行严格监管，才能充分发挥非营利组织的作用。

三、完善养老保障制度，创新养老模式

1. 大力发展多支柱的商业养老保险

2006 年世界银行提出了新的养老金制度建议，除了公共养老金计划、企业养老金计划、个人储蓄养老金以外，还增加了零支柱和第四支柱。我国政府在建立第一支柱公共养老金计划的基础上，还应该注重发展其他多支柱的商业养老保险。企业养老保险作为多支柱、广覆盖型养老保险制度的重要组成部分，可以减轻公共养老保障制度的负担，缓解政府的财政压力。为了促进企业养老金的发展，政府应该完善发展企业养老金的扶持政策，在筹资、投资和给付三个环节采取税收优惠政策。完善企业养老金的制度规定，制定相应的企业养老金法、企业养老金管理办法、企业养老金基金运营等，保证企业养老金制度的规范性。另外，政府还应该鼓励和引导补充养老保险制度的发展，使得一些经济效益较好、发展规模较大的企业根据企业本身的情况，为本企业的职工投入额外的养老保险。同时，还要鼓励员工自愿参加个人储蓄养老保险，作为养老保险的补充。

2. 推动医养结合养老模式

推广在养老机构中增设医疗机构、医疗卫生机构开展养老服务、养老机构与医疗机构协议合作、医养结合进社区和进家庭等多种医养结合养老模式。在

养老机构中增设专业化的医疗机构，具备一定条件的养老机构按照国家规定在内部设立专门的医疗机构，配备专业化的医疗团队，开设康复科、综合内外科、心电图室等。另外，医疗卫生机构也可以适当开展养老服务，一种是有资质的医院、社区医疗服务中心开展养老服务，为老年人提供医疗、护理、康复、照料、临终关怀等综合性服务；另一种是由医疗卫生机构转型而来，如护理医院或康复医院。养老机构与理疗机构协议合作，医疗卫生机构以合理的价格为入住养老机构的老年人提供体检、护理、咨询等医疗保健服务，当入住老年人需要就医时，通过绿色通道可以进行及时治疗，形成一种良性互动的“双向照料”模式。

3. 建立长期护理保险制度

我国目前有近4000万失能老年人、半失能老年人，其中完全失能者为1200万人，而且未来还会进一步增加。可以参考德国的“护理保险跟从医疗保险的原则”，在完善国民基本医疗保障制度的同时，尽快建立长期医疗护理保险制度。探索建立居家老年人长期护理照料制度，从居家老年人中特别是高龄独居老年人、慢性病、失能老年人等有特殊需要的老年人开始，提供居家护理照料服务，并与养老机构及社区卫生服务机构相衔接。

4. 繁荣老龄金融市场

老龄金融是一种长期资本累积和运用的金融类型，提倡在年轻时将余钱以存款、证券、基金、保险等形式存起来，进行长期理财。为了繁荣老龄金融市场，需要创新老龄金融产品，提升老龄服务的品质，丰富涉及老龄金融产品的种类以满足老年人的金融服务需求。宣传和鼓励居民个人进行养老保险的储蓄、理财和投资等金融活动，自愿自主地参加各种商业养老保险，形成个人养老保险的进一步补充。在开发养老金融市场的过程中，逐步从“单一政府主体”向“政府+市场”转变，充分发挥社会力量，适当拓宽社会力量和民间力量进入老龄金融市场的渠道。还需要加强金融监管，政府充当金融监管的主体，要对金融腐败、诈骗等金融违法行为进行打击和规范。

四、完善养老监管制度，培养老年服务专业化人才

1. 建立健全养老法律和政策体系

专门完备的法律政策体系在养老资源配置中可以起到基础性的作用。因此，

需要建立健全养老法律和政策体系，明确政府、企业、机构、个人等不同主体的责任，以及界定养老服务的内容和标准，这是利用法律手段对养老服务主体进行正确引导。同时，还应该在宪法的基础上，不断完善和发展社会保障法、养老保险法等法律，以法律的形式保障相关政策的顺利实施。

2. 制定养老服务评价制度

为了保障和提高养老机构的服务水平，政府需要严格控制养老服务工作的程序和环节，力争做到细分责任、科学监督，制定养老服务评价制度。可以借鉴日本多元化的养老服务评价制度，形成多元化的养老服务评价主体，主体可以包括养老机构业者或设施内部员工、第三方评价、服务利用者、家属、同行业者的评价等。

3. 完善老年服务的人才培养和输送机制

高素质、专业化的养老服务工作人员是优质养老服务的重要保证，所以应该加强专业化养老服务的教育培养工作，提高养老服务机构人员技术和管理水平的培训，建立健全老年人护理服务质量评价及价格确定机制，设置并完善相关的专业体系以确保能够源源不断地为养老服务提供专业化的人才。在高等院校及中等职业技术学校普遍开设和推广有关养老服务的专业和课程，开展继续教育和远程学历教育，建立养老服务培训基地，将教学、研究和就业有机结合起来，有针对性地为养老服务产业培养护理服务人才、管理人才及创业人才。同时，还需要加强对老年人家属的教育培训工作，普及相关的护理知识，提高家人的护理水平。除此之外，注重对养老服务志愿者的培训和教育，使每个志愿者在服务之前具有相关的知识水平。

第六章

中国老年人口分布及其养老资源配置现状

第一节 市域老年人口分布特征及形成机制

一、问题的提出与研究意义

从国家尺度选择 333 个地级市作为研究对象的原因在于，中国城市化水平在过去 30 年以年均超过 1 个百分点的速度提升，城市化对经济的可持续发展意义重大。但由于中国城市化水平落后于经济增长水平，如何能保持二者的平衡和持续发展，是 21 世纪中国将面对的一个重大问题。与此同时，城市化与老龄化之间存在很强的正相关关系，即随着城市化水平的提高，一个国家的老龄化程度也相应提高。人口老龄化，意味着被赡养的老年人相对增加，劳动人口相对减少，是阻碍城市化进程的重要因素，会增加城市化的经济负担。因此，在城市化进程中，深刻认识老年人口的分布特点和发展规律，积极应对人口老龄化对城市化进程的不利影响将具有重要的意义和作用。

通过文献梳理发现，学者虽然利用 ArcGIS、GeoDa 等技术，提出了大量有关人口老龄化的新观点，取得了新的成果，相对认同中国在区域上老龄人口空间演变，更多地表现为老年人口向中心城区集聚的同时向外慢速离心扩散，远郊区老龄人口快速向心集聚的特征，同时区域间差异较为明显。但是，从全国尺度结合“胡焕庸线”刻画人口老龄化程度与集疏分布状态及其形成机制尚未引起关注。反映人口空间分布大多通过计算人口密度，而人口密度只能表述人口空间的静态分布，如果引入人口集聚度分级评价方法测量老年人口的集疏特征，就可以揭示不同地区老年人口分布的内在规律，有助于整体把握老年人口的分布态势。因此，本书的贡献在于基于 2000 年、2010 年全国人口普查数据，对中国 333 个地级以上城市区域的人口老龄化空间分布集疏格局、关联特征及其形成机制进行探究，以期对城市发展、空间规划、养老资源配置、公共服务设施建设等提供参考依据。

二、研究的主要方法

本书选取反映人口老龄化的一个重要指标，即老年人口比重，就是老年人口在总人口中所占比例，表示老龄化水平。运用人口集疏度模型测度老龄人口的空间变化。运用空间自相关揭示研究区域内相邻单元的相关性和依赖性。运用多元线性回归分析老年人口集疏格局的形成机制。我国的法定退休年龄规定为年满 60 岁，因此选取 60 岁成为国内社会普遍认定的老年人群划分标准。数据主要来源于我国第五次、第六次分县人口普查公报（2000 年、2010 年），以及中国科学院资源环境科学数据中心提供的 2010 年全国分市行政区划地图，这里只研究中国内地地级单位城市区域，不包括香港、澳门和台湾。通过 ArcGIS 10.2 软件将老年人口及相关数据输入全国分市行政区划图，建立全国地级单位城市人口老龄化地理数据库。

主要研究方法如下：①老龄化率。国际上通常将 60 岁以上的人口占总人口的比例看作老龄化指标，因此用当年老年人口数量与总人口数量之比来表示，反映老年人口在总人口中所占比例不断变化的过程。当比值达到 10%时，说明该国家已经进入老龄化社会，比值越高老龄化程度就越高；当比值小于 5%时，说明老年人口数量占总人口数量较低，尚未进入老龄化社会。②老年人口集聚度。它是指一个地区相对于全国老年人的人口集聚程度，可以用某一地区以占全国 1%的国土面积上集聚的全国老年人口的比例（%）来表示，与人口丰沛度具有同等的意义。③全局空间自相关。主要是揭示某个观测变量在地理空间上的整体分布状况，即从区域空间的整体层面上反映区域某项指标活动的空间分布与集聚状况。全局相关性常用 Moran's I 进行衡量。④热点分析（Gi^*）。这是局域空间自相关的一种有效方法，用来衡量区域内局部区域与相邻空间单元的相关性。Gi^*指标可用来分析区域内研究单元 i 和单元 j 间的空间异质性，得到高值或低值要素在空间发生聚类的位置。⑤逐步回归方法。对全部样本及分区域、民族（少数民族人口比重大于 30%为准）差异进行完全模型估计分析。

三、市域老年人口空间分布的集疏格局

1. 人口老龄化的空间格局

结合 2000 年老龄化率空间分布结果，比较各城市老龄化率的发展阶段和变

化趋势可知，全国总体处在老龄化中期水平，并呈现上升趋势。不同城市间有明显不同，主要体现在：2010 年老年人口占比最高的前十名为上海、南通、苏州、无锡、嘉兴、威海、北京、常州、泰州和镇江，大多位于长江三角洲地区，老年人口占比最低的前十名分别为海西、林芝、阿里、那曲、果洛、拉萨、和田、克孜勒苏柯尔克孜、日喀则和海北，多位于青藏高原地区。青海、西藏、新疆南部、内蒙古中西部地区城市老龄化程度不高，与 2000 年相比变化不明显，还处在老龄化初期，其中西藏阿里、那曲和林芝地区城市出现了老龄化率下降的趋势；东北、内蒙古中东部、贵州、广西、海南等地老龄化程度有所加深，其中，辽宁大部分地区已进入深度老龄化阶段；成渝、长江三角洲和环渤海部分地区的城市也处在老龄化后期，老龄化程度明显加深。此外，从陕西关中平原起，向西经河西走廊到新疆，沿着古丝绸之路，正形成一条带状老龄化高值区。

2. 老年人口的集疏格局

根据封志明等（2014）对全国人口集疏程度的分级评价标准，利用集疏度公式计算出地级城市区域的全国老年人口集聚度的研究结果，如表 6-1 所示。

表 6-1 中国基于地级城市区域的老年人口集聚度分类统计（2010 年）

老年人口集聚度地区		人口		土地		老年人口密度（人/公里^2）	
分类（城市个数）		总量（万人）	比例（%）	面积（万平方公里）	比例（%）	极值（最小值/最大值）	平均值
老年人口密集地区	高度密集区（15）	1 828.5	10.48	12.04	1.31	149.91/547.26	199.80
	中度密集区（76）	5 457.6	31.28	56.29	6.13	74.99/146.10	98.19
	低度密集区（65）	4 739.8	27.16	86.14	9.38	37.02/72.53	55.46
	小计（156）	12 025.9	68.92	154.47	16.82	37.02/547.26	90.91
老年人口均值地区	密度均上区（79）	3 337.7	19.13	128.53	14.00	18.87/36.62	26.81
	密度均下区（43）	1 312.0	7.52	97.58	10.62	9.58/18.21	13.54
	小计（122）	4 649.7	26.65	226.11	24.62	9.58/36.62	22.09
老年人口稀疏地区	相对稀疏区（19）	410.8	2.35	66.55	7.25	4.02/8.69	6.23
	绝对稀疏区（17）	240.5	1.38	129.74	14.13	1.16/3.44	1.98
	极端稀疏区（19）	123.0	0.70	344.14	37.47	0.02/0.89	0.44
	小计（55）	774.3	4.43	540.43	58.85	0.02/8.69	2.92

由表 6-1 可知，老年人口密集地区城市个数最多，有 156 个城市集聚度都

在 2 以上，总人口达到 12 025.9 万人，占全国老年人口总数的 68.92%，但这些老年人却分布在 154.47 万平方公里的土地上，土地面积只占全国总面积的 16.82%，平均每平方公里土地上生活着 91 位老年人。其中，高度密集区有 15 个城市，它们分别是上海、汕头、南通、无锡、嘉兴、南京、成都、广州、泰州、常州、厦门、苏州、佛山、深圳和北京，基本都在东部沿海地区。其中，上海老年人口集聚度最高，人口密度在 547.26 人/公里 ^{2}，也就是说每平方公里土地上居住着 547 位老年人。与之相对的是，老年人口稀疏地区城市最少，总计有 55 个城市单元集聚度在 0.5 以下，人口总数为 774.3 万人，占全国老年人口总数的 4.43%，分布在 540.43 万平方公里的土地上，老年人口密度为 0.02～8.69 人/公里 ^{2}。其中，极端稀疏区有 19 个城市，主要分布在青藏高原、新疆和内蒙古西部等地广人稀的地区。

从集疏格局来看，全国地级城市单元老年人口向沿海、沿江、沿线集聚的趋势显著，已形成区域性人口集聚中心，而丘陵山地沙漠等西部、北部地区人口稀疏，老年人口分布空间不平衡日益加剧，与人口的西疏东密格局相似难以突破，如表 6-2 所示。

表 6-2 主要城市群老年人口集聚中心对比（2010 年）

分类（城市个数）	总人口（万人）	占全国比重（%）	人口密度（人/公里 ^{2}）	集聚度
长江三角洲（16）	1664.96	9.54	162.58	8.79
珠江三角洲（9）	423.80	2.43	100.97	5.46
中原城市群（8）	499.13	2.86	97.74	5.28
山东半岛（8）	670.52	3.84	90.36	4.88
成渝地区（15）	1540.46	8.83	80.93	4.37
京津冀地区（13）	1348.71	7.73	75.83	4.10
海峡西岸（16）	863.24	4.95	71.69	3.87
长江中游（25）	1497.50	8.58	54.18	2.93
关中城市群（6）	332.51	1.91	49.19	2.66
东北城市群（21）	1144.74	6.56	37.14	2.01
合计	9985.57	57.23	82.06	4.44

由表 6-2 可知，长江三角洲有 16 个城市，老年人口集聚度最高，属于高密区，人口密度为 162.58 人/公里 ^{2}，老年人口比重占全国老年人口的 9.54%，也

就说每100位老年人中就有接近10位老年人生活在长江三角洲地区。此外，珠江三角洲、中原城市群、山东半岛、成渝地区和京津冀地区都属于中密区，老年人口集聚度在4～6，人口密度为75.83～100.97人/公里^2，其中成渝地区和京津冀地区老年人口比重较高，约占全国老年人口的8.83%和7.73%。海峡西岸、长江中游、关中城市群和东北城市群的老年人口集聚度相对较低，在2～4，属于低密区，平均每平方公里有近53位老年人，但长江中游25个城市老年人口总数占全国老年人口总数的8.58%，仅次于长江三角洲和成渝地区。总体而言，中国老年人口密集区主要分布于中东部的平原地区，其中黄淮海平原和长江中下游平原以东地区构成了中国最大的老年人口集聚区，包括京津冀地区、中原城市群、长江三角洲三大人口集聚中心；西部地区仅有成渝地区、关中平原和东北城市群属于人口较密集区。十大城市群中老年人口总数为9985.57万人，占全国老年人口总数的一半以上。

3. 城乡老龄化的空间差异特征

现代化的过程，也是中国从“乡土中国”向“城市中国”不断转变的过程。从人口老龄化的视角观察当前中国城乡人口老龄化的空间差异，对于深入推进城乡一体化具有重要意义。本书采用2010年各区县的人口普查数据，用总老年人口减去市辖区老年人口表示农村老年人口数，并汇总各城市的农村人口总数和农村老年人口数，进而得出农村人口老龄化率，将城市老龄化率减去农村老龄化率得出城乡老龄化率。

对比城市老龄化率空间分异和农村老龄化率空间分异可以得出，2010年时，市辖区与非市辖区的老龄化水平基本一致，二者在老龄化程度上无明显差别。城乡老龄化率空间分布差异与全国老年人口集聚的总体趋势基本相似，老龄化后期的城市分布变化较明显，主要体现在：山东半岛和京津冀地区有所收缩，这与其人口基数增大导致的老龄化率减少有关，表明这些地区存在较大的人口数，潜在老龄化压力较大；长江三角洲变得更为分散，表明长江三角洲的老年人口总量较多，且多居住在城市，而安徽等周边地区存在农村老龄化水平较高等问题；成渝地区的集聚态势更为明显，与部分长江中游城市连为一体，表明这些地区存在农村人口比重较大和城乡劳动年龄人口相对不足等问题。

以城市老龄化率减去农村老龄化率，分析城乡老龄化率的具体差异，可以发现，多数地区城市老龄化率小于农村老龄化率，其中，西部地区的差距最为明显，这与西部地区城市人口结构较为年轻化有关。城市老龄化率高于农村老龄化率的城市主要分布在东北、江西和西部部分地区，沿海大部分地区城乡老龄化率差别不大，城市老龄化水平略低于农村地区。从城乡老龄化率的空间差异可以看出，当前，人口老龄化的区域差距要明显大于城乡差距，经济发展水平对城乡差距的影响较为显著，即经济发展水平相对较高的地区，城乡老龄化差异较小，多处在 0～5%，而经济相对欠发达地区的城乡老龄化差异较大，东北地区主要是由于历史原因，城市的老龄人口较多，因此城市的老龄化率明显大于农村。

四、市域老年人口分布的空间关联特征

1. 总体空间关联特征

如表 6-3 所示，2000 年时，全局 Moran's I 的估计值大于 0，且通过显著性水平检验，说明第五次全国人口普查时市域单元之间人口老龄化存在较强的正相关，在空间内处于较集中趋势，反映出老龄化水平较高的地区与同为较高老龄化水平地区相邻的特征。而到 2010 年第六次全国人口普查时，全局 Moran's I 的估计值进一步增大，系数为 0.490，呈现显著性提升，说明全国市域人口老龄化的空间集聚进一步增强，即老年人口比重较高的城市，其周边城市的老龄人口比率也明显增高，总体格局保持了一定的连续性，同时也印证了地区间人口老龄化空间差异是客观存在的。

表 6-3　2000 年、2010 年全国城市老龄化率的全局 Moran's I 估计值

年份	Moran's I	$Z(I)$	P 值
2000	0.452	22.657	<0.001
2010	0.490	24.609	<0.001

注：$Z(I)$ 代表标准差的倍数；P 值表示概率，表示所观测到的空间模式是由某一随机过程创建而成的概率，它反映的就是显著性程度

2. 局部空间关联特征

运用局域 G^* 系数法探测全国各城市老龄化的局部关联性。结果发现：两个年份中，人口老龄化的高集聚（热点区）和低集聚（边缘区）表现出较强劲的空间演变特征，但演变具有一定的规律性，即高集聚从东部沿海地区向内陆迁移，低集聚则从内蒙古和青海向南部的西藏、云南迁移，从西部新疆、甘肃向

东部迁移，热点区向边缘区递进需经过过渡区。具体来看，2000 年热点区主要分布在江淮、辽河平原和四川盆地，高热点区主要集中在山东、江苏、安徽、上海、浙江、福建等沿海地区；2010 年发生明显的空间跃迁，除部分仍分布在辽宁、山东半岛、京津冀地区、长江三角洲等外，四川盆地（成渝地区）表现得尤为突出，不仅成为高热点区域，还呈向西扩张的趋势，而江浙城市群却从高热点区大幅度降为热点区，但向北至辽宁、内蒙古东部影响增强；大小兴安岭、东北地区中东部城市也开始向热点区过渡。边缘区演进方向表现的并不明显，2000 年边缘区呈面状分布在西部、北部及云南、大小兴安岭地区，其中高边缘区主要集中在内蒙古的阿拉善盟、甘肃各城市及青海的海西蒙古族藏族自治州、海南藏族自治州、果洛藏族自治州，向东延伸到陕西榆林，向西跳跃至新疆南部和北部区域；而 2010 年边缘区则完全集中到新疆中南部、青海、西藏、云南、甘肃东部、内蒙古鄂尔多斯、广东和海南等地区的城市。综上所述，人口老龄化热点区的演变呈现跳跃式，聚集在长江三角洲和成渝地区周围；边缘区则在东北城市群收缩，在西南部及广东、福建沿海扩张式突变，人口老龄化空间格局表现出以热点区为中心，逐渐向外围地区过渡的“中心–外围”结构。预计随着时间的推移，边缘区的范围会逐渐缩小，不断向东部、北部方向退化，其空间辐射效应变得越来越强，折射出中国未来人口老龄化“稀释”将面临严峻挑战。

五、中国市域老年人口集疏格局的形成机制

老年人口集疏格局的形成和演化实际上是自然变动和机械变动共同作用的结果，参考其他研究，并基于数据的可获取性，最终选择 9 个自然环境指标和社会经济指标作为影响因子。自然环境指标中，海拔、干燥度（气温影响）和湿润度（降水影响）能够反映各地区的自然环境状况，直接影响当地居民生活的宜居度。社会经济指标中，初始人口密度影响各地区人口的基本分布状况和集聚程度，人均 GDP、每千人拥有床位数、人口迁入率分别表征各地区经济发展水平、健康保障能力及对外吸引能力，对地区人口结构的变化有重要影响。考虑到少数民族的计划生育政策差异和城乡户籍对生育率的不同影响，进而影响老龄化水平，因此，本书选取少数民族比和非农人口比指标表征户籍制度、城市化对人口老龄化的作用。其中，少数民族比和非农人口比通过第六次全国人口普查数据获取；干燥度、湿润度等数据由中国科学院资源环境科学数据中

心的 DEM 数据提取获得；初始人口密度为城市的户籍人口总数、人口迁入率通过中国科学院资源环境科学数据中心数据中的“本省其他县（市）、市区”和“外省”迁入本市的人口数与本市的户籍人口总数相比得出。据此，构建如下计量模型：

$$\text{agpop}_i=\beta+\beta_1\text{elev}_i+\beta_2\text{dryn}_i+\beta_3\text{wett}_i+\beta_4\text{depop}_i+\beta_5\text{GDPPC}_i+\beta_6\text{thoubeds}_i +\beta_7\text{movpop}_i+\beta_8\text{minopop}_i+\beta_9\text{nonagr}_i+\varepsilon_i \quad (6\text{-}1)$$

式中，β 为回归系数和截距；β_1～β_9 为直线的斜率；ε_i 为误差；i 为年份。变量的含义与基本统计信息如表 6-4 所示，所有自变量间的相关系数均小于 0.5，且 VIF（方差膨胀因子）值均小于 3，没有明显的共线性问题。采用逐步回归方法，对全部样本及分区域、民族（少数民族人口比重大于 30%为准）差异进行完全模型估计，结果列于表 6-5。剔除数据缺失项，共获得有效样本 322 例。

表 6-4　变量基本统计信息

变量	符号	样本量	均值	标准差	最小值	最大值
老龄化率	agpop	322	0.13	0.03	0.03	0.24
海拔	elev	322	517.56	842.35	0	4 506
干燥度	dryn	322	1 612.74	4 572.02	–9	73 756
湿润度	wett	322	1 603.34	3 484.16	–5 886	10 937
初始人口密度	depop	322	277.20	254.56	0.19	2 156.50
人均 GDP	GDPPC	322	41 228.16	28 193.14	5 035	249 040
每千人拥有床位数	thoubeds	322	12.39	7.99	0	43.49
人口迁入率	movpop	322	0.11	0.12	0	0.80
少数民族比	minopop	322	13.96	25.07	0.01	97.19
非农人口比	nonagr	322	29.72	15.68	6.49	86.23

表 6-5　计量模型估计结果

变量	全部样本	分区域模型			分民族模型	
		东部地区	中部地区	西部地区	少数民族城市	非少数民族城市
elev	0.000 003 7** （–2.52）	0.000 005 1** （2.09）		0.000 007 2*** （–3.68）	0.000 005 7** （–2.63）	0.000 009 5*** （–3.11）
dryn						0.000 003 7** （–2.11）

续表

变量	全部样本	分区域模型			分民族模型	
		东部地区	中部地区	西部地区	少数民族城市	非少数民族城市
wett	0.000 001 7*** (4.62)		0.000 001 7*** (3.51)	0.000 002 0*** (4.04)	0.000 002 5*** (4.21)	
depop				0.000 063 6*** (4.41)	0.000 092 2** (2.40)	
GDPPC	0.000 000 1** (2.13)	0.000 000 3** (2.45)				
thoubeds				0.000 796 2*** (3.03)	0.000 879 9*** (3.35)	
movpop	−0.117 238 6*** (−8.99)	−0.139 866 5*** (−7.71)	−0.081 198 6*** (−3.59)	−0.152 275 1*** (−4.32)	−0.157 536 6*** (−4.21)	−0.099 795 1*** (−8.69)
minopop	−0.000 350 5*** (−6.06)			−0.000 160 9** (−2.35)		
nonagr	0.000 327 0*** (3.60)	0.000 477 8** (2.60)	0.000 227 3** (2.16)	0.000 753 8*** (3.54)	0.000 812 6*** (4.11)	0.000 329 3*** (3.46)
Intercept	0.131 403 5*** (36.36)	0.127 167 8*** (18.19)	0.127 500 0*** (33.87)	0.112 006 9*** (13.57)	0.094 576 5*** (11.45)	0.142 913 6*** (44.93)
N	322	100	114	108	55	267
adj.R^2	0.386	0.408	0.218	0.733	0.745	0.265
F	36.04	18.04	11.47	41.83	27.33	24.93

注：Intercept 表示人口迁入。括号内为 t 值，$*p < 0.1$，$**p < 0.05$，$***p < 0.01$

结果显示，全样本估计中，人口老龄化率主要受海拔、湿润度、人均 GDP、人口迁入率、少数民族比、非农人口比等因素的影响。其中，海拔、人口迁入率和少数民族比对老龄化率呈负影响关系，即海拔越高、人口迁入越多、少数民族人口越多的地区，老龄化率就相对越低，这三个变量中，人口迁入率对老龄化率的影响最为显著。在正向作用的因素中，非农人口比的影响最为明显，即非农业人口比重（城市化）越高的地区，老龄化率也相对越高。分区域模型中，东部地区的老龄化率主要受海拔、人均 GDP、人口迁入率、非农人口比等因素的影响；而湿润度、干燥度、初始人口密度、每千人拥有床位数和少数民族比等因素影响不明显，即东部地区的老龄化率主要取决于地形条件、经济发展水平、人口流动状况和城市化水平的影响，气候状况、户籍人口数量、医疗条件和少数民族因素对东部地区老龄化率影响不大。具体来看，人口迁入率是促使东部老龄化率降低的最主要因素，在推动老龄化率提高的因素中，非农人口比（城市化）影响最明显。

中部地区的老龄化率主要受湿润度、人口迁入率和非农人口比三个因素的影响，其中湿润度和非农人口比为正向影响，人口迁入率为负向影响。与东部地区相比，海拔和人均 GDP 对老龄化率的影响作用下降，而湿润度的影响作用不断提高，即湿润度越高的地区，老龄化率也相对越高。西部地区的老龄化率影响因素较多，其中正向影响因素包括湿润度、初始人口密度、每千人拥有床位数、非农人口比，负向影响因素包括海拔、人口迁入率、少数民族比，干燥度和人均 GDP 对西部地区的老龄化率影响不明显。这表明西部地区的老龄化率主要是受医疗水平、城市化水平、户籍人口数量及气候湿润度的影响而提高，与中东部地区相比，人口迁入率对西部地区老龄化率的稀释作用更加明显，少数民族因素对西部地区影响也较突出，而经济发展水平因素对老龄化率的影响不大。

分民族模型中，少数民族比重较大的城市老龄化率影响机制更加复杂，主要受海拔、湿润度、初始人口密度、每千人拥有床位数、人口迁入率、非农人口比等因素的影响，与西部地区的老龄化率影响机制相似。除海拔和初始人口密度的影响程度有所下降外，其余因素均在加强，即湿润度、医疗水平、城市化水平和人口流动状况对少数民族比重较大的城市影响更加显著。非少数民族城市中，主要受到非农人口比、人口迁入率、湿润度和海拔的影响，其中正向影响因素仅有非农人口比，这表明非少数民族城市主要受到城市化的影响导致老龄化率加深，人口流动的负向作用仅略强于中部地区。

总体来看，不同模型中，非农人口比和人口迁入率始终是不可或缺的重要影响因素，非农人口比促进老龄化率的提升，人口迁入率则对老龄化率的下降具有重要影响；人均 GDP 对东部地区的老龄化率提升具有较大影响；湿润度对中部地区的影响较为明显；西部地区则受代表医疗水平的每千人拥有床位数、少数民族比和初始人口密度等因素影响较大；少数民族城市与西部地区的影响机制相似，受非农人口比和人口迁入率因素的影响更加突出；干燥度对非少数民族城市的影响有所增加。

六、研究结论

本书通过老龄化率、老年人口集聚度指数、全局 Moran's I、热点分析

Gi*指数等空间分析指标，分析了 2000～2010 年我国地级行政单元人口老龄化程度、集疏格局及空间关联特征，进而指出导致此格局的形成机制，结果表明：

1）中国地级城市区域内总体处在老龄化中期水平，老龄化程度不断加深，东部地区老龄化程度高于西部地区；从陕西关中平原起，向西经河西走廊、新疆，沿着古丝绸之路，正形成一条带状老龄化高值区。从老年人口分布来看，集聚度在 2 以上的密集区城市有 156 个，绝大部分位于“胡焕庸线”以东地区，而集聚度在 0.5 以下的稀疏区城市有 55 个，全部位于“胡焕庸线”以西的地区，这与人口分布情况基本相似。

2）从集疏格局来看，老年人口沿海、沿江、沿线集聚趋势显著，已形成区域性人口集聚中心，而丘陵山地沙漠等西部、北部地区人口稀疏，老年人口分布空间不平衡日益加剧，与人口的西疏东密格局相似难以突破。高度密集区有 15 个城市，它们基本都分布在东部沿海地区，其中上海老年人口集聚度居全国之首；十大城市群老年人口集聚度也都在 2 以上，属于密集区，其中长江三角洲、珠江三角洲、中原城市群、山东半岛、成渝地区和京津冀地区构成中国最大的老年人口集聚区域。

3）从空间关联特征来看，市域间人口老龄化存在较强的空间正相关特征，空间集聚进一步增强，总体格局保持了一定的连续性。人口老龄化热点区的演变呈现跳跃式，人口老龄化空间格局表现出以热点区为中心，逐渐向外围地区过渡的中心-外围结构，空间辐射效应变得越来越强，未来人口老龄化“稀释”能力将面临严峻挑战。

4）从形成机制来看，导致这一格局形成的因素是多方面的，总体来说是自然变动和机械变动共同作用的结果，其中非农人口比（城市化）和人口迁入率始终是不可或缺的重要影响因素。经济发展水平对东部地区的老龄化率提升具有较大影响；气候湿润度对中部地区的影响较为明显；西部地区则受医疗水平、少数民族因素和户籍人数等因素影响较大；少数民族城市与西部地区的影响机制相似，受非农人口比和人口迁入率因素的影响更加突出；气候干燥度对非少数民族城市的影响有所增加。因此，自然环境、经济发展水平、城市化建设、人口因素等是促成老年人口分布状态的关键。

第二节　东北三省老年人口分布及其养老资源配置

一、问题的提出与研究意义

从区域尺度选择东北三省的原因，一方面是依据第五次全国人口普查和第六次全国人口普查数据分析结果可以看出，中国老龄化程度加深的地区除四川、长江三角洲外就是东北三省，其中80岁以上“长寿区”主要集中在东北三省与长江三角洲地区，并呈向四周扩大趋势。另一方面是近年来东北三省经济发展频频告急，人口外流现象严重，已出现“未富先老”和“人口骤减”等危机，从老龄化视角探讨东北三省“人口-经济”困境将更有新意。因此，选择东北三省作为研究区域，不仅对当地养老资源的充分开发和使用、降低老龄化对经济社会发展的阻碍作用，还对人口地理学与管理科学、资源科学等相互融合促进都具有正向的示范意义。此外，振兴东北老工业基地还是我国区域发展的重点战略之一，研究应对人口老龄化凸显的矛盾和减少养老资源耗费，科学合理地匹配养老资源，使其在满足需求的同时能够被充分有效的使用，降低社会负担及对经济发展的阻滞，对于东北老工业基地的振兴所具有的实践意义不言而喻。

通过文献梳理发现，国内外研究成果尽管刻画了人口老龄化空间演变、区域差异、养老资源配置等情况，但鲜有研究人口老龄化空间特征与养老资源配置之间存在什么影响。众所周知，我国属于典型的“未富先老”，当老龄化先于经济发展时，对养老资源的需求和消耗会出现明显的区域差异与再分配过程。与此同时，人口老龄化随着时空演化不断分异，养老资源与老年人口不匹配、利用不充分、规划布局不合理等新问题将日益凸显，养老资源配置也亟须实现科学规划。因此，选择东北三省地级市作为研究区域，通过分析老年人口分布和养老资源的空间特征，探讨养老资源配置区域差异及与老年人口的匹配关系，从而有助于当地养老资源的充分开发和使用，降低老龄化对经济社会发展的阻碍作用。

二、研究的主要方法

人口老龄化选取两个指标。一个是用老年人口比重指标表示老龄化程度；另一个是用老年人口密度表示老年人口的密集程度，这两个都是反映一个地区人口老龄化的最重要指标。根据世界卫生组织提出的新的年龄分段标准，选取60岁以上人口作为老年人。人口和土地面积数据来源于东北三省统计年鉴和东北三省各城市统计年鉴（2006年、2011年和2016年），以及中国科学院资源环境科学数据中心提供的2010年东北三省分市行政区划地图，这里只研究东北三省34个地级市和2个行政区。

养老资源指标。根据老年人的主要需求，选取生活资源、医疗资源、文体资源与居住环境资源四个资源类别，并以2015年截面数据为基础，通过构建综合指数模型，分析东北三省城市区域养老资源配置状况及差异性。数据来源于2016年东北三省统计年鉴及2015年当年的统计公报。具体如表6-6所示。

表6-6　养老资源类别及相应指标

资源类别	相应指标	资源类别	相应指标
生活资源	每万人拥有社区服务设施数	文体资源	每万人拥有老年大学数
	每万人拥有社会福利机构床位数		每万人拥有文体机构数
	每万人拥有服务业人员数		每万人拥有文体服务人员数
	基本养老保险参保人数		
医疗资源	每万人拥有卫生机构数	居住环境资源	人均享有清扫保洁面积
	每万人拥有医院床位数		人均公共绿地面积
	每万人拥有卫生技术人员数		人均公园绿地面积
	基本医疗保险参保人数		

空间自相关。通常使用Moran’s I和Geary’C系数反映空间的相互关系。Moran’s I反映的是空间邻接或空间邻近的区域单元属性值的相似程度。对Moran’s I值进行假设检验，一般选取置信水平为0.05，$Z \geqslant -1.96$或$Z \leqslant 1.96$则认为空间具有自相关性。

综合指数模型。区域养老资源在一定时期的老年人口承载能力与资源状况、生活宜居度密切相关，可用函数表示为$C(t)=f\left(M(t),E(t),L(t),R(t),P(t)\right)$。将上式转换为$L(t)=f\left(M(t)/C(t),E(t)/C(t),R(t)/C(t),P(t)/C(t)\right)$分别代表生活资源、医疗资源、文化资源、居住环境资源的人均量指标，并进行无量纲化处理合成综合指标，得到综合指数模型。

地理集中度。地理集中度综合考虑大区域的人口、资源总量与区域面积的因素，用来反映老年人口或者养老资源在空间分布上的集中程度。一般用 R 值表示，R 值越小，表明老年人口或养老资源相对于土地面积来说更趋于均匀化；反之，老年人口或养老资源越集中，差异性越大。

三、东北三省市域老年人口的空间特征

通过计算 2005 年、2010 年和 2015 年东北三省 34 个地级市和 2 个行政区 60 岁以上人口老龄化及老年人口密度，获取老年人口空间分布特征及地域差异。

1. 人口老龄化特征

参考世界人口老龄化标准和中国人口老龄化标准，以及易成栋等（2014）将老龄化率分成几个阶段，在此根据老年人口比重将老龄化分为：5%以下为年轻型；5.1%～7%为成长型初期；7.1%～10%为成长型后期；10.1%～13%为老龄化初期；13.1%～15%为老龄化中期；15.1%～18%为老龄化后期；18.1%以上为快速老龄化时期，结合人口老龄化空间分布结果比较了各城市老龄化的发展阶段和变化趋势。

从结果来看，2000 年整个东北三省只有黑龙江人口老龄化还处于成长期，辽宁和吉林两省已全部进入老龄化社会，其中辽宁省除盘锦和铁岭两个城市处于老龄化初期，其余 12 个地级市全部进入老龄化中期，同时吉林省的松原和延边也进入老龄化中期。到 2010 年，东北三省全部进入老龄化阶段，而辽宁省的大连已提前到了快速老龄化时期。2015 年，东北三省所有城市老龄化程度继续加深，除了黑龙江省的黑河、齐齐哈尔、绥化、大庆、双鸭山和七台河六个城市处于老龄化中期外，其余全部进入老龄化后期。值得注意的是，辽宁省的丹东、沈阳、铁岭、抚顺等大部分城市，吉林省的吉林，以及黑龙江省的鸡西从老龄化中期跨过后期直接进入快速老龄化时期。说明 2005~2015 年东北三省人口老龄化增长显著，速度加快，老龄化程度正逐渐加深。大连、丹东、本溪、抚顺、沈阳、铁岭、阜新、辽阳、营口、葫芦岛、锦州，以及吉林和鸡西，无论是老龄化速度还是程度都是东北三省人口老龄化最严重的城市。

2. 人口密度特征

通过老年人口密度指标比较了区域内城市间人口分布的疏密情况和差异性。这里将老年人口密度分为五个等级（封志明等，2014），$H_1 \geqslant 80$ 人/公里^{2}表示高密度地区；40 人/公里$^2 \leqslant H_2 < 80$ 人/公里^{2}表示较高密度地区；20 人/公里$^2 \leqslant H_3 < 40$ 人/公里^{2}表示中密度地区；10 人/公里$^2 \leqslant H_4 < 20$ 人/公里^{2}表示低密度地区；$H_5 < 10$ 人/公里^{2}表示较低密度地区。从结果来看，老年人口密度在2005～2015 年整体都在增大，但也有如大兴安岭、黑河、伊春、双鸭山和延边地区等仍处于较低密度区，变化不明显；而辽宁省的大连、营口、盘锦、沈阳、辽阳、鞍山、锦州、抚顺、本溪、铁岭和吉林省的长春、四平已属于老年人口高密度区，每平方公里有 40 位以上老年人。在空间上东北三省老年人口分布极不平衡，中南部地区老年人口密度相对较大，而北部、西部、东部地区较小。此外，高密度和较高密度地区范围也在不断扩大，由中部向四周、南部向北部逐渐推进。

四、东北三省市域人口老龄化空间关联特征

1. 总体空间关联特征

对东北三省人口老龄化程度区域差异现象，采用探索性空间数据分析（ESDA）系列空间统计方法进行深入探究，可以更形象直接地揭示城市间人口老龄化的空间分布特征。通过计算 2005 年、2010 年和 2015 年老龄化率的全局 Moran's I 估计值和相关指标，有助于进一步准确判断老年人口空间分布的变动趋势，结果如表 6-7 所示。2005 年，全局 Moran's I 为 0.614，$Z(I)$ 为 11.562，且通过显著性水平检验，说明 2005 年各城市区域之间人口老龄化存在较强的正相关，在空间内处于较集中趋势，反映具有老龄化水平较高的地区与同为较高老龄化水平地区相邻的特征，反之亦然。而到 2010 年，全局 Moran's I 变为 0.441，$Z(I)$ 为 8.500，相关性有所下降，表明东北三省城市区域间人口老龄化的空间集聚降低，即随着时间的推移，老年人口比重与空间分布相关性逐步减弱，老龄化水平较高的城市与周边城市的人口老龄化相关性不强。比对数据发现，主要是由于老年人口数量增长变化和总人口数量变化导致城市间老龄化差异显著增大。但到了 2015 年 Moran's I 变为 0.569，$Z(I)$ 为 10.823，相关性上升，城

市区域间人口老龄化空间集聚再次增强，主要是受人口自然增长率降低和人口外迁等影响，总人口减少，同时城市间老龄化差距开始缩减。总之，2005~2015年东北三省城市间老龄化差异的增强和减弱，导致空间关联出现变动，也说明城市间人口老龄化空间差异是客观存在的。

表 6-7　东北三省城市老龄化的全局 Moran's I 估计值

年份	Moran's I	$Z(I)$	P 值
2005	0. 614	11.562	<0.000
2010	0.441	8.500	<0.000
2015	0.569	10.823	<0.000

2. 局部空间关联特征

全局空间自相关可以判断此现象在空间中是否有集聚特性存在，但不能确切指出聚集在哪些地区。而局部空间自相关则可以观测单元属性和其周边单元属性相近（正相关）或差异（负相关）的程度，并揭示空间异质，说明空间依赖是如何随位置而变化的，因此运用局域 G^*系数法探测东北三省各城市老龄化的局部关联性。从结果来看，三个年份中，人口老龄化的高集聚（热点区）和低集聚（边缘区）都表现出较强劲的空间演变特征，但演变具有一定的规律性，即高集聚在南部地区并向中部迁移，低集聚则在北部地区，热点区向冷点区递进需经过过渡区。具体来看，热点区从 2005 年辽宁省全域逐步扩展到吉林省南部地区，人口老龄化增长较快；而边缘区则从 2005 年的北部蔓延到 2010 年的中部，到 2015 年又收缩回北部，来回波动表现得很明显。主要原因是在 2005～2010 年，黑龙江省东部和大兴安岭地区总人口相比老年人口数量增长缓慢，致使老龄化增强；而吉林省的白城、松原、长春和延边地区老龄化增长却较慢，与北部黑龙江省相邻的城市增长速度接近。到了 2015 年，除了沈阳和大连总人口继续增加外，其他所有的城市总人口都在减少，说明人口自然增长率下降和人口外流现象已是东北三省的整体性问题。其中白城、松原、长春和延边地区的老龄化程度开始增强，而佳木斯、七台河、双鸭山和牡丹江地区的老龄化程度却下降，所以出现老龄化空间格局来回伸缩变动的现象。总之，东北三省人口老龄化热点区的演变属于向北扩散式，边缘区向东发展；热点区聚集在辽宁省全境，边缘区则在黑龙江省全境。

五、东北三省市域养老资源配置的区域差异

人口老龄化与老年人口密度的空间分布对于当地养老资源配置是重要的参考信息，在老年人口密度较大的地区应该相对较多、较均等的分布设置，而在密度较小的地区则要有选择的集中建设，使养老资源与老年人口能够优化匹配。

根据老年人的主要需求，选取生活资源、医疗资源、文化资源、居住环境资源四类资源，采用2015年地区统计年鉴截面数据，根据综合指数模型，分析东北三省地级市养老资源配置状况及区域差异性。资源指标体系如表6-8所示。

表6-8　2015年东北三省各城市养老资源综合指数及分类排名（户籍人口）

地区	生活资源	医疗资源	文体资源	居住环境资源	综合
沈阳	0.225（7）	0.628（1）	0.336（14）	0.368（6）	0.390（4）
大连	0.126（13）	0.561（3）	0.352（13）	0.228（17）	0.317（8）
鞍山	0.436（3）	0.415（11）	0.148（30）	0.254（14）	0.313（9）
铁岭	0.104（18）	0.222（31）	0.039（36）	0.126（26）	0.123（33）
阜新	0.300（5）	0.326（19）	0.266（19）	0.145（25）	0.259（20）
抚顺	0.212（9）	0.270（28）	0.277（17）	0.169（21）	0.232（22）
本溪	0.066（23）	0.309（23）	0.167（28）	0.416（5）	0.239（21）
丹东	0.060（25）	0.256（30）	0.144（31）	0.103（30）	0.141（32）
辽阳	0.440（2）	0.336（17）	0.186（27）	0.152（24）	0.278（13）
营口	0.106（17）	0.313（22）	0.235（23）	0.094（31）	0.187（28）
盘锦	0.069（22）	0.479（8）	0.549（5）	0.233（16）	0.332（7）
葫芦岛	0.222（8）	0.319（21）	0.130（32）	0.204（19）	0.218（24）
锦州	0.515（1）	0.154（35）	0.266（18）	0.168（22）	0.276（14）
朝阳	0.112（16）	0.417（9）	0.096（34）	0.035（34）	0.165（29）
长春	0.117（14）	0.482（7）	0.754（2）	0.261（13）	0.403（3）
吉林	0.045（28）	0.385（14）	0.188（26）	0.160（23）	0.194（25）
延边	0.172（12）	0.385（15）	0.439（8）	0.222（18）	0.304（10）
白山	0.039（31）	0.529（6）	0.431（9）	0.074（32）	0.268（16）
四平	0.018（35）	0.218（32）	0.092（35）	0.017（35）	0.086（35）
松原	0.085（21）	0.260（29）	0.295（16）	0.279（11）	0.230（23）
白城	0.057（26）	0.179（34）	0.215（24）	0.125（27）	0.144（31）
通化	0.040（30）	0.306（25）	0.305（15）	0.105（29）	0.189（27）

续表

地区	生活资源	医疗资源	文体资源	居住环境资源	综合
辽源	0.038（32）	0.208（33）	0.111（33）	0.068（33）	0.106（34）
哈尔滨	0.103（19）	0.565（2）	0.690（3）	0.310（10）	0.417（2）
大兴安岭	0.116（15）	0.405（12）	0.667（4）		
黑河	0.012（36）	0.297（26）	0.411（10）	0.447（4）	0.292（12）
鹤岗	0.193（10）	0.548 （4）	0.406（12）	0.318（8）	0.366（6）
双鸭山	0.096（20）	0.416（10）	0.242（21）	0.313（9）	0.267（17）
七台河	0.036（33）	0.331（18）	0.532（6）	0.273（12）	0.293（11）
鸡西	0.284（6）	0.326（20）	0.252（20）	0.187（20）	0.262（19）
牡丹江	0.050（27）	0.403（13）	0.237（22）	0.365（7）	0.263（18）
佳木斯	0.183（11）	0.285（27）	0.159（29）	0.450（3）	0.269（15）
伊春	0.042（29）	0.348（16）	0.526（7）	0.603（2）	0.380（5）
绥化	0.066（24）	0.033（36）	0.408（11）	0.109（28）	0.154（30）
齐齐哈尔	0.033（34）	0.308（24）	0.198（25）	0.239（15）	0.194（26）
大庆	0.320（4）	0.540（5）	0.771（1）	0.822（1）	0.613（1）

注：括号内表示该类资源在全部城市中的排名

根据综合指数模型，测算东北三省各城市养老资源的排名情况。计算结果显示，东北三省各城市养老资源配置水平存在较大差异。养老资源供给具有政府主导、财政依托、统筹规划的特点，需要政策供给和城市财力的支持。由此，将 36 个研究对象划分为三大类。

第一类，区域中心型城市。养老资源需要大量资金投入，哈尔滨、长春、沈阳、大连等省会、副省级城市由于功能性特征和经济发展水平较高等因素有能力进行大规模养老资源建设。同时，有日俄城市建设的基底，城市规划有预见性，医疗资源、文体资源建设较早，并已日趋成熟，发挥着中心职能的作用。生活资源、居住环境资源相对具有优势，促使人口，特别是老年人口向中心城市集聚。受人口集聚的影响，“辽中南”城市群已经进入城市区域发展阶段，形成了“沈阳-大连”的双核结构辐射网络，导致该区域不仅是老龄化水平最高的地区，也是养老资源建设最具有优势的区域。

第二类，政策扶持型城市。例如，大庆养老资源最为丰富，作为中国标志性的石油工业城市，“工业学大庆”和发扬“大庆精神”，国家为以科技型人才集聚的大庆市民生活提供了很好的养老保障。再如，阜新的煤业、伊春的林业、鹤岗的煤业、盘锦的石油、鞍山的钢铁等也曾一度因自然资源先天优势而滋养城市，但如今这些城市都不约而同地面临资源枯竭的困境，国家开始积极支持城市发展转型，这也为当地养老资源建设提供了新的契机。

第三类，区位边缘型城市。“哈尔滨-长春”和“大连-沈阳”两大城市群正处于极核式发展阶段，哈尔滨、长春“虹吸效应”明显，但对周边地区带动不足，导致周边的四平、辽源、铁岭、绥化、锦州、葫芦岛等城市经济发展活力不强。同时，朝阳、丹东、白城等城市又处于外围地区，紧邻内蒙古和朝鲜，受邻国经济态势影响，双边贸易往来和出口投资等拉高经济发展的动力明显不足，因此在城市之间的竞争中处于弱势。养老资源属于消耗品，需要公共财政的投入，而公共财政收入取决于经济发展水平，经济发展越好，公共财政收入就越高，对社会福利包括养老资源建设的投入就越高。由此可见，经济发展是影响养老资源建设的主要因素，区位边缘型城市普遍经济水平较低，进而养老资源建设相对于较高的老龄化率来说显得匮乏无力。

六、东北三省市域老年人口与养老资源的匹配关系

1. 老年人口与养老资源的空间分布特征

通过计算 2015 年东北三省各城市的老年人口集中度和养老资源集中度（大兴安岭地区无数据，按缺失处理）。结果显示：第一，东北三省城市老年人口集中度格局总体表现为南高北低。在省域层面上，辽宁省老年人口地理集中度最高，吉林省次之，黑龙江省最低。辽宁省全部城市老年人口集中度均高于 1.0，属于老年人口密集区，其中沈阳经济区高于辽西地区。黑龙江省大部分城市均低于 1.0，属于老年人口稀疏区。吉林省各城市均位于 0.5～1.5，处于老年人口密集区向稀疏区的过渡区。在城市层面上，辽宁省的大连、营口、辽阳、鞍山、沈阳、铁岭，以及吉林省的长春、辽源等都属于集中度较高的城市，集中度较低的城市大部分分布在黑龙江省和吉林省的东部与北部区域。第二，东北三省各城市养老资源集中度总体也呈南高北低格局。从省域来看，辽宁省养老资源地理集中度明显高于吉林省和黑龙江省。辽宁省大部是集中连片的养老资源密集区，而吉林省和黑龙江省大部是集中连片的养老资源稀疏区。这是因为辽宁省城市发展水平整体较高，公共财政支出用于养老资源供给预算逐年递增，而

吉林省和黑龙江省大多城市更关注经济增长，受经济发展水平较低的影响，财政投入用于养老资源的建设明显不足。从市域来看，沈阳及周边城市、长春、大庆、鹤岗、七台河的养老资源集中度均高于2.0，属于高密区；而辽宁省的朝阳、丹东，以及吉林省和黑龙江省绝大部分城市都低于1.0，这可能与城市的发展定位有关。第三，从宏观上看，老年人口集中度和养老资源集中度有一定的关联性和差异性。总体上，老年人口集中度和养老资源集中度都自南向北降低，其中辽宁省全境既是老年人口集中地区又是养老资源集中地区，是面对人口老龄化挑战养老资源建设较好的省份。

此外，东北三省各城市老年人口集中度和养老资源集中度分布还呈现不均衡特征，而且两者具有很大的差异。老年人口集中度最高的是沈阳，最低的则是黑河，二者相差33.56倍；养老资源集中度最高的是盘锦，最低的仍然是黑河，二者相差18.7倍。由此可见，无论是老年人口分布还是养老资源建设，东北三省各地级市之间差异非常明显，且差距非常大。

2. 老年人口与养老资源匹配类型

结合东北三省各城市（大兴安岭地区除外）的老年人口与养老资源地理集中度，进行相关分析，并绘出散点图，建立拟合曲线（图6-1）。由图6-1可知，东北三省老年人口地理集中度与养老资源地理集中度相关关系存在中度正相关（皮尔逊相关系数为0.69，而拟合优度为0.7024）。由此说明，在地市级尺度上，东北三省老年人口与养老资源的空间分布具有一定的匹配性，即老年人口越集中的城市，养老资源也相应集中起来，但普遍性不强，揭示养老资源其实在空间上存在不经济现象，也就是说从地理学空间维度上来讲养老资源存在浪费。为了更好地得到东北三省各城市老年人口与养老资源之间的匹配关系，引入

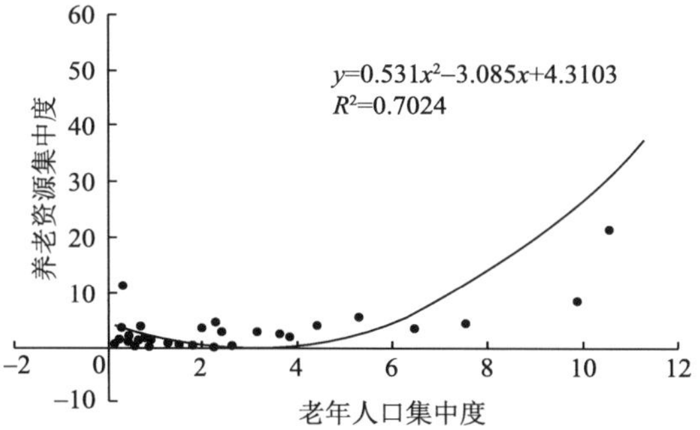

图6-1　东北三省老年人口与养老资源拟合

不一致指数 I（老年人口地理集中度/养老资源地理集中度），并分成三种类型：①当 $I \leqslant 0.75$ 时表示“一类”，即老年人口集聚滞后于养老资源集聚；②当 $0.75<I<1.5$ 时表示“二类”，即老年人口集聚与养老资源集聚相协调；③当 $I \geqslant 1.5$ 时表示“三类”，即老年人口集聚超前于养老资源集聚。

由计算结果可知，老年人口与养老资源的匹配具有南北梯度分异现象，北部以“一类”地区和“三类”地区为主，南部“一类”、“二类”和“三类”地区交错分布，反映出“辽中南”城市群发展水平高于“哈长”城市群。“一类”地区在黑龙江省集中连片，还包括松原、延边、白山、阜新和辽阳，主要是资源型城市，受计划经济体制、生产地域综合体的规划理念、公共设施配套资源开发的城市建设实践的影响，以及老年人口数量和密度较低，老龄化率相对来说不高，使其对养老资源的消耗与需求还在可承受范围之内。“二类”地区有营口、鞍山、锦州、葫芦岛、抚顺、长春、通化、哈尔滨和白城，主要受地方政府政策的影响，老年人口集聚与养老资源集聚总体协调。“三类”地区在中部集中连片，还包括齐齐哈尔、绥化、大连、本溪和朝阳，这类地区面临养老资源不足的问题，主要由于东北三省是老年人口最集聚区域，且数量与规模庞大，老龄化已处于后期，需要满足不断增多的老年人口的照料需求和资源消耗。

七、研究结论

综上所述，本书通过全局空间自相关分析和热点分析，运用老龄化率及老年人口密度指标，揭示 2005 年、2010 年和 2015 年三个年份东北三省市域人口老龄化的时空演变特征。用综合指数模型分析东北三省市域养老资源配置的区域差异，并通过地理集中度和不一致指数等计算方法，探究 36 个城市老年人口与养老资源的空间分布及其匹配关系。结论与建议如下。

第一，东北三省总体处于老龄化中后期阶段，十年间老龄化水平不断加深，速度不断加快，辽宁省城市老龄化程度高于吉林省和黑龙江省。其中，大连、丹东、本溪、辽阳、抚顺、沈阳、铁岭、阜新、营口、葫芦岛、锦州，以及吉林和鸡西，无论是老龄化速度还是程度都是东北三省人口老龄化最严重的城市。建议有效落实“全面二孩”政策和人才引进政策，提高生育率并控制人口外流。

第二，在空间上东北三省老年人口分布极不平衡，中南部地区老年人口密度相对较大，而北部、西部、东部地区较小。此外，高密度和较高密度地区的范围不断扩大，向密度较低的地区逐渐推进。建议通过发展地区经济和提高养老保障水平，缩减养老资源配置的区域差异，使老年人口分布趋向均衡。

第三，市域人口老龄化具有较强的空间关联特征，总体格局保持了一定的连续性。此外，东北三省人口老龄化热点区和边缘区的演变都属于向北扩散式，热点区聚集在辽宁省全境；边缘区则在黑龙江省全境。预计随着时间的推移，热点区的范围会继续向北吉林省扩散，而边缘区的范围会逐渐向东部蔓延，其空间辐射效应变得越来越强，折射出东北三省未来人口老龄化将面临严峻挑战。建议东北三省应尽快制定出台更多有效政策来应对不断加速的老年人口群体的出现。

第四，东北三省市域养老资源配置区域差异呈现三类类型。第一类为区域中心型城市。“辽中南”城市群已形成了“沈阳-大连”的双核结构辐射网络，不仅是老龄化水平最高的地区，也是养老资源建设最具有优势的区域。第二类为政策扶持型城市。大庆、阜新、伊春、鹤岗、盘锦、鞍山等城市正处于资源枯竭状态，国家开始进行政策支持，这为养老资源配置提供了新的契机。第三类为区位边缘型城市。受经济发展水平较低及地理位置不佳的影响，这些城市的养老资源建设相对于老龄化来说远远滞后。因此，养老资源优化配置需要政策支持并提升地方政府规划建设的能力。中心城市和边缘城市的养老资源配置呈现出明显差异，政策倾斜影响城市的养老资源丰度。建议政策扶持型和区位边缘型的城市首先应谋求城市发展转型，走内生发展道路，利用国家政策提高自身经济增长水平，同时根据老年人口的规模和预测增长速度规划养老资源配置。

第五，老年人口集中度与养老资源集中度具有显著的正相关关系，但大多数城市两者之间的空间匹配关系并不协调。“辽中南”城市群发展水平明显高于“哈长”城市群。“哈长”城市群未能有效带动外围地区养老资源合理配置。匹配关系具有南北差异，大多数城市面临养老资源浪费或供给不足的两级问题。具体建议如下：首先，对于大多数老年人口与养老资源不匹配的城市，应根据老年人口的实际需求和人口分布对养老资源进行优化配置，使二者保持在一致性发展上；其次，对于城市间及城市群带动外围区域的问题，应该加快政府间合作，通过经济一体化弱化区域差距，进而通过借鉴参考解决不合理配置问题；最后，对于出现养老资源浪费和供给不足的两级状况，当地政府应该通过市场化和社会化，去除垄断和行政化，利用市场机制调整供需关系。

第三节 辽宁省老年人口分布及其养老资源配置

一、问题的提出与研究意义

从省域尺度选择辽宁省的原因是，1996 年辽宁省就比全国平均水平提前 3 年步入老龄化社会，人口老龄化速度也快于全国，2010 年之后更是进入了快速发展阶段。目前，辽宁省老年人口数量，尤其是高龄老年人口数量加速明显，导致部分地区的老年群体中普遍出现了空巢化和独居化现象，其中失能老年人和半失能老年人不占少数。近年来，辽宁省经济的负增长导致大量人才外流，劳动人口的减少也加剧了辽宁省人口老龄化进程。全国老龄工作委员会办公室发布的《中国人口老龄化发展趋势预测研究报告》指出，2030～2050 年是中国人口老龄化最严峻的时期。而辽宁省的老年人口高峰还将在此基础上提前 10 年左右，老龄化程度也比全国更深。因此，整个东北地区已经拉响人口警报，辽宁省人口老龄化问题日趋严峻，正影响着全省社会经济、民生等诸多方面的健康发展，并出现一系列养老、就业、医疗保障等相关问题，如何解决人口老龄化问题已经提上日程，而正确分析与认识辽宁省人口老龄化现象是积极应对这一问题的关键所在，对省内各领域今后的可持续发展至关重要。

以辽宁省为例，从空间视角丰富对人口老龄化区域内部差异的认识，从社会视角质性分析辽宁省养老资源配置和建设情况，研究成果将对制定相应的人口政策和资源配置，构建和谐社会具有一定的意义，对东北三省应对人口老龄化问题也具有一定的借鉴意义。

二、研究的主要方法

具体研究区域为辽宁省全部 100 个市辖县（市）区，包括 56 个市辖区，16 个县级市和 28 个县（其中 8 个为少数民族自治县）。为了便于比较，将市辖区部分进行了单元归并。数据来源于《辽宁省 1990 年人口普查资料（上）》（第四次全国人口普查），2000 年（第五次全国人口普查）、2010 年（第六次全国人口普查），以及 1990 年、2000 年、2010 年全国人口普查主要数据公报。

主要研究方法如下：①数理统计分析法。运用相关统计软件对原始数据中的老年人口比重、少儿人口比重、老少比、老年抚养比、出生率、死亡率、人均 GDP 等指标进行计算。利用熵值法确立测度人口老龄化的指标权重，计算出辽宁省县域人口老龄化水平的综合得分。进一步通过纳尔逊分类法对辽宁省各区县人口老龄化水平进行分级。②空间自相关。地理数据由于受空间相互作用和空间扩散的影响，彼此之间可能不再相互独立，而是相关的。通过相关分析（correlation analysis）可以检测两种现象（统计量）的变化是否存在相关性。③质性分析法。质性分析是以研究者本人作为研究工具，在自然情境下，采用多种资料收集方法（访谈、观察、实物分析），对研究现象进行深入的整体性探究，从原始资料中形成结论和理论，通过与研究对象进行互动，对其行为和意义建构获得解释性理解的一种活动。

三、辽宁省人口老龄化水平动态变化

从老年人口比重、少儿人口比重、老少比和老年抚养比四个指标来看辽宁省第四次全国人口普查、第五次全国人口普查、第六次全国人口普查时期人口老龄化的变化，并与全国水平进行对比（表 6-9）。

表 6-9　1990～2010 年辽宁省人口老龄化与全国水平对比　（单位：%）

年份	老年人口比重		少儿人口比重		老少比		老年抚养比	
	辽宁省	全国	辽宁省	全国	辽宁省	全国	辽宁省	全国
1990	5.68	5.57	23.22	27.69	24.47	20.13	7.99	8.35
2000	7.88	6.96	17.68	22.89	44.57	30.40	10.59	9.92
2010	10.31	8.87	11.42	16.60	90.28	53.42	13.17	11.55

在省域尺度上，从老年人口比重来看，辽宁省一直高于全国水平并随着时间的推移不断增大。1990 年，辽宁省老年人口比重为 5.68，人口年龄类型已经进入成年型社会；2000 年，辽宁省老年人口比重已经超过 7%的老年型社会拐点，先于全国步入了老龄化社会；1990 年、2000 年和 2010 年的老年人口比重分别高出全国水平 0.11 个、0.92 个和 1.44 个百分点，说明辽宁省的老龄化进程领先全国水平的程度越来越大。

从少儿人口比重来看，从1990年开始辽宁省少儿人口比重已经小于30%，远低于老年型社会对少儿人口比重的最低要求。全国第四次人口普查至全国第六次人口普查期间少儿人口比重持续低于全国整体水平。

老少比与老年人口比重的变化方向一致，1990年，辽宁省老少比趋近于30%，处于由成年型社会到老年型社会过渡阶段，2000～2010年老少比增加了45.71个百分点，增幅为103%，侧面反映出辽宁省人口老龄化不断加重的趋势。从三个人口老龄化程度指标来看，辽宁省整体人口老龄化水平一直高于全国水平，老龄化问题十分严峻。

从老年负担程度来看，1990年、2000年、2010年辽宁省老年抚养比分别为7.99%、10.59%和13.17%，这意味着100个劳动年龄人口分别要负担8名、11名和13名老年人，养老负担日益加重。与全国劳动年龄人口分别要负担8名、10名和12名老年人相比，在1990年与全国水平基本持平后，随着时间的推移超过了全国整体水平。

将人口老龄化程度指标和老年负担程度指标相结合来看，辽宁省整体人口老龄化水平一直高于全国水平，反映出辽宁省的人口老龄化水平偏高，其发展也有愈演愈烈的趋势。

四、辽宁省人口老龄化水平综合指标变化

1. 综合水平时间变化

通过熵值法求得权重后，辽宁省县域人口老龄化指标权重如表6-10所示。赋权后计算得出辽宁省100个县域人口老龄化水平综合得分（附录1）。

表6-10　辽宁省县域人口老龄化评价指标权重

指标层	权重	指标层	权重
老年人口比重	0.308	老少比	0.263
少儿人口比重	0.171	老年抚养比	0.258

从发展水平来看，附录1数据显示，1990年、2000年、2010年辽宁省人口老龄化综合得分的平均值分别为0.21、0.38和0.68，说明1990～2010年辽宁省人口老龄化程度不断加剧。1990年辽宁省各县域人口老龄化水平处于0.06～0.4，其中大连的中山区、西岗区和旅顺口区，沈阳的沈河区、和平区，以及抚

顺县、元宝区都在 0.3 以上；盘锦的兴隆台区和辽阳的宏伟区都在 0.1 以下，表明各县域老龄化程度差异较大，越是省会城市，越是经济发展水平较高的地区老年人口越集聚，反之亦然。2000 年辽宁省各县域人口老龄化水平处于 0.1～0.7，与 1990 年相比有了显著的提高，其中大连的中山区和西岗区，沈阳的铁西区仍然是老龄化发展最快的区域，而营口的鲅鱼圈区和盘锦的兴隆台区老龄化发展相对最慢。2010 年辽宁省各县域人口老龄化水平处于 0.4～1.0，与 2000 年相比提高的幅度更大，其中大连的中山区和西岗区仍稳步增长，而老龄化程度急速加剧的却是鞍山的立山区、抚顺的东洲区、阜新的太平区和营口的西市区，从 1990 年的约 0.1 快速增长到 2010 年的约 0.8，值得关注。总之，1990～2010 年辽宁省各县域人口老龄化发展速度相对较快，未来辽宁省人口老龄化速度会继续加快，这是因为受“人口惯性”的影响，当某个时期出现生育高峰，其对人口发展的影响至少延续 60 年，也就是说一次生育高峰的出现就预示着约 60 年后的一次人口老龄化的高峰。中华人民共和国成立后，我国分别于 1950～1957 年和 1962～1971 年出现过两次生育高峰，而这两次生育高峰将会使辽宁省今后的老年人口数量快速增长，为未来辽宁省人口老龄化带来巨大的推动作用。

2. 综合水平区域差异

通过计算得到 1990 年、2000 年和 2010 年的变差系数分别为 0.26、0.25 和 0.18，表明 20 年间辽宁省老龄化水平的空间差异有所减弱。进一步运用纳尔逊分类法，将辽宁省各县域人口老龄化水平划分为六个等级，分别为 $X<0.2$（最低水平）、$0.2\leqslant X<0.3$（低水平）、$0.3\leqslant X<0.4$（中低水平）、$0.4\leqslant X<0.6$（中等水平）、$0.6\leqslant X<0.7$（中高水平）和 $X\geqslant 0.7$（高水平），对中断值进行四舍五入。分类结果发现，1990 年全省各县域人口老龄化综合水平都处于中低水平以下，中低水平区主要集中在辽中南地区，包括沈阳的和平区和沈河区，大连的中山区、西岗区和旅顺口区，抚顺的抚顺县，丹东的元宝区，以及锦州的黑山县；33%的县域处于最低水平区，主要分布在辽西和辽北，包括鞍山的立山区、抚顺的新宾满族自治县和清原满族自治县、本溪的本溪满族自治县和桓仁满族自治县、营口的 4 个区县、阜新的全部 7 个区县、辽阳的宏伟区、盘锦的 3 个区县、铁岭的 4 个区县、朝阳的全部 7 个区县和葫芦岛的南票区和建昌县；低水平区数量多，分布广，占全部县域的 59%。

2000 年，除了营口鲅鱼圈区以外，全省其余各县域均已脱离最低水平。中高水平区范围小，主要还是以沈阳和大连主城区呈极核式分布；中等水平区占全部县域的 35%，主要在城区，呈分散式面状分布：一是辽宁中部沈阳的 4 个市辖区、鞍山的 3 个市辖区、抚顺和本溪的市辖区及辽阳的 3 个区县；二是辽宁沿海经济带的大连 6 个区（县）、营口 2 个区、丹东 2 个区、锦州 3 个区（县）和葫芦岛的连山区；三是辽西北阜新的 3 个市辖区。中低水平区的数量相对较多，占全部县域的 44%，呈连续的面状分布。17%的县域处于低水平区，主要分布在辽宁西部、北部的县域，集中在抚顺的新宾满族自治县、本溪的桓仁满族自治县、阜新的阜新蒙古族自治县、辽阳的宏伟区、铁岭的调兵山市、朝阳的 5 个区（县），以及葫芦岛的龙港区和建昌县；沿海的营口老边区和大石桥市、盘锦的 3 个区（县）也处于该水平区。

2010 年，全省各县域人口老龄化综合水平都处于中等水平以上，高水平区主要集中在 10 个市的城区，占全部县域的 34%：沈阳 5 个市辖区、大连 6 个区（县）、鞍山 4 个市辖区、锦州 2 个区、营口 2 个区、阜新 4 个市辖区、辽阳 3 个市辖区，以及抚顺、本溪和鞍山的市辖区。37%的县域处于中等水平，主要分布在辽西和辽北的内陆县域。29%的县域处于中高水平，反映了辽宁省各县域人口老龄化程度普遍很高。

3. 综合水平城乡差异

进一步将辽宁省城市城区和管辖的县（市）人口老龄化综合水平进行比较，得到人口老龄化综合水平的城乡比，结果如表 6-11 所示。

表 6-11　辽宁省人口老龄化水平城乡比

城市名	1990 年	2000 年	2010 年	城市名	1990 年	2000 年	2010 年
沈阳	1.30	1.63	1.34	营口	1.39	1.62	1.41
大连	1.19	1.49	1.27	阜新	0.92	1.25	1.41
鞍山	0.96	1.49	1.45	辽阳	0.84	1.16	1.14
抚顺	1.12	1.40	1.35	盘锦	0.52	0.76	0.94
本溪	1.27	1.53	1.32	铁岭	0.91	1.08	1.11
丹东	1.26	1.29	1.26	朝阳	0.90	0.89	0.94
锦州	1.05	1.31	1.20	葫芦岛	0.93	1.03	1.09

由表 6-11 可知，沈阳、大连、鞍山、抚顺、本溪、丹东、锦州、营口和辽阳老龄化水平城乡比都是先增后降，阜新、盘锦、铁岭、朝阳和葫芦岛老龄化水平城乡比则表现为先降后增，说明 1990～2010 年，整体上辽宁省老龄化城乡水平差异加大，但存在阶段性差异。1990 年各城市老龄化水平城乡比大于 1 的城市有沈阳、大连、抚顺、本溪、丹东、锦州和营口，其中城乡差异最大的是营口，其他城市均出现了城乡倒置的现象，城乡差异最小的是盘锦。2000 年除朝阳、盘锦外，其他城市老龄化水平城乡比均大于 1，和 1990 年相比 10 年间城区老龄化的速度快于农村，其中鞍山、盘锦、辽阳和阜新老龄化水平城乡比增长的速度最快。2010 年同 2000 年一样，除朝阳、盘锦外，其他城市老龄化水平城乡比均大于 1，但和 2000 年相比，沈阳、大连、鞍山、抚顺、本溪、丹东、锦州、营口和辽阳老龄化水平城乡比都有所下降，反映了 10 年间这些城市农村老龄化的速度加快。随着大量农村青壮年劳动力来到城市工作、生活，很多二代农民工也不再选择回乡务农，从而也拉大了城乡间人口老龄化水平的差异。

五、辽宁省人口老龄化空间关联特征

1. 全局自相关特征

利用 ArcGIS 10.1 空间分析工具中的空间自相关（Moran's I）分别求出 1990 年、2000 年、2010 年辽宁省人口老龄化水平综合得分的全局 Moran's I 和相关解释值，对省内各县域人口老龄化水平的全局空间特征进行分析，结果如表 6-12 所示。由表 6-12 可知，1990 年、2000 年、2010 年 Moran's I 的取值均在−1～1，Moran's I 的正态统计量 $Z(I)$ 为正且均大于 1.96，P 值均小于 0.05，说明显著性水平均通过检验，且置信度很高。各年份的 Moran's I 均大于 0，表明辽宁省人口老龄化存在正相关性，$Z(I)$ 均大于 1.96，也证明了其具有空间集聚效应。人口老龄化水平较高的地区与同样具有较高人口老龄化水平的地区相邻。反之，人口老龄化水平较低的地区也与同样具有较低人口老龄化水平的地区相邻。同时，我们发现，全省人口老龄化水平在 1990～2000 年全局空间相关 Moran's I 上升，说明辽宁省人口老龄化空间集聚度增强；2000～2010 年全局空间自相关系数下降，空间集聚度有所减弱，各县域人口老龄化空间分布逐渐向均衡分布模式发展。

表 6-12 辽宁省人口老龄化水平综合得分全局 Moran's I 估计值

年份	Moran's I	$E(I)$	$Z(I)$	P值
1990	0.34	–0.01	3.76	0.0002
2000	0.47	–0.01	5.18	0.0000
2010	0.28	–0.01	3.06	0.0021

2. 局部自相关特征

首先，从热点区格局演变来看，三个年份辽宁省各县域人口老龄化的热点区范围都不大，主要聚集在沈阳及其周边地区和大连地区，呈现出两核的分布模式。以沈阳和抚顺主城区为中心的热点区在1990～2000年逐渐向外围地区小幅度扩张。2000～2010年，热点区出现收缩式变化，沈阳的主城区部分完全退出了热点区，以沈阳为中心的热点区逐渐南移至本溪和朝阳，一些热点区成为次热点区，以大连主城区为中心的热点区范围减小。其次，从冷点区格局演变来看，三个年份辽宁省各县域人口老龄化冷点区的范围较小，但一直呈持续扩大的趋势。1990～2000年，营口周边县（区）的冷点区小范围北移，说明该地区低值集聚效应增强。2000～2010年辽西北地区的冷点区范围扩大，形成了以朝阳龙城区、建平县、凌源市、喀喇沁左翼蒙古族自治县，葫芦岛建昌县、兴城市，营口站前区、西市区、老边区，以及盘锦大洼县为主的冷点区。最后，从次热点区和次冷点区格局演变来看，研究期内辽宁省各县域单元大部分被次热点区包围，在空间格局中呈主导地位。次冷点区主要分布在冷点区周围，且范围逐渐缩小。总体来说，整个研究期内并没有显示出影响范围非常大的高值簇和低值簇，全省大部分地区的人口老龄化水平处在比较均衡的空间分布状态。

六、老年人口与养老资源配置的问题

通过分析辽宁省人口老龄化空间分布和特征，我们发现，辽宁省整体老龄化水平始终高于全国水平，而且县域人口老龄化不断加剧；从区域差异来看，人口老龄化集中在辽中南地区，辽东和辽西沿海地区次之，辽西和辽北山区最低；从城乡差异来看，大部分地区城区老龄化水平高于农村，但个别地区出现城乡倒置的现象；从空间特征来看，辽宁省全局在空间上呈现正相关性，人口老龄化水平分为高度集聚阶段和均衡发展阶段，局部空间关联表现为高值集聚和低值集聚现象十分明显但影响范围甚小，全省大部分地区的人口老龄化处于水平比较高的均衡发展形态。因此，辽宁省养老资源配置是否与人口老龄化空间分布和特征相匹配，是接下来需要研究的一个问题。

《辽宁省 2015 年国民经济和社会发展统计公报》数据显示，2015 年第二季度为老年人与残疾人提供服务机构数为 1583 个，床位数为 229 547 个。2014 年末辽宁省已建成城乡养老服务机构 1679 个，社区养老服务站 5190 个，包括日间照料站、老年之家、老年活动室等，还有各类养老服务中心达到 1520 个，提供收养服务床位 22.6 万张，拥有各类卫生机构 35 243 个，其中社区卫生服务机构 1142 所，农村卫生室 19 777 个。社区养老服务设施不断建设，初步形成了社区养老服务平台。从投资主体来说，辽宁省公办养老机构与民办养老机构并存。2015 年，辽宁省已在辽宁养老服务网登记的养老机构共 1403 家，其中公办养老机构 844 家，可提供养老床位近 1 万张，民办养老机构 559 家，可提供养老床位 2.46 万张。从地区来说，至 2015 年，844 家公办养老机构中城市有 128 家，农村有 716 家，分别可提供养老床位 1.28 万张和 7.4 万张，另外还有 1714 家农村中心敬老院，拥有 18 万张养老床位。由此可见，“十二五”时期辽宁省养老资源建设发展迅速，投入的力度和强度都很大，但是从人口老龄化发展的程度与老年人口分布特征来看，虽然整体上老年人口集聚与养老资源集聚基本协调，处于二类较匹配状态，但养老资源配置本身仍然存在较突出的问题。

1. 养老资源配置水平区域差异显著

受经济发展程度的影响辽宁省各地区在推进养老资源建设方面存在明显差异，城乡之间、各市域之间养老资源配置严重不均衡。《辽宁省 2015 年国民经济和社会发展统计公报》数据显示，首先，从养老文化设施来看，以老年大学为例，最多的是沈阳和大连，分别有 20 个和 19 个，最少的是本溪、锦州和铁岭，分别只有 1 个，而且除了沈阳、大连和盘锦（11 个）外，其余地区都是个位数，这表明低龄老年人最主要的精神文化需求满足度存在极其显著的差异。其次，从养老医疗资源来看，以医院为例，属于三级标准的医院，沈阳和大连最多，分别有 15 个和 13 个，最少的则是铁岭和盘锦，分别只有 2 个，而盘锦和铁岭的老龄化已进入中期，远远不能满足老年人医疗护理、疾病诊断康复等需求。最后，从养老机构配置来看，受经济发展水平的影响，辽宁省沈阳、大连等中南部地区养老机构（公立与民营）数量和床位明显高于北部和西部地区，而且养老的环境、交通的便利条件、服务设施、人员等也明显具有优势，西部和北部地区养老机构建设却急需得到重视和支持。

2. 财政投入不足，养老资源配置不到位

辽宁省社区养老服务设施的发展资金主要由财政划拨款、彩票公益金投入、市场化运行收益和社会捐助四个主体支持，这些发展资金在建设养老服务设施、给付服务人员薪酬和补贴养老服务支出费用等方面发挥着重要作用。目前，辽宁省养老事业发展资金来源中，国家财政投入数目不充足，社会捐助和市场化运行收益能够筹集的资金更少，彩票公益金的资金相对多一些，但是几项加起来的金额也难以满足养老服务设施配置的各方面资金需求。养老机构的建设同样缺乏充足的财政资金作为保障，《辽宁省 2015 年国民经济和社会发展统计公报》数据显示，截至 2015 年，辽宁省养老机构平均每千名老人拥有养老床位数为 35 张，远低于发达国家的每千名老人拥有养老床位数 50～70 张。财政投入不足，医疗配备好、服务质量高的公立养老机构少，导致很多想入住高质量养老机构的老年人由于床位缺少需要排队入住。同样是财政投入力度不够导致社区养老服务设施建设不足，很多社区的日间照料设施、老年活动中心等建设不到位甚至没有。经费少、工作人员的工资低，很多人不愿从事养老工作，使得服务人员缺乏，服务供给不足。对于养老机构的财政投入、优惠补贴少，导致机构床位少、医疗康复设施不足，严重影响到机构的养老服务质量。有些政府托底的养老机构如有些农村敬老院，由于设施、服务质量较低等因素，不能吸引老年人入住，甚至连“五保”老年人也不愿入住。

3. 社区养老资源配置存在不足

居家、社区养老服务机构中，大多仅局限于日常照料方面，社区只能提供“小饭桌”，解决老年人的吃饭问题，而且覆盖率还较低。目前，辽宁省仍有很多社区不能提供社区养老服务，没有日间照料站等养老服务设施，没有专门服务人员进行服务，甚至只有供工作人员使用的办公室，能够提供养老服务的社区提供的服务内容单一，局限于助餐服务和棋牌休闲，对于老年人的长期康复护理、保健医疗方面涉及很少。有些养老机构虽然能够提供简单的护理服务，但是由于护理人员缺乏专业护理知识和技能，专业素质偏低，缺少培育专业人才的机构。即使有护理专业毕业的人才，也会因为护理行业不被人尊重、待遇低等转行。日本政府认为养老事业最关键的任务是解决好护理问题。通过一系列政策、法律如《护理保险法》、护理保险制度等支持老年人护理事业。在老年人的入浴、疗养护理等居家护理、设施福利服务等方面十分完善，取得了很好的效果。辽宁省养老事业在满足老年人护理需求方面存在许多不足，应该加大护理服务设施的供给，提高护理服务质量，促进养老事业发展。

4. 养老资源配置缺乏具体的法规政策保障

辽宁省近些年相继制定了一系列养老事业法律法规，如《“十三五”辽宁省老龄事业发展和养老体系建设规划》和《辽宁省人民政府关于加快发展养老服务业的实施意见》，但是比较具体的配套法律法规尚未颁布，导致在执行过程中缺乏具体实施方面的明确细则。具体表现在：机构养老缺乏相应的政策法规为支撑，政府缺乏对机构养老的准入标准、评估机制和监管机制的具体制定。虽然辽宁省在 2006 年颁布了《辽宁省民政厅关于进一步加强养老机构管理工作的若干意见》，我国在 2013 年 6 月颁布了《养老机构设立许可办法》，但是这些政策只是对于养老机构成立条件、许可管理、许可机关检查的简单规定，缺乏对养老机构硬件与软件设施、医疗护理条件、规模布局的严格详细规定。首先，在准入条件上，政策中的规定粗略而宽松，如“拥有相应管理、服务人员和专业技术人员开展服务”等。对养老机构准入条件比较宽松，会导致有些养老机构在硬件、软件资源上并不能满足老年人的需求。其次，在养老机构提供服务上，只是做了大概性的规定，并没有具体数字、条例来量化，缺乏标准化的、可供具体操作和考量的服务要求。最后，缺乏对机构养老状况的评价机制和监管机制。无法对养老机构的服务质量、老年人满意度、内部管理状况进行有效监督和管理，这样容易使养老机构钻漏洞，不积极提高机构的设施条件和服务质量。社区居家养老法规政策缺失，责任主体不明，导致一旦出现问题，会存在互相推卸责任的现象。此外，缺乏对公益养老组织的相关扶持政策，存在缺少社会养老服务评价机制和监督管理政策等问题。缺少政策法规的支持，老年人的权益就容易受到侵害，应该出台相应具体的法规、政策，保障养老服务质量和老年人利益，以便更有效地服务老年人。

七、研究结论

综上所述，本书通过数理统计分析和空间分析方法，对辽宁省人口老龄化进行系统分析，揭示1990年、2000年和2010年三个年份辽宁省各县域人口老龄化的时空演变特征。然后通过质性分析法，对辽宁省整体养老资源配置进行宏观分析，探究养老资源建设过程中存在的主要问题。具体结论如下。

1）辽宁省人口老龄化水平较高且呈现加剧趋势。1990年以来，辽宁省就先于全国整体水平步入老年型社会。人口老龄化程度和老年人口负担程度均超过全国水平，2000年开始，辽宁省整体人口老龄化水平已经在老龄化基础上不断加剧。2010年，辽宁省各县域单元的各项人口年龄结构指标都显示其全部步入老龄化。1990～2010年辽宁省各县域人口老龄化快速增长，后十年的人口老龄化增长速度减缓，说明二十年间人口老龄化程度逐渐加深，而速度趋于平稳。

2）辽宁省人口老龄化水平空间差异显著。从时间角度来看，辽宁省各县域人口老龄化水平综合得分区间值不断增加，印证了其人口老龄化发展水平逐渐提高的客观事实。从空间角度来看，辽宁省各县域人口老龄化空间差异特征明显，空间差异强度逐渐减弱，主要表现为区域差异和城乡差异。以沈大沿线各县域为主的城市人口老龄化发展水平高于农村，但在辽宁西部、北部山区和个别沿海地区则出现了城乡倒置的现象。人口老龄化区域差异表现与经济实力差异基本相符，建设辽中南工业基地的历史背景使这些地区受人口老龄化影响较大。

3）辽宁省人口老龄化水平具有空间关联性。从全局空间自相关分析来看，辽宁省各县域单元之间的人口老龄化水平具有明显的空间正相关性，空间集聚特征明显，1990～2000年空间集聚效应增强，2000～2010年空间集聚效应相对减弱，趋于均衡化发展。从局部空间自相关分析来看，辽宁省人口老龄化热点区主要分布在沈阳和大连地区，呈现两极化模式，冷点区主要分布在辽西地区。研究期内热点区和冷点区的范围都比较小，对周边区县辐射作用受到限制，热点区范围先扩张后出现收缩式变化，冷点区的范围持续扩大，逐渐形成了以“朝阳-葫芦岛”和“营口-盘锦”为代表的二元结构，低值集聚效应不断增强。次热点区占据了空间主体地位，全省大部分地区的人口老龄化处于较高水平的均衡分布状态。

4）辽宁省养老资源建设与配置存在的主要问题。“十二五”时期辽宁省养老资源建设发展迅速，投入的力度和强度都很大，但是与人口老龄化发展的程度和老年人口分布特征相比，仍然存在较突出的养老资源配置问题。具体体现在：养老资源配置水平区域差异显著，城乡之间、各市域之间养老资源配置严重不均衡；财政投入不足，养老资源配置不到位，尤其是对于养老机构的财政投入、优惠补贴少，导致机构床位少、医疗康复设施不足，严重影响到养老服务设施的质量；辽宁省目前仍有很多社区不能提供社区养老服务，没有日间照料站等养老服务设施，没有专门服务人员进行服务，甚至只有供工作人员使用的办公室，能够提供养老服务的社区提供的服务内容单一，局限于助餐服务和棋牌休闲，对于老年人的长期康复护理、保健医疗方面涉及很少；比较具体的配套法律法规尚未颁布，导致在执行过程中缺乏具体实施方面的明确细则。

第四节　大连老年人口分布及其养老资源配置

一、大连人口老龄化发展现状与研究意义

在市域尺度，选择大连作为研究对象，是因为大连是东北地区的中心城市，人口基数大，再加上环境优美，基础设施配套水平较高等优势，城市对人口的吸纳作用较大。随着我国老龄化程度的不断加深，大连人口老龄化现象也日益严重，且速度高于国内同级城市。2000 年，大连老少比就已经超过 90%，为重度老年人口类型，在全国十五个副省级城市中排名第三；2010 年，大连老少比为 159.6%，是所有副省级城市中老龄化最严重的城市，相比 2000 年增长了 69.6%，是老龄化水平增长较快的城市之一。大连老龄化率从 2000 年的 12.9%，增长到 2010 年的 15.8%，城市老龄化程度不断加深。2014 年末，大连户籍总人口为 5 942 995 人，户籍老年人为 1 295 782 人，占户籍总人口的 21.8%，户籍老年人增速为 5.8%，全国老年人口平均增速为 3%，比全国高出近一倍。十年间，大连老龄化一直是重度老年人口类型，且程度不断加深，是东北三省老龄化程度最高的地区。因此，2014 年，大连市人民政府发布了《大连市人民政府关于加快发展养老服务业的实施意见》，明确提出到 2020 年，全面建成以居家为基础、社区为依托、机构为支撑、信息为辅助，功能完善、规模适度、服务优良、覆盖城乡的养老服务体系的发展目标。

通过文献梳理，我们发现：基础设施的可达性是一个城市资源空间配置与需求是否存在平衡与协调的重要考量因素，设施可达性将为资源配置优化、资源高效与可持续利用提供理论参考，很多国内外学者都将基础设施可达性作为

其研究重点。学者采用不同的方法探究不同类型的公共基础设施等空间可达性，其中两步移动搜索法具有显著的合理性。因此，本书采用两步移动搜索法探究养老资源配置空间可达性，并基于大连路网基础和养老资源现有规模，运用ArcGIS技术对大连六个建成区养老服务设施的空间可达性进行研究。大连各类养老机构达199个，但与庞大的老年人口数量相比，二者存在显著的不协调性。研究养老服务设施空间可达性基于当前养老资源空间配置情况，可以为构建完善的养老服务体系，实现养老服务业发展目标提供可参考的价值导向。

二、研究的主要方法

研究区域为大连市辖的沙河口区、西岗区、中山区、甘井子区、旅顺口区和金州新区六个行政区。鉴于金州新区是在2014年正式成立为国家级新区，研究中所采用的数据全部来源于金州新区辖下的原金州区、开发区部分街道等数据，并以乡镇街道作为最小空间尺度，总计覆盖了大连的84个街道。人口数据来源于全国第六次人口普查，包含的街道2010年65岁以上老年人口总数约为43.3万人，占大连2010年总人口数的6.48%。其中，老年人口最多的街道是金州新区的丰荣街道，高达13 073人；老年人口最少的街道是金州新区的大窑湾街道，该街道老年人口几乎为零，故忽略不计。各街道65岁以上人口数平均为5158人。养老资源主要以养老服务设施为例，包括敬老院、养老院、老年公寓、养护院等。各个养老服务设施名称、性质、地址、床位数则来源于大连市民政局官网及各养老服务设施网站等，数据资料截止日期为2016年7月，共采集到170个养老服务设施统计信息。通过Google Earth、ArcGIS 10.2等软件将研究区域养老服务设施相关信息空间数字化，建立养老服务设施空间数据库。

主要研究方法如下：①老年人口集聚度是指一个街道相对于研究全域老年人的人口集聚程度，计算公式见式（1-2）。②两步移动搜索法（2SFCA）是分别以设施点和需求点为原点，以确立的距离阈值（出现时间或距离）为搜索半径进行两次搜索，计算距离阈值范围内需求点的设施点数量。数值越高，设施点到需求点的可达性越高。③OD 成本矩阵是用来测算的分析起始点到目的地的最小成本路径，可通过Network Analyst工具条中的Network Analyst新建OD成本矩阵。研究中所采用的OD成本矩阵分析是基于大连交通路网的网络数据集的时间成本，计算不同类型道路的街道老年人口中心到170家养老服务设施的最短通行时间。将街道老年人口中心到各个养老服务设施的最短通行时间的平均值作为服务阈值。④马尔可夫预测模型。将马尔可夫模型运用于老年人口的预测，它是从现有老年人口数据序列中抽象出随机过程概率规律，通过概率规律预测未来老年人口数据。

三、大连老年人口分布与养老服务设施可达性研究

1.老年人口集聚度

参照封志明等（2014）对我国人口集疏度的分级评价标准，将老年人口集疏程度分为：人口密集区（JJD≥2）、人口均值区（0.5≤JJD＜2）和人口稀疏区（JJD＜0.5）三个类别，同时人口密集区又进一步分为高密集区（JJD≥8）、中密集区（4≤JJD＜8）、低密集区（2≤JJD＜4）；人口均值区又进一步分为均上区（1≤JJD＜2）、均下区（0.5≤JJD＜1）；人口稀疏区又进一步分为相对稀疏区（0.2≤JJD＜0.5）、绝对稀疏区（0.05≤JJD＜0.2）和极端稀疏区（JJD＜0.05）共八个级别，利用集聚度公式，分别计算出研究区域老年人口集聚度（表 6-13）。

表 6-13 老年人口集聚度分类统计（2010 年）

老年人口集聚区			老年人口		土地		老年人口
分类（街道个数）		街道名称	人口（人）	比例（%）	面积（平方公里）	比例（%）	集聚度
老年人口密集区（40）	老年人口高密集区（28）	人民路街道	2 340	0.54	2.07	0.06	9.00
		市场街道	3 208	0.74	2.74	0.08	9.25
		海军广场街道	8 035	1.85	6.77	0.20	9.25
		星海湾街道	7 650	1.77	6.14	0.18	9.83
		八一路街道	8 226	1.90	6.59	0.19	10.00
		中华路街道	8 860	2.04	7.00	0.21	9.71
		泡崖街道	11 192	2.58	8.64	0.26	9.92
		南沙街道	10 171	2.35	7.71	0.23	10.22
		香炉礁街道	6 243	1.44	4.46	0.13	11.08
		站北街道	4 596	1.06	3.25	0.10	10.60
		椒金山街道	8 931	2.06	6.31	0.19	10.84
		白山路街道	4 567	1.05	3.21	0.09	11.67

续表

老年人口集聚区			老年人口		土地		老年人口
分类（街道个数）		街道名称	人口（人）	比例（%）	面积（平方公里）	比例（%）	集聚度
老年人口密集区（40）	老年人口高密集区（28）	周水子街道	9 327	2.15	6.51	0.19	10.79
		白云街道	8 057	1.86	5.35	0.16	11.63
		青泥洼桥街道	2 186	0.50	1.43	0.04	12.50
		人民广场街道	4 432	1.02	2.36	0.07	14.57
		马栏街道	10 016	2.31	5.18	0.15	15.40
		桂林街道	4 479	1.03	2.27	0.07	14.71
		黑石礁街道	10 217	2.36	5.03	0.15	15.73
		李家街道	11 149	2.57	5.00	0.15	17.13
		中山公园街道	6 548	1.51	2.61	0.08	18.87
		昆明街道	4 260	0.98	1.69	0.05	19.6
		兴华街道	10 853	2.50	4.29	0.13	19.23
		葵英街道	8 647	2.00	3.41	0.10	20.00
		北京街道	4 294	0.99	1.66	0.05	19.80
		日新街道	4 574	1.06	1.69	0.05	21.20
		兴工街道	10 541	2.43	3.51	0.10	24.30
		春柳街道	12 799	2.95	2.81	0.08	36.87
	小计	28 个街道	206 398	48.00	119.69	3.57	13.44
	老年人口中密集区（5）	老虎滩街道	7 942	1.83	15.21	0.45	4.06
		登峰街道	3 156	0.73	6.02	0.18	4.06
		得胜街道	4 533	1.05	7.90	0.23	4.57
		机场街道	5 447	1.26	6.66	0.20	6.30
		桃源街道	9 238	2.13	10.66	0.32	6.66
	小计	5 个街道	30 316	7.00	46.45	1.37	5.11
	老年人口低密集区（7）	南关岭街道	4 894	1.13	18.42	0.54	2.09
		站前街道	5 410	1.25	17.38	0.51	2.45
		中长街道	3 619	0.84	11.47	0.34	2.47
		先进街道	5 487	1.27	17.01	0.50	2.54
		泉水街道	4 048	0.93	10.39	0.31	3.00
		甘井子街道	9 113	2.10	20.70	0.61	3.44
		光明街道	4 941	1.14	10.23	0.30	3.80
	小计	7 个街道	37 512	8.66	105.60	3.12	2.78

续表

老年人口集聚区			老年人口		土地		老年人口
分类（街道个数）		街道名称	人口（人）	比例（%）	面积（平方公里）	比例（%）	集聚度
老年人口均值区（13）	老年人口均上区（4）	友谊街道	3 936	0.91	27.29	0.81	1.12
		拥政街道	3 136	0.72	18.97	0.56	1.29
		凌水街道	8 592	1.98	44.59	1.32	1.50
		马桥子街道	5 895	1.36	24.89	0.74	1.84
	小计	4 个街道	21 559	5.00	116.00	3.42	1.46
	老年人口均下区（9）	湾里街道	4 173	0.96	60.06	1.78	0.54
		大孤山街道	2 734	0.63	35.19	1.04	0.61
		水师营街道	3 116	0.72	39.18	1.16	0.62
		辛寨子街道	4 823	1.11	55.54	1.64	0.68
		丰荣街道	13 073	3.02	143.38	4.24	0.71
		大连湾街道	6 337	1.46	64.29	1.90	0.77
		光荣街道	2 406	0.56	20.77	0.61	0.92
		红旗街道	9 646	2.23	77.47	2.29	0.97
		海青岛街道	2 841	0.66	22.33	0.66	1
	小计	9 个街道	49 149	11.34	518.21	15.32	0.74
老年人口稀疏区（31）	老年人口相对稀疏区（26）	董家沟街道	2 216	0.51	75.13	2.22	0.23
		北海街道	918	0.21	31.23	0.92	0.23
		大李家街道	1 963	0.45	64.78	1.92	0.23
		大魏家街道	2 991	0.69	100.71	2.98	0.23
		双岛湾街道	1 690	0.39	56.71	1.68	0.23
		七顶山街道	2 574	0.59	84.37	2.49	0.24
		南山街道	1 807	0.42	56.10	1.66	0.22
		向应街道	2 076	0.48	64.22	1.90	0.25
		杏树街道	3 595	0.83	105.88	3.13	0.27
		金石滩街道	2 043	0.47	57.49	1.70	0.28
		得胜街道（开发区）	1 938	0.45	52.58	1.55	0.29
		二十里堡街道	3 549	0.82	96.11	2.84	0.29

续表

老年人口集聚区			老年人口		土地		老年人口
分类（街道个数）		街道名称	人口（人）	比例（%）	面积（平方公里）	比例（%）	集聚度
老年人口稀疏区（31）	老年人口相对稀疏区（26）	华家街道	2 849	0.66	73.59	2.18	0.30
		石河街道	3 463	0.80	87.72	2.59	0.31
		龙头街道	1 596	0.37	40.27	1.19	0.31
		亮甲店街道	3 745	0.86	92.05	2.72	0.32
		卅里堡街道	6 540	1.51	156.68	4.63	0.33
		登沙河街道	4 654	1.07	108.74	3.22	0.33
		江西街道	2 349	0.54	54.03	1.60	0.34
		三涧堡街道	2 172	0.50	49.11	1.45	0.34
		铁山街道	3 021	0.70	64.02	1.89	0.37
		营城子街道	5 152	1.19	107.08	3.17	0.38
		铁西街道	4 411	1.02	81.58	2.41	0.42
		长城街道	1 799	0.42	33.03	0.98	0.43
		太平街道	4 148	0.96	68.84	2.04	0.47
		革镇堡街道	3 013	0.70	48.58	1.44	0.49
	小计	26 个街道	76 272	18.00	1911.00	56.49	0.32
	老年人口绝对稀疏区（4）	大连奶牛场	489	0.11	39.13	1.16	0.09
		龙王塘街道	1 309	0.30	63.28	1.87	0.16
		复州湾镇	4 676	1.08	213.89	6.32	0.17
		炮台镇	5 596	1.29	239.06	7.07	0.18
	小计	4 个街道	12 070	3.00	555.00	16.42	0.18
	老年人口极端稀疏区	大窑湾街道	0	0	10.46	0.31	0
	小计	1 个街道	0	0	10.46	0.31	0

由表 6-13 可知，大连老年人口集聚度较高的区域主要分布在中心城区，呈现由中心城区向远郊城区递减的趋势。有 40 个街道人口集聚度 JJD≥2，老年

总人口数达到27.42万人，占研究区域老年人口总数的63.66%，且分布在271.74平方公里的土地上，面积仅占研究区域总面积的8.03%，可见老年人口高度密集分布在这些区域。其中，高密集区有28个街道，主要集中在沙河口区（马栏街道、黑石礁街道、兴工街道、春柳街道等）、西岗区（人民广场街道、北京街道、人民路街道等）、中山区（青泥洼桥街道、桂林街道、昆明街道等）、甘井子区（中华路街道、泡崖街道、周水子街道等）、旅顺口区（市场街道）等。其中，沙河口区春柳街道老年人口集聚度最高，达到36.87。中密集区集中在中山区（老虎滩街道、桃源街道）、甘井子区（机场街道）、旅顺口区（登峰街道）。低密集区分布在甘井子区（泉水街道、甘井子街道、南关岭街道）、金州新区（站前街道、光明街道、中长街道等）。

相应地，老年人口稀疏区（这里指相对稀疏区和绝对稀疏区）主要包括30个街道，老年人口数为8.8342万人，占研究区域老年人口总数的21%，分布在2466平方公里的土地上。此外，还有1个街道，即大窑湾街道为极端稀疏区，这是因为该街道老年人口数基本为零。老年人口均值区主要分布在甘井子区（凌水街道、辛寨子街道等）、金州新区（友谊街道、拥政街道等）、旅顺口区（水师营街道、光荣街道），老年人口数占研究区域老年人口总数的16.34%，老年人口分布较平均。

显然，研究区域老年人人口分布呈现不均匀的分布状况，与现有养老服务设施规模存在较大不协调现象，现状养老服务设施无法满足较大密度老年人口的服务需求。因此，需要对现状养老服务设施的布局与规模进行调整，并布局合理的养老服务设施。

2.养老服务设施可达性分析

运用两步移动搜索法，基于OD时间成本矩阵，计算老年人口重心到养老服务设施的平均时间为1.08小时，将其作为大连养老服务设施的有效半径，利用可达性公式、OD时间成本矩阵，对研究区域养老服务设施（这里选择的是每百名老年人的养老机构床位数）进行可达性计算，通过计算结果判断大连（沙河口区、中山区、西岗区、甘井子区、旅顺口区、金州新区）养老服务设施的稀缺程度。各街道养老服务设施供需比如表6-14所示。

表 6-14 各街道养老服务设施供需比

行政区	街道	供需比	街道	供需比	街道	供需比
中山区	桂林街道	0.045	海军广场街道	0.039	葵英街道	0.047
	昆明街道	0.044	老虎滩街道	0.043	青泥洼街道	0.053
	人民路街道	0.052	桃源街道	0.049		
西岗区	八一路街道	0.050	白云街道	0.054	北京街道	0.057
	人民广场街道	0.055	日新街道	0.054	香炉礁街道	0.056
	站北街道	0.054				
沙河口区	白山路街道	0.055	春柳街道	0.056	黑石礁街道	0.054
	李家街道	0.056	马栏街道	0.055	南沙街道	0.053
	星海湾街道	0.056	兴工街道	0.056	中山公园街道	0.057
旅顺口区	北海街道	0.020	大连奶牛场	0.020	得胜街道	0.029
	登峰街道	0.026	光荣街道	0.018	江西街道	0.011
	龙头街道	0.017	龙王塘街道	0.048	三涧堡街道	0.044
	市场街道	0.029	双岛湾街道	0.013	水师营街道	0.031
	铁山街道	0.014	长城街道	0.051		
甘井子区	大连湾街道	0.054	甘井子街道	0.053	革镇堡街道	0.048
	红旗街道	0.048	机场街道	0.057	椒金山街道	0.056
	凌水街道	0.051	南关岭街道	0.051	泡崖街道	0.056
	泉水街道	0.059	辛寨子街道	0.048	兴华街道	0.056
	营城子街道	0.051	中华路街道	0.056	周水子街道	0.056
金州新区	大孤山街道	0.006	大李家街道	0.002	大魏家街道	0.017
	大窑湾街道	0.006	得胜街道	0.014	登沙河街道	0.000
	董家沟街道	0.003	二十里堡街道	0.034	丰荣街道	0.015
	复州湾镇	0.006	光明街道	0.052	海青岛街道	0.014
	华家街道	0.016	金石滩街道	0.003	亮甲店街道	0.014
	马桥子街道	0.041	南山街道	0.006	炮台镇	0.018
	七顶山街道	0.006	卅里堡街道	0.024	石河街道	0.024
	太平街道	0.014	铁西街道	0.015	湾里街道	0.036
	先进街道	0.044	向应街道	0.017	杏树街道	0.001
	拥政街道	0.042	友谊街道	0.053	站前街道	0.051
	中长街道	0.047				

供需比是反映可达性的一个指标，供需比越高，表明可达性程度就越高。由

表 6-14 可知，研究区域养老服务设施供需比结果最高是 0.059，最低为 0.000，可见可达性具有一定的差异但差距较小，且分布相对不均匀。就研究区域整体而言，大连主城区养老服务设施的供需比优于远城区。其中，主城区除旅顺口区部分街道外，养老服务设施的床位数可达性较高，供需比均在 0.040 以上。中山区的青泥洼街道，沙河口区的中山公园街道，西岗区的北京街道和甘井子区的泉水街道是供需比最高的区域，都在 0.055 以上，说明养老服务设施可达性较高，供需较为平衡。此外，位于主城区中心城区的周边区域中山区的海军广场街道、老虎滩街道、昆明街道等，西岗区的八一路街道、站北街道、白云街道等，沙河口区的南沙街道、黑石礁街道、白山路街道，旅顺口区的登峰街道、得胜街道、市场街道等，金州新区的二十里堡街道、湾里街道、拥政街道等，以及甘井子区的辛寨子街道、革镇堡街道、红旗街道等养老服务设施可达性表现出相对集中的格局，原因在于上述区域老年人口相对集中，养老服务设施分布密集，交通基础设施相对比较完善。远城区金州新区（登沙河街道、杏树街道、大李家街道等）供需比较低，可达性不高，究其原因是区域内养老服务设施数量少，交通基础设施有待完善。

总体上看，研究区域养老服务设施的分布呈现以中心城区为核心，向周边地区扩散递减的分布特点。养老服务设施可达性的高值区主要分布在主城区东联路、东北快速路及高速公路周边区域，显然，交通的便捷程度会对设施可达性的空间分布状况产生显著影响。因此，作为决策者的政府，在规划布局养老基础服务设施时，应当考虑交通因素的影响。

3.老年人口预测对养老资源配置的影响

因第五次全国人口普查数据无法细分到金州新区所辖街道和高新区所辖街道，故选取其他五区街道第五次、第六次全国人口普查数据进行预测。运用马尔可夫原理，利用 MATLAB 软件，基于第五次、第六次全国人口普查数据，以及 2015 年老年人口数据对大连五区（沙河口区、西岗区、中山区、甘井子区和旅顺口区）2020 年、2025 年老年人口进行预测（表 6-15）。由表 6-15 可知，到 2020 年，大连五区老年人口将达到 428 403 人，与第六次全国人口普查数据相比，人口将增加 36.5 个百分点。而到 2025 年，大连五区老年人口将在 2020 年老年人口基础上增长 18.3 个百分点。由此，预测 2020 年、2025 年大连五区老年人口将为未来养老资源配置与布局提供基本依据。

表 6-15 大连五区 2020 年、2025 年老年人口预测 （单位：人）

地区	2000 年	2010 年	2015 年	2020 年	2025 年
沙河口区	62 214	83 658	96 071	138 266	183 148
西岗区	38 483	40 422	55 297	50 113	54 715
中山区	41 626	47 127	66 568	78 548	83 148
甘井子区	55 477	110 868	87 713	113 385	128 469
旅顺口区	21 205	31 762	40 244	48 091	57 462

从预测结果看，未来 5 年大连五区老年人口数除西岗区略有减少外，都呈显著递增状态，到 2025 年大连五区老年人口数将达到一个峰值，西岗区增长仍缓慢，而增长幅度最大的是沙河口区、中山区和甘井子区。因此，从现有养老服务设施空间可达性结果来看，主城区虽然养老服务设施空间可达性较好，但城市用地紧张，会出现无法满足未来快速增长的老年人口需求；远城区虽空间可拓展性较好，但养老资源配置不足。因此，未来探究、规划老年人口与养老资源之间的匹配性则显得尤为重要。

四、研究结论

利用马尔可夫原理对 2020 年、2025 年大连五区的老年人口进行预测，是为未来养老服务设施资源配置提供基本参考依据。预测结果显示，参照第六次全国人口普查数据，2020 年、2025 年老年人口增速明显高于 2015 年老年人口增速，这表明：

1）大连养老服务设施可达性分布呈现不均衡的现状。通过对大连沙河口区、西岗区、中山区、甘井子区、旅顺口区、金州新区六区养老服务设施供需比的研究，发现两步移动搜索法能够合理评价大连养老服务设施的可达性，有效判断其布局及稀缺状况。研究可知，主城区供需比明显高于远城区，可达性良好，由此说明大连目前养老服务设施的配置主要集中在沙河口区、西岗区、中山区、甘井子区等主城区街道。

2）主城区与远城区养老服务设施需求也存在差异。主城区街道养老服务设施空间可达性在整个研究区域中较高，但是其老年人口的密度大，因此对养老服务设施的需求量也大。虽然主城区的交通可达性良好，但就目前养老服务设施的空间配置情况来说，在老龄化程度持续的未来，随着老年人口的增长，其养老服务设施将无法满足老年人口对养老服务设施的需求。因此，鉴于未来老年人口的快速增长、主城区城市用地的紧张，可在主城区周边区域合理、适宜地布局一定规模的养老服务设施。远城区养老服务设施可达性相对较低，原因除其拥有的养老服务设施数量不足之外，其现状养老服务设施规模与养老服务设施需求存在不协调。远城区空间可拓展性较好，因此提高其养老服务设施可达性可扩大升级远城区养老服务设施规模，布局合理数量的养老服务设施，充分发挥其潜力，缓解主城区巨大的养老压力，二者相辅相成，共同构建大连养老服务设施服务体系，提升养老服务水平，为老年人创建和谐温馨的养老环境。

第五节　大连金州新区老年人口分布及养老资源配置

一、金州新区养老资源配置现状

从市域中更微观的区街尺度研究人口老龄化和养老资源配置，可以精准地把控老年人口分布与养老资源匹配的协调性。据全国老龄工作委员会办公室的预测，2015～2035 年将是我国老龄化急速发展阶段，到 2035 年我国老年人口数将占总人口数的 28.7%。同时，老年人口的分布还呈现高龄化、城市化、空巢化等特征，其中城市老年空巢家庭已达到 70%，这意味着中国的养老事业及城市服务设施建设应成为重中之重。养老资源建设是老年人共同享有的针对老年群体所提供的基本养老服务与配套设施，主要包括养老机构、医疗卫生机构、文体场所、公共安全、社会福利和救助等内容。它是养老事业发展的物质载体，其合理配置事关老年人生活质量和社会公共资源配置的公平公正。因此，研究老年人口分布与养老资源配置的协调性将具有重要的现实意义和社会价值。

通过文献梳理发现，可达性被广泛应用于设施布局评价中，采用的主要方法有缓冲区法、最小邻近距离法、行进成本法和吸引力指数法等，但这些方法的测算过程对到达目的地的真实路径存在不同程度的忽视；大多成果都只对养老院或医院等设施配置公平性进行研究，综合评价当地养老资源的成果较少；研究尺度多在市、省级层面，而在街道、社区级别的小尺度研究较少。因此，本书运用 ArcGIS 空间分析法，对大连金州新区养老机构、医疗机构和公共绿地等养老资源配置进行综合评价，以期为推动城市区域内养老资源合理匹配提供重要的参考和借鉴意义。

二、研究的主要方法

大连金州新区是由金州区和开发区两部分合并而成，位于大连东北部，距大连市中心 27 公里，规划面积为 1040 平方公里，2013 年底总人口为 110 万人，全区共 20 个街道。依据城市化圈层结构理论和金州新区人口分布情况，将金州新区分为中心城区、近郊区、远郊区三个区域进行优质养老服务设施配置现状的分析，并研究金州新区养老服务设施在不同区域配置水平的差异。老年人口数据是以 2010 年第六次全国人口普查为基础，并结合各街道调研数据，建立 GIS 平台分街道、社区的 2013 年老年人口专题数据库；养老机构数据主要为公立、民营性质的养老院，数据来源于大连金州新区管理委员会；医院数据主要通过 Google 搜索出金州新区主要医院，并通过《大连市统计年鉴 2014》，以及大连市卫生局、大连市金州新区卫生局等官网获取公报信息；公园绿地数据主要通过栅格地图、百度地图、Google Earth 绘制，并通过对美国地质调查局（USGS）遥感卫片的数据解译，获取详细信息，主要包括公园绿地、山体绿地、水体等类型。

主要研究方法如下：①基于 GIS 的空间分析法，如叠加分析、栅格分析、空间插值分析等，对金州新区的养老服务设施协调性进行评价。叠加分析是在同一空间参考系统下，将相关图层组成的数据层面进行叠加操作，同时生成新数据层，其所产生的新图层包含之前相关图层要素特有的属性信息。其主要目的是对在同一空间区域内有相关性的空间对象的空间特征和特有属性之间的关系加以分析。栅格分析中的栅格数据重分类是对栅格数据的旧值采用新值代替、旧值合并、重新分类和空值设置等方法重新评定等级，以达到可以对各个数据统一度量、分析处理的目的。②服务半径法。本书以养老机构或医院等为中心，以一定的服务半径作缓冲区确定该机构的服务范围。空间缓冲区是以空间的点、线、面为实体在其周围建立一定宽度范围的面状区域，表示地理空间实体的影响范围或服务范围等。在早年的设施布局规划研究方面会选用点状适量缓冲区表达设施点的服务覆盖范围或区域，做法一般是以设施点为圆心、适合距离为半径，在设施点周围建立圆形面状缓冲区，缓冲区之间可重叠。这种面状信息表示了设施点的影响范围或服务区域，如超市服务区域等。

三、大连金州新区老年人口分布与养老资源配置评价

1. 金州新区地形与老年人口分布状况

（1）老年人口的分布

至 2013 年末，金州新区常住人口为 110 万人，老年人口为 11.2 万人，占总人口比例为 10.18%，根据国际上对老龄化率的划分标准，金州新区处于老龄化发展中期。此外，从图 6-2 可以看出，金州新区老年人口主要集中在西南部，处于中心城区。总体来看，南部老年人口密度高于北部，而且呈现中心城区向近郊区、远郊区扩散趋势。中心城区老年人口极为密集，老年人口密度较高的街道有光明街道、海青岛街道、中长街道、先进街道、站前街道、拥政街道、马桥子街道、友谊街道、湾里街道，共占全区老年人口总数的 49.1%，但其面积却为全区总面积的 11.7%。因此，金州新区所辖街道的老年人口密度，处在极不平衡的分布状态，老年人口密度最大的是光明街道，为 0.408 万人/公里 ^{2}；老年人口密度最小的是大魏家街道，为 0.021 万人/公里 ^{2}，可见中心城区老年人口压力大，这对养老服务设施协调匹配提出了巨大的挑战。

图 6-2　金州新区老年人口分布示意图

（2）土地利用和地形状况

利用 USGS 遥感影像，并结合金州新区规划图（2010～2020 年）及 Google 地图，在 ArcGIS 10.0 的支持下并参照其他辅助数据采用半自动-交互式目视判读解译，获取金州新区土地利用现状图（图 6-3）。从图中可以看出，西南部中心城区居住用地较多，绿地面积较大，商业用地相对分散但总占地面积较大；而东部地区工业用地较多，商业用地占地面积较小，多集中在交通便捷的枢纽线两侧；其中金石滩街道文化娱乐用地较多，这是因为这里集中了主题公园、东北最长的海岸休闲娱乐胜地、高尔夫球场、蜡像馆等各类展馆和国际运动赛事场馆等。总体来看，金州新区工业用地占地面积最大，是一个以工业和居住职能为主的地区，商业用地较破碎，且在老年人口密集的西部地区未能形成具有规模的现代化商业中心，这在一定程度上限制了老年产业的发展。

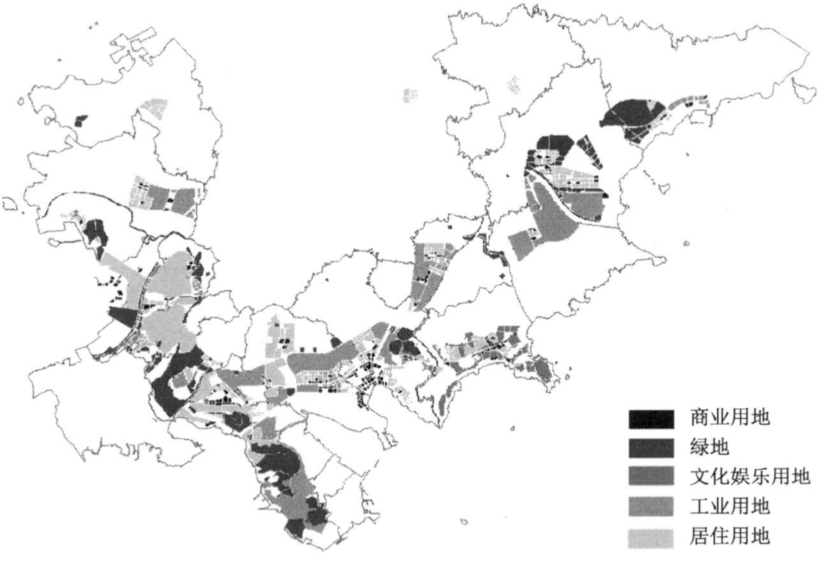

图 6-3　金州新区土地利用现状示意图

地形、地貌等客观条件是区域建设与发展的决定要素，高程、坡度、坡向等对区域设施的空间布局和功能分区产生重要影响，如坡度的大小、高低会限制老年人出行及服务设施的可达性等。经数字高程模型（DEM）分析，研究区内地势由北向南、由中间向两侧倾斜，最高海拔为 663 米，构成中部高、两翼低的阶梯状地形（图 6-4）。其中，中部大黑山独特的区位将金州新区分为金州区和开发区两部分，老年人口、服务设施多集中于西南部小范围地区，区内养老服务设施辐射范围受地形影响较大。

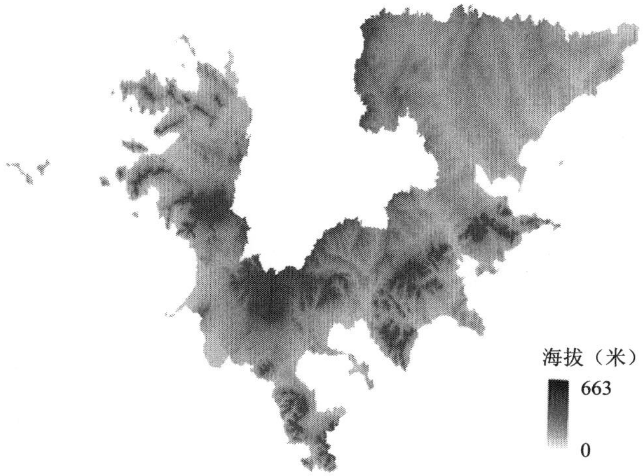

图 6-4　金州新区 DEM 示意图

2. 金州新区养老资源配置评价

（1）金州新区养老机构配置评价

从大连金州新区民政局提供的 2013 年养老机构基本统计数据来看，金州新区现有各类养老机构 36 家，提供床位数 3906 张，其中公立养老院 19 家，提供床位数 3120 张，占总床位数的 79.88%。金州新区 36 家养老机构信息通过 ArcGIS 软件，制成图 6-5，与老年人口分布图叠加，制成图 6-6。

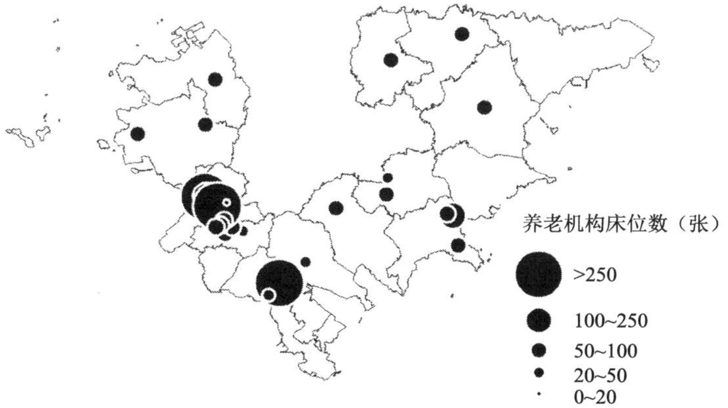

图 6-5　养老机构床位数分布示意图

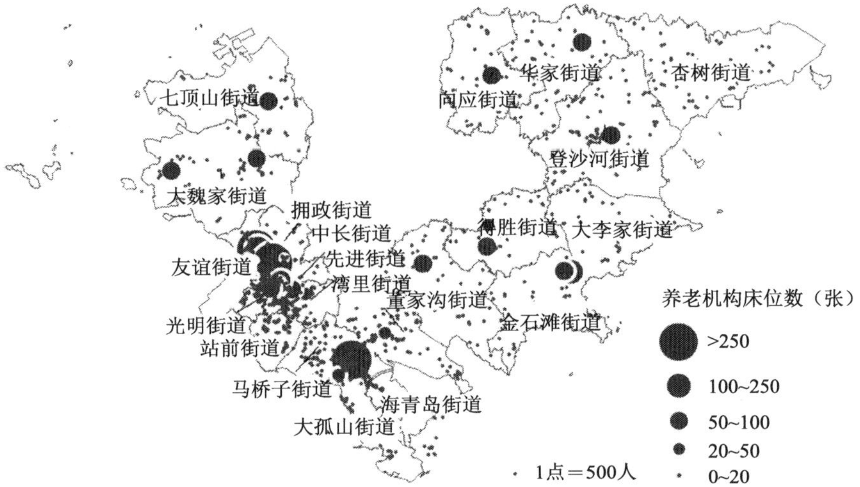

图 6-6 老年人口与养老机构床位数叠加示意图

由图 6-6 可知，金州新区养老机构提供的床位主要集中在老年人口密度最大的友谊街道、光明街道、拥政街道、中长街道、先进街道和海青岛街道。按照养老服务设施规模可以满足老年人口总数的 2%～3%集中养老需求这一标准，金州新区养老服务设施配置已经达到国内现有标准。但从整体来看，仍存在一些问题，究其原因如下：第一，养老服务设施配置缺乏公平性和均衡性。虽然人口密集地区服务设施配置高，但其他如北部地区，仍分布着一定数量的老年人口，而服务设施却相对缺乏；从协调性来看，明显存在供需不匹配情况，需要对北部地区及南部的新港街道设址建设新的养老机构或对原机构进行扩建。第二，金州新区拥有较长的海岸线和非常著名的风景旅游区，且气候适宜，适合生活，势必会吸引很多外来老年人来此养老，这在一定程度上也刺激和提高了该地区养老机构的需求，对养老机构的开发和扩建尤为重要。

（2）金州新区医疗资源配置评价

根据 2014 年金州新区政府工作报告，截至 2013 年末，金州新区拥有各类卫生机构 349 个，其中医院 18 所。实有床位 3143 张，卫生工作人员 4868 人，其中卫生技术人员 4049 人。每千人拥有的床位数 5.17 张，低于大连平均水平 6.88 张，每千人拥有的医疗技术人员数 6.14 人，也低于大连平均水平 7.93 人。床位使用率 78.93%，医护比 1 ∶ 0.9。从数据来看，金州新区总体处于中等以下水平，每千人拥有的床位数和医疗技术人员数都低于大连平均水平，同时床位使用率也较低，医护比不协调，总体医护水平较低，有待改善。

从医疗设施空间配置来看，金州新区一级以上医院和乡镇级以上卫生院18所，其中三级医院3所，二级医院6所，一级医院和乡镇卫生院共9所。乡镇卫生院是我国农村“三级医疗预防保健网”的重要枢纽，承担着医疗预防、保健的任务，在保障居民特别是农民健康方面具有重要作用。根据《2010医疗机构基本标准》的规定和金州新区的实际情况，将乡镇（街道）卫生院视为一级卫生院。由图6-7可以看出，金州新区主城区医疗机构分布较为集中，三级医院、二级医院主要分布在光明街道、马桥子街道，两地共有医院6所，占医院总数的33.3%，而这两个街道的老年人口相对也较密集。一级医院分布较均匀，各街道基本都有分布。

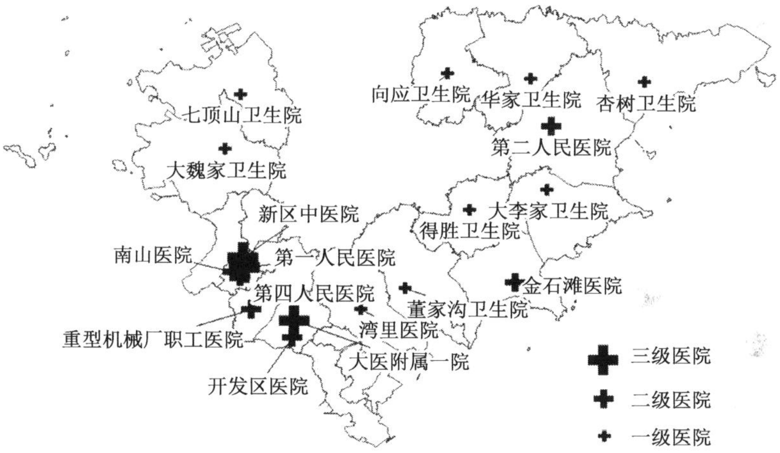

图6-7 金州新区医疗设施分布状况示意图

采用空间叠合分析方法，将供给密度和需求密度相比，并对所得结果进行栅格重分类，如果出现值大于1的区域，表明供给大于需求，该地区供给有余；如果值小于1，表明供给小于需求，该地区需求有余。首先，需求总量空间分布。需求总量来自老年人口的分布，根据人口规模模拟出需求密度的空间分布。此外，使用核密度分析方法，将近期规划居住用地从面数据转换成栅格数据，再转换成点数据。将老年人口视为平均在居住用地中，并采用反距离加权插值法将这些点转换为密度栅格，进而得到需求空间分布图。其次，供给总量空间分布。供给水平主要取决于医疗设施的数量及服务能力的大小，医疗机构的服务能力在以往研究中多以卫生技术人员数或床位数等指标表示，本书使用医疗机构等级表示，医疗机构等级是关于医院规模和医护人员水平的综合指标，是由卫生行政部门确定的级别。采用反距离加权插值技术得到供给能力空间分布图，采用 ArcGIS 中的栅格计算工具，在栅格数值均一化处理的基础上，将供给能力与需求能力相比，并对所得结果进行栅格重分类，最终分析结果如图 6-8 所示。

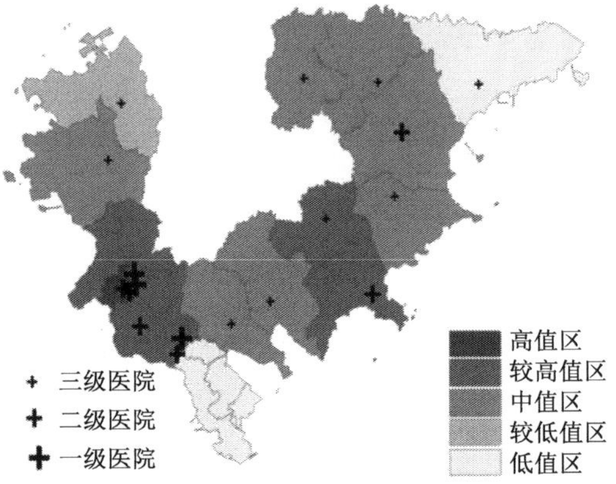

图 6-8　金州新区医疗设施供需比示意图

由图 6-8 可以看出，金州新区医疗设施空间分布状况较好，主城区医疗设施分布较为密集，且质量较高，多数区域处于中值区以上，较低值区域和低值区域主要集中在北部和东北部部分地区，这里主要是山体和工业用地聚集区域。但是，湾里街道、董家沟街道的医疗设施级别有待提升，这两个街道也是工业用地较集中的地区，生活服务设施不健全，城市职能有待完善；东北和西北部地区多以乡镇医院为主，供需比较低，医疗设施水平亟待提升。

（3）金州新区公共绿地资源配置评价

老年人的大部分空闲时间都是在住宅及附近公共环境中度过的，而城市公共绿地的建设与配置有利于老年人身心健康、延年益寿，公共绿地以其具有良好的环境、开阔的空间、清新的空气、适宜的活动场地等优势，已成为老年人户外活动的重要场所。国外对公共绿地的服务半径和人口都有明确的标准，美国国家休闲和公园协会（NRPA）设定了具体指标对公园的规划和建设进行了指导：市民到达最近公园绿地的距离不能超过 0.8 公里和每英亩公园绿地服务的人口最多为 800 人。随着“生态城市、园林城市”理念的兴起，我国一些城市提出了“市民出门 500 米见绿，1000 米可达大型公共绿地”等目标。本书选取的公共绿地资源包括广场、公园、水体和山体绿地等，选取方法为：基于金州新区政区图上已有绿地，进行矢量化提取；基于 Google Earth 对公园、广场进行提取，存储为 kmz 格式文件，并利用 Global Mapper 软件转为 shp 格式数据；基于 USGS 影像对绿地进行提取；基于百度搜索结果对现有公共绿地资源进行梳理与定位查询。最终提取结果如图 6-9 所示。

图 6-9　金州新区主要公共绿地资源空间分布示意图

通过测算得出，金州新区现有公共绿地面积为 146.47 平方公里，占绿地总面积的 14.09%。其中，公园绿地面积为 63.64 平方公里，占公共绿地总面积的 6.12%；山体绿地面积为 55.97 平方公里，占公共绿地总面积的 5.38%；广场面积为 18.81 平方公里，占公共绿地总面积的 1.81%；其他绿地，包括交通绿地、水体绿地等面积为 8.05 平方公里，占公共绿地总面积的 0.77%。从绿地占比可以看出，公园绿地是金州新区主要的公共绿地形态，公园占地面积较大主要与东山、牛头山、炮台山等山体公园有关。山体绿地主要分布在近郊区，以新区中部的大黑山为主，两侧大魏家街道、金石滩街道和大孤山街道也有大面积分布。广场面积相对较小，分布相对集中。拥政街道、七顶山街道、向应街道、华家街道、登沙河街道、杏树街道等缺乏面积较大的成片公共绿地。

广场对于老年人来说，是其晚年生活休闲娱乐、锻炼身体、释放压力必不可少的场所。近年来，关于老年群体对广场的依赖所引发的如与年轻人争抢广场事件层出不穷，这也反映了广场设施对老年群体的重要性。金州新区现有广场共 11 个，主要分布在马桥子街道、光明街道和金石滩街道等（表 6-16）。

表 6-16　金州新区现有广场资源分布情况

名称	面积（平方米）	所属街道	名称	面积(平方米)	所属街道
解放广场	7 401	光明街道	开发区文化广场	81 460	马桥子街道
卧龙文化广场	11 880	董家沟街道	金石滩广场	97 580	金石滩街道
区政府广场	18 741	马桥子街道	广场 1	2 977	光明街道
海滨广场	22 776	马桥子街道	广场 2	52 067	马桥子街道
站前广场	35 965	光明街道	广场 3	715 923	金石滩街道
世纪广场	43 786	马桥子街道			

资料来源：USGS 遥感卫片的数据解译整理

由表 6-16 可知，金州新区广场分布的集中性较高，不同区域广场大小有较大差别。光明街道除站前广场外，其他广场面积相对较小，这与光明街道是老城区的历史有关；马桥子街道广场数量较多，这与其行政中心位置有关，基础设施配置水平较高；金石滩街道广场总面积最大，拥有东北区最长的黄金海岸线，这与其旅游度假中心的职能有关。总体来看，金州新区广场数量较少，广场分布过于集中，基本都在光明街道、金石滩街道、董家沟街道和马桥子街道等西部地区，东部地区缺少广场设施；服务范围有限，服务功能单一，群众性的健身广场还需修建和扩充；根据《大连市国民经济和社会发展第十三个五年规划纲要》的要求，打造城区 10 分钟文体活动圈，金州新区要加强东部、北部地区的休闲广场设施建设。

城市公园是城市绿地的重要部分，是供公众休闲娱乐、体育锻炼及开展科学文化活动的公共开放空间，也是老年群体主要需求的养老服务设施。金州新区现有各类公园共 13 个，主要分布在马桥子街道、光明街道和友谊街道。一部分公园分布十分集中，面积大小相差较大。许多公园依山而建，面积较大；另一部分公园建在人口密集区，面积较小。总体来看，金州新区公园呈西多东少、南多北少的格局，集中分布在西部地区，东部地区较少；主要以马桥子片区、光明-友谊片区为主；与其他设施分布具有较强的相似性。鉴于金州新区公园属性，分别分析以 500 米、1000 米、1500 米、2000 米为服务半径的公园服务面积及服务面积比率。应用 GIS 叠加分析功能，将缓冲区与中心城区内居住用地进行叠加运算，得到城市公园服务范围覆盖与未覆盖居住用地的具体位置和面积（图 6-10）。

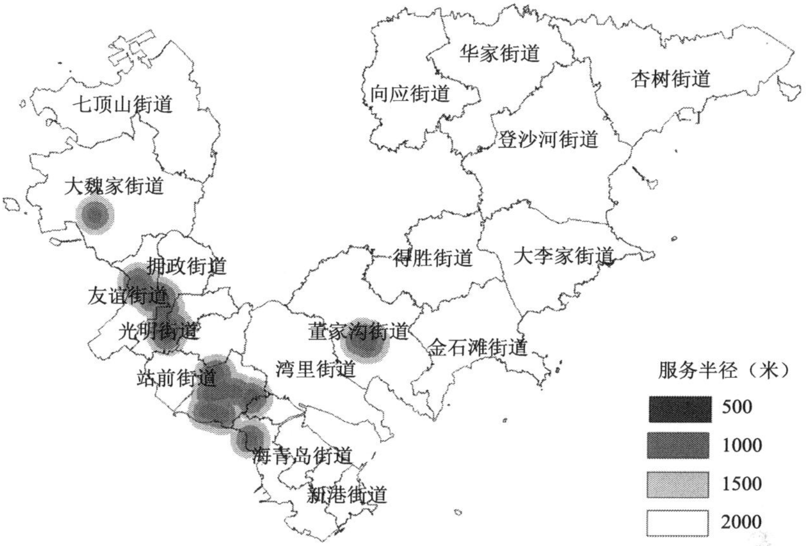

图 6-10　金州新区公园设施服务半径示意图

由图 6-10 可以看出，现有公园服务范围主要位于金州新区西南部，东北大部、北部和中部部分地区存在大片服务盲区。500 米服务半径下，服务范围覆盖较好的街道分别为马桥子街道、光明街道和友谊街道，其中马桥子街道和光明街道服务面积比在 0.3 以上，有 12 个街道不在服务范围内；1000 米服务半径下，服务范围覆盖较好的街道为马桥子街道、光明街道、友谊街道、中长街道，其中马桥子街道和光明街道服务面积比在 0.5 以上，有 10 个街道不在服务范围内；1500 米服务半径下，服务范围覆盖较好的街道依次为马桥子街道、光明街道、友谊街道、中长街道、大孤山街道、董家沟街道、先进街道、拥政街道、海青岛街道、站前街道，服务面积比均在 0.1 以上，有 9 个街道不在服务范围内；2000 米服务半径下，服务范围覆盖较好的街道依次为马桥子街道、光明街道、友谊街道、中长街道、站前街道、先进街道、董家沟街道、大孤山街道、拥政街道、大魏家街道，有 9 个街道不在服务范围内。

四、研究结论

本书通过对大连金州新区养老机构、医疗机构及绿地、广场和公园等养老服务设施，结合老年人口分布特征，进行空间配置的量化分析，得出如下结论。

1）金州新区老年人口主要集中在西南部，南部老年人口密度高于北部，部分地区老年人口极为密集，老年人口从中心城区向近郊区、远郊区域扩散；所辖街道的老年人口密度差异较大，处在极不平衡的分布状态，老年人口密度最大的是光明街道，为 0.408 万人/公里 ^{2}；老年人口密度最小的是大魏家街道，为 0.021 万人/公里 ^{2}。中心城区老年人口压力大，养老服务设施配置要求较高。

2）总体来看，金州新区工业用地占地面积最大，其次为旅游用地。金州新区是一个以工业和居住职能为主的地区，商业用地较破碎，且在老年人口密集的西部地区未能形成具有规模的现代化商业中心，这在一定程度上限制了老年产业的发展。从地形来看，金州新区属于中部高、两翼低的阶梯状地形，中部大黑山将金州新区分为金州区和开发区两部分，老年人口、服务设施多集中于西南部小范围地区，区内养老服务设施辐射范围受地形影响较大。

3）金州新区养老服务设施（养老院）配置已基本达到国内现有标准，但仍存在一些问题。例如，养老服务设施配置缺乏公平性和均衡性，表现在北部地区分布着一定数量的老年人口，而服务设施却相对缺乏；从协调性来看，明显存在供需不匹配情况，需要对北部地区及南部的新港街道设址新的养老机构或者扩建原有的养老机构；金州新区拥有较长的海岸线和非常著名的风景旅游区，且气候适宜，适合生活，势必会吸引很多外来老年人来此养老，这在一定程度上也刺激和提高了该地区养老机构的需求，对养老机构的开发和扩建尤为重要。

4）金州新区每千人拥有的床位数和医疗技术人员数都低于全市的平均水平，同时床位使用率也较低，医护比不协调，总体医护水平需要提高。但金州新区医疗设施空间分布状况却较好，主城区医疗设施分布较为密集，且质量较高；多数区域处于中值区以上，较低值区域和低值区域主要集中在北部和东北部部分地区；湾里街道、董家沟街道医疗设施级别有待提升，这两个街道是工业用地较集中的地区，生活服务设施不健全，城市职能有待完善；东北部地区多以乡镇医院为主，供需比较低，医疗设施水平亟待提升。

5）总体来说，金州新区广场数量较少、分布不合理，不符合《大连市国民经济和社会发展第十三个五年规划纲要》中提出的城区 10 分钟文体活动圈的目标要求，需要扩充和修建；广场分布过于集中，服务范围有限；现有广场主要集中于西部地区，新区东部缺少广场设施。现有公园服务范围主要位于金州新区西南部，东北大部、北部和中部部分地区存在大片服务盲区，需要选址修建。

第七章

不同尺度下养老资源配置的优化与调控策略

通过前六章对老年人口与养老资源的理论与实证分析，以及在此基础上对中外养老资源状况的评析，可以了解到养老资源是一个大资源范畴，涉及方方面面，是多种与养老相关的因素相互联系、相互作用的结果，这些因素构成了养老资源，并且共同作用于社会养老保障体系。而我国现阶段的养老资源相对于数量越来越庞大的老年人口养老需求来说，无论现在还是未来都将面临巨大的挑战，此外养老资源配置也会受老年人口分布离散或集中的影响而呈现不均衡性，以及有效供给不足的特点，致使老年人享有的养老保障存在不公平待遇。因此，对老年人口养老资源配置进行优化与调控是本章研究的重点。基于以上分析，本章将从五个层面分别探讨国家、省域、市域、县区和更小尺度上养老资源的有效配置。

第一节　国家养老资源优化配置的顶层设计

养老资源的稀缺性需要资源配置理论来指导，其中公共物品供需理论及帕累托最优原则是养老资源配置应遵循的必要理论和原则。养老资源的多元性则需要对资源进行整合和优化，这个过程中制度的建构性将起关键作用。完善有效的制度体现在它可以促进资源的整合，使多种资源能够充分衔接并有效运转。在我国总体资源十分有限的情况下，尤其是养老资源的稀缺必须考虑到需求的合理性和供给的可能性，养老资源间整合匹配是必要的。事实上，各种养老资源并不是处于同一水平上，其利用效率也不尽相同。基于制度的养老资源整合就是要协调和利用各种养老资源，以保障基本的养老需求。

一、养老资源优化配置的制度完善

养老生活的问题从根源上讲应该是一个经济问题，如果老年人缺少一定的经济基础就很难满足养老的生活照料、医疗健康和精神文化需求。因此，在国家层面，只有形成国家为主的社会养老保险的强制手段，建立和完善支持养老服务业发展的法律制度，明确综合养老保障体系的角色分工和责任，才能调集全社会的资源对养老资源进行供给和有效配置，才能将养老风险的分担由单一家庭、家族扩大到整个社会，在更高层次上更大范围内解决养老难题。

1. 建立健全法律制度的保障约束

（1）构建养老生活资源保障制度

无论是发达国家还是发展中国家，都是通过立法形式建立健全社会养老保障制度。建立健全养老资源配置的法律制度，不仅可以使养老保障制度的各项工作有法可依、有法必依，增强养老保障的规范性和统一性，还可以解决养老资源配置中主体责任不明晰、使用操作不规范、资金基金不安全等问题。同时，还能保持养老政府配置机制的稳定性，增强老年人养老的信心和社会福祉的作用。目前，在国家层面已经制定的有关养老保障的法律法规，主要有《中华人民共和国老年人权益保障法》、《“十三五”国家老龄事业发展和养老体系建设规划》、《全面推进居家养老服务工作的实施意见》、《社会养老服务体系建设规划（2011—2015 年）的通知》、《国务院关于加快发展养老服务业的若干意见》和《关于推进城镇养老服务设施建设工作的通知》等，基本涵盖了社会养老保障制度的性质、目标、建设原则，覆盖对象和覆盖范围，养老基金筹集、监管和支付，责任划分，并明确相关主体的权利和义务。但在运行的过程中仍然存在法律漏洞和缺失。例如，建议建立养老资源配置程序法。虽然我国宪法明确规定了公民享有从国家获得物质帮助的权利，国家有发展养老事业的义务，但是由于与此相对应的程序法严重缺失，公民无法直接按照宪法上的规定要求国家机关履行义务，进而导致在很大程度上损害了公民的权利，影响了政府的公信力。此外，针对养老服务人员的非专业性和非职业化特点，建议制定“社会福利机构护理对象分级护理规范和等级评定标准”，建立起严格的行业准入制度，创设并营造专业化、职业化的养老护理环境，提高养老专业护理人员的素质和水平，为老年人生活服务需求提供重要保障。

（2）建立养老医疗资源保障制度

中国医疗保障制度改革的目标是“保证人人享有基本医疗保障，同时满足民众的差异化保障需求，以提高全体国民的健康水平”。2015 年 3 月 6 日，国务院办公厅印发《全国医疗卫生服务体系规划纲要（2015—2020 年）》，内容包括规划目标和原则、总体布局、各级各类医疗卫生机构、卫生人才队伍、功能整合与分工协作、实施保障与监督评价等。2017 年 1 月 10 日，国务院颁布了《“十三五”卫生与健康规划》，明确到2020年，覆盖城乡居民的基本医疗卫生制度基本建立，实现人人享有基本医疗卫生服务，人均预期寿命在2015年基础上提高1岁，超过77.3岁，这代表着中国从国家层面对医疗资源建设的战略和具体任务。此外，2015年3月30日国务院办公厅正式发布《全国医疗卫生服务体系规划纲要（2015—2020年）》重点强调要推进“医养结合”和“中西医并重”等内容，意味着中国政府未来将致力于医疗机构与养老机构的合作，统筹医疗服务与养老服务资源，这对养老事业的发展具有重大的促进意义。但是中国正步入急速老龄化社会，老年人的养老医疗问题同样突出，关于老年人的医疗保障制度尚未建立起来，医疗保险制度的立法工作也未实现。因此，建议借鉴美国做法，出台专门针对老年人的医疗保障制度，如美国国会制定了《老年人福利法》，主要包括社会保险，具有强制性；针对老年人和特殊人的医疗照顾计划；由联邦和州政府共同资助，各州具体负责实施的“医疗援助计划”；设立以社区为主的老年人服务机构。建议借鉴德国养老医疗保障政策，实行强制性全民医疗保险，建立适合老年人特点的护理保险制度，发展以家庭医生为中心的护理模式等。

（3）搭建文化养老资源保障制度

目前，中国老年人的文化养老还处于一种自发的状态，有关老年人精神文化资源建设的规章制度，基本都散见于《“十三五”国家老龄事业发展和养老体系建设规划》、《老年教育发展规划（2016—2020年）》和《国务院关于加快发展养老服务业的若干意见》等规划意见，专门针对“老有所学、老有所乐”的法律规章制度还尚未形成。因此，十九大报告强调，要构建养老、孝老、敬老政策体系和社会环境，也就是说，作为未来五年甚至更长时间的老龄事业蓝图，建立完善老年人精神文化资源建设的规章制度显得尤为重要。具体策略如下：首先，建议国家立法组织考虑可否应当出台专门的老年文化法律规范和约束。其次，建议以《“十三五”国家老龄事业发展和养老体系建设规划》为参考依据，将“发展老年教育”部分提出的目标、路径和实施计划，通过相应有针对性的政策和地方指导性意见进行强化落实；将“繁荣老年文化”的基本思路和工作方案转化为项目性或任务性的操作手册，用来指导及评估地方在“开发老年人公共文化服务设施和项目，制作适合老年人的作品，建设服务老年人的数字图书馆，培育老年文化队伍建设”等方面的完成情况；将“加强老年人精神关爱”的基本内容设计成有机构、有分工、有权责、有场所的管理体系，使老年人在精神关爱、心理疏导、危机干预三大内容上有所保障。最后，建议除了国务院对养老服务业的发展做出系统安排和全面部署外，民政部、文化和旅游部等其他部委还应积极会同或相互配合出台相应的配套政策文件，所有省级人民政府给出具体实施意见。

2. 完善城镇职工基本保险制度

首先，完善养老保险制度。虽然中国处于“未富先老”，养老保险覆盖率也低于世界发达国家的平均水平，但在我国经济持续发展的趋势下，国家财政能力可承受范围内，有效且迅速地提高养老保险覆盖率是十分必要和重要的。扩大养老保险的覆盖面使我国城镇参保职工的人数增加，不仅可以提高保险的缴费收入，还可以缓解我国保险基金拮据的问题。因此，2015 年 1 月 14 日，国务院印发了《关于机关事业单位工作人员养老保险制度改革的决定》，规定从 2014 年 10 月 1 日起对现行机关事业单位工作人员养老保险制度进行改革，所有机关事业单位工作人员都要开始缴纳基本养老保险，并将逐步建立起独立于事业单位之外、多渠道资金来源、多层次保障方式、社会化管理服务的养老保险体系。新政策旨在扩大基本养老保险覆盖面，致力于建立更加公平、合理的城镇职工基本养老保险制度。这项制度的建立和执行，意味着从企业向机关事业单位延伸，全民基本养老保险的目标又迈进了重要一步。但是国家建立的基本养老保险虽然在养老金上力求对老年人提供养老保障，而在养老的具体诉求上还是有缺失，如护理险。目前我国还没有建立起护理险制度。第五章在介绍国外先进养老资源时，提到日本的护理险。众所周知，日本是世界人口老龄化最严重的国家，也是养老保险最健全的国家，其中介护（护理）险的作用是显著的。因此，借鉴日本的经验，适时开征老年照护保险，是应对老龄化的一项重要措施。开征护理险，首先应考虑空巢、高龄群体，同时也可考虑在独生子女父母中率先实行。如果以在职职工从 40 岁起开始缴纳护理保险费，以自己 15～20 年的积累，为老年生活护理提供保障，也为应对未来可能会发生的“空巢”和“失独”，以及老年护理需求高峰的到来，做好制度和资金的准备。在具体的标准和使用上各地区可以根据实际社情民意进行设计和制定，这样更有利于护理保险基金的统筹和扩大。

其次，完善医疗保险制度。1998 年，《国务院关于建立城镇职工基本医疗保险制度的决定》正式颁布，开始在全国建立城镇职工基本医疗保险制度；2016

年，国务院又印发了《国务院关于整合城乡居民基本医疗保险制度的意见》，建立了统一的城乡居民基本医疗保险制度，这是推进医药卫生体制改革，促进社会公平正义的重大举措。但是，随着体制改革的进一步深化，如户籍制度管制的松动、人口迁移流动的增强、产业结构不断变动、人口老龄化加深等，社会医疗保险制度存在的矛盾和问题逐渐暴露出来，出现了城乡“二元”卫生体制导致资源配置公平性失衡、基金收支不平衡、医改不到位相关法律法规不配套等。因此，具体建议如下：一是加快医疗保险的立法，构筑医疗保险法律保障。医疗保险基金是为参保人在出现疾病风险时提供资金保障而建立的健康安全网，但由于相关立法滞后，当出现基金乱用、危及基金安全行为时，现有的法规条款针对性不强，处罚力度弱，甚至执法无据，为此建议将医疗保险列入立法计划，加快法规立法。二是加强医疗保险制度的科学规划，制定中长期医疗保险事业发展规划。通过规划，可以为参保者提供与社会经济发展水平、人的寿命延长相适应的基本医疗保障，特别是考虑流动人口、老年人口的比例变化，可以科学、民主地谋划医疗保险事业与国民经济发展间的协调关系；明确符合本国国情和规划目标的基金筹集与使用规范；根据老年人口的需求和分布合理匹配医疗资源。三是动态调整医疗保险政策。随着人口老龄化的不断增速，老年人口所占参保人群结构比例会不断攀升，这将面临医疗保险基金筹集增长困难和医疗需求增长加快的双重压力，加重社会医疗负担，因此要加强医疗保险制度的过程管理和动态研究，不断改革医疗保险政策和完善医疗保险制度。

3. 建立适度普惠均等的社会福利制度

普惠型社会福利制度是一种较高水平的社会福利，主要特征是覆盖范围广、城乡一致（即不分城乡）、城乡居民共享的一种社会保障或社会福利。中国目前实行的是适度普惠型社会福利制度，适度普惠型社会福利是从传统的补缺型向全面普惠型转变的中间形态，它与特定的社会发展进程相联系。中国从步入小康社会到决胜全面建成小康社会这一阶段就是要努力构建适度普惠型社会福利制度，这是阶段性的战略目标。因此，首先，在适度普惠的社会福利目标体系上，扩大覆盖面，重视新增社会弱势群体的福利保障，同时逐步向全体社会成员扩展，由面向特殊群体逐步转向提高全体社会成员生活质量；由救济为主逐步转向公益性社会福利服务；由为经济发展服务逐步转向促进社会公平；由福利援助逐步走向福利保障的制度化轨道。其次，在适度普惠型福利的提供手段上，要实现社会工作的职业化与专业化，建设专业化与志愿者相结合的福利服务队伍。专业化不仅有利于社会福利建设有序进行，也能最大限度地提高福利事务的水平，避免因业务不熟或能力不强而出现不必要的问题。对此，国家应出台有利于高校社会工作专业学生的就业政策，参考"大学生村官"政策、引进人才政策，让社会工作专业毕业生能进入社会福利机构，发挥专业特长。再次，在具体的路径上，要实现社会福利社会化和以社区为载体，加强社区福利服务。最后，在社会福利保障体系建设上，要加强社会福利法制建设、拓展投融资渠道和加强社会监督。2008 年 8 月中国发布了《中华人民共和国社会救助法（征求意见稿）》，并于 2011 年 1 月 1 日起执行；2011 年 7 月 1 日，中国施行《中华人民共和国社会保险法》，但与社会救助、社会保险并列的社会福利，却没有相应的专门立法，因此，社会福利立法应得到重视。在社会福利建设资金建设上，国家应调整政策，除财政支出支持外，应调动民间资本补充拓宽社会福利建设的资金渠道。

4. 增强配套政策的支持体系

除了相应的法律法规保障和一定的经济支持外，国家还应匹配完善的配套政策，促进养老事业的顺利发展。具体来讲，各地方政府应根据老年人的需要，不断调整和完善养老服务发展的优惠政策。具体策略如下：①制定各种政策鼓励家庭养老方式。当传统养老观念仍发挥效用时，家庭养老仍是中国老年人首选的养老模式，因此可以借鉴日本、新加坡等国家的经验，政府通过住房补贴形式或者减免税收等各方面鼓励两三代人就近居住或同住；还可以建立必要的优惠政策鼓励子女积极承担赡养老年人的责任；建议对工作单位采取必要的帮扶政策，鼓励工作单位对家里有失能、不能自理，需要子女照顾的员工给予一定的政策扶持，采用弹性工作时间和人文物质关怀；对低收入家庭或者子女无力照顾老年人的家庭提供必要的经济补助和物资支持。②就业政策向养老倾斜。可以制定就业倾斜政策，赡养老年人的劳动者在当地就业，可以获得社区居委会推荐并具有优先权，如果因照料老年人而失去工作或影响到他们的正常工作，可以给予一定的补偿等，如获得创业小额贷款优先权，减免税收费用等，补贴由于照料老年人产生的直接成本和丧失掉的各种机会成本等。③大力发展医养机构。鼓励推进社会力量参与和投入养老服务的经营，特别是民营养老机构、医疗机构、老年大学等，如用地优先考虑兴办养老服务机构，对养老服务业的土地供应给予一定的保障；对经营性的养老服务设施给予优惠；对福利性、非营利性养老服务设施用地，可以给予补偿。④增大税费政策的优惠力度。通过减免各项税费和民办养老服务机构行政事业性收费，鼓励企业进入养老服务体系；对已进入养老服务体系的企业应给予持续扶持，多采用政府购买的方式。⑤多渠道资金保障养老产业的建设。激发金融市场对民办养老服务机构及其建设项目提供融资便利，并提供优惠利率；经论证前景好、规模大、市场急需的民办养老服务机构建设项目，财政部门也应当参与，并给予必要的贷款贴息。⑥建立严格的养老服务行业管理制度。例如，准入制度，对兴办养老服务机构进行严格的审批和确认；建立和完善行业监督规范，督促第三方组织对养老服务业的运行和服务进行监管，形成“政府宏观监督、行业自律监督、机构自我管理”相结合的行业管理系统；完善服务人员的职业标准，规范服务人员的职业道德和行为，实行职业资格准入制度，免费为养老服务人员提供培训等。

二、养老资源优化配置的组织保障

福利多元主义理论认为，政府不应该是社会福利的唯一提供者，社会福利可以由社会组织和企业等共同负担。而且养老服务是一种准公共物品，具有“非竞争性”的部分应由政府承担，如社会福利和社会保障，而具有“竞争性”的部分可以鼓励市场和社会组织参与，但参与的前提是政府要保证这些组织“有利可图”。此外，面对养老资源存在供给总量不足的现状，养老资源应借鉴先进经验和做法，构建符合中国国情的组织结构，即“政府主导、多种组织力量参与”的资源供给体系，形成对资源整合的多元化系统性支持（图 7-1）。

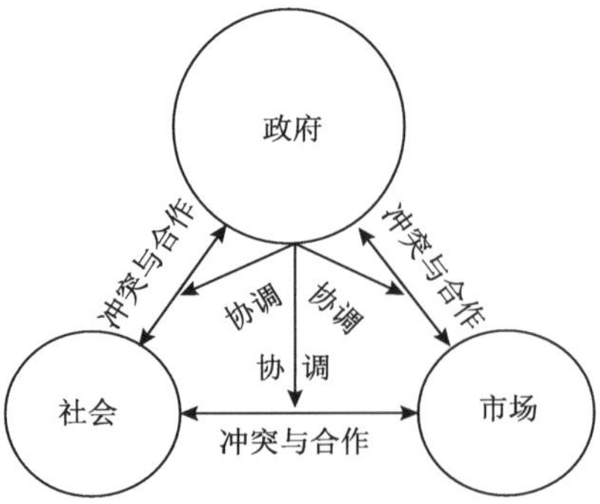

图 7-1 养老资源供给组织体系

1. 政府主导，发挥协调作用

政府作为公共物品的最大提供者，也是向养老群体提供适度福利的主要责任人。所以，政府主导首先应体现政府的托底作用，即政府要负担养老公共资源的供给，保障社会大众老年人的生存生活权利。这是因为一方面政府是制度的主要建设者和相关政策的制定者及执行者，掌握着绝大部分社会福利资源，有能力、有责任制定并执行适宜的社会养老政策，并建构起相应的社会福利制度；另一方面中国目前的民间福利组织还不发达、社区的物质性福利资源还很缺乏，只能起到拾遗补阙的作用。另外，政府主导还应体现组织协调作用，即要为政府、市场与社会在社会保障建设中的角色和作用合理定位，建立体现公平与效率原则的有机的分工协作体系和合理的运行机制。政府在社会养老保障体系中虽然发挥主体作用，但却不能独揽权利，而是应广泛动员和组织协调企业、社区、家庭、个人等参与到养老资源供给工作并赋予其应有的责任和权利。最后，政府主导还应体现监管作用，即要制定养老资源供给质量监管体系，督促参与组织提供服务能力、完善硬件设施、保证服务质量等。

2. 市场调解，发挥效益作用

在当前城市老龄化严峻的背景下，养老保障的许多领域，如养老地产、老年用品、商业保险市场和一些社会福利项目，完全可以调动发挥市场力量，使它们参与进来，带动养老产业的发展，成为新的经济增长点，使养老不再只是资源的消耗品，沦为社会的负担。因此，企业可通过发展养老产业，形成一批产业链长、覆盖领域广、经济社会效益显著的产业集群。例如，民间资本可以进入休闲旅游、健康服务、文化娱乐、体育健身、精神慰藉、教育、法律维权等服务领域，拓展对老年人的专业化服务；电商应增加适应老年人消费需求及特点的商品和服务的供给，开发老年用品市场；扶持和发展护理型、护养型养老机构，鼓励民间资本参与医养融合类养老服务建设；规范商业银行、保险公司、证券公司等金融机构开发适合老年人的理财、信贷、保险等产品；促进开办生活服务公司，提供专业护理服务、老年人日托、日常照料等，尤其为生活不能自理的老年人提供送货上门服务，满足老年人生活照顾、精神慰藉的需要。此外，通过财政政策调节即可增强产业竞争力，刺激经济增长，提高财政收入，不仅能有更多的财力用于养老事业，又能使政府、市场等支持主体在彼此协作中产生集聚效应。在微观上，还要重视给养老服务业的经营者财政政策援助，如增加优惠政策、减免营业税、提高从业人员的福利待遇、免费培训护理人员、向市场购买服务等，以激励市场微小主体和从业人员的积极性与服务能力，通过财政政策调节弥补养老服务业发展中的不足与乏力。

3. 社会参与，发挥补充作用

在政府和市场作用无效或者低效的领域，社会组织可以凭借较强的社会责任感、广泛的群众基础，以及较高的专业化能力等自身特点发挥其无可取代的重要作用，从而很好地填补政府与市场运作中的空白。因此，国家应充分重视并调动社会组织的积极性，鼓励其投入到养老服务的事业中，成为养老人力资源的一部分，这样既可以缓解政府养老压力，降低政府养老成本，又可以针对老年人多样化的需求，提供多元性的服务，从而提高公共物品的供给效率。具体来说，社会组织如慈善机构、老年人活动团体、社会志愿者团体、医疗机构、社区及新闻媒体等，通过财政奖励、资助等形式鼓励他们为养老事业提供资金、知识、医疗保健、组织力量、个性化服务和舆论支持等，帮助生活能力差或经济能力不强的老年人创造独立、自信的生活。社会个人也应积极参加志愿者队伍，到机构中为老年人提供服务或慰藉老年人，有能力的个人还可投资机构养老产业。此外，加大福利彩票的发行，鼓励慈善捐款以发展慈善事业，树立积极投身公益事业的意识，为福利事业捐钱捐物。

综上所述，建立相互协调合作的养老资源供给组织体系，使其相互配合，有机联系，共同构成统一体，从而突显社会养老保障的公平性，提高整体资源的利用效率，促使保障水平与社会承受能力相一致。相反，如果各主体之间“各自为政”，相互独立、互不干涉甚至相互矛盾，就会导致局部摩擦作用增大，缺乏整体性，从系统论角度看不能充分发挥养老资源保障体系的保障功能，无法实现“1+1>2”的整体功效，结果既丧失公平，又缺乏效率。

三、养老资源优化配置的人员保障

在“以人为本”的21世纪，人力资源已成为推动经济增长和社会发展的第一资源，在养老资源配置过程中，人力资源也始终发挥着决定性作用。但是，长期以来，养老服务业一直存在人力资源紧缺、流行性大、区域配置严重不均等问题，无法满足日益增长的养老服务需求。作为养老资源中最重要的组成部分之一——养老服务人员，在养老服务过程中发挥关键作用，是保证服务质量、满足服务需求的核心要素。因此，从国家层面解决养老服务人员紧缺的问题，必须对养老人力资源进行规划和整合。

1. 建立合理的人才培养机制

中国养老人力资源一直存在短缺与素质低下并存的现象。由于人才的流动性和高校毕业生择业的自主性，以及国家没有专门针对养老服务人才的培养和激励政策，高端优质的人力资源稀少，而非专业劳动型的人员也相对不足。因此，建议国家从教育、培训和标准化层面进行改革和完善。

首先，改革现行的高校人才教育体系。例如，调整专业结构，促进社会保障人才培育。国务院鼓励教育部、人力资源和社会保障部、民政部等要介入并支持高等院校和中等职业技术学院增设或设置与养老服务业相关的专业和课程，增强老年医学、康复、护理、营养、心理和社会工作等专门人才的培育，扩大培育规模和质量。但从目前的实际情况来看，养老护理专业的开设绝大多数在高职高专，教育部应当鼓励高校在本科阶段甚至研究生阶段也开设高层次的养老护理专业，让更多的专家学者和人才储备进入养老服务的研究领域，同时也可参照日本、瑞士等“介护式”培养模式，将老年护理专业设置为国家学科建设中的一个重要分支。此外，鼓励相关学者多出版护理知识、老年心理慰藉等方面的专业书籍，在重视学科建设的同时，更应重视知识体系。

其次，建立定向培养与在职继续教育培育机制。为了降低养护人员的流动性和跳跃性，使其扎根于养老服务行业，教育部应联合国家卫生健康委员会、民政部、人力资源和社会保障部，充分利用现有社会保障中的高等教育资源、养老机构和社区养老服务中心等，面向农村或职高的应届高中毕业生以定点招生、定向培养、定向就业的方式，由地方财政出资为贫困地区免费培养大专层次的养护专业人才。同时， 还应大力发展毕业后教育和继续教育，积极开展各类养护人才培训。建议拟定、颁布实施类似“继续养护教育规定”等与养老服务配套的教育政策和培养模式，对社会上大量从事低层次服务的人员（如保姆、小时工、家政）进行岗位培训、养护知识教育、与老年人沟通技巧培训等。此外，还应依托院校和养老机构建立养老服务实训基地。

最后，推行养老护理员国家职业标准资格认证制度。养老服务要体现规范化、专业化管理，从根本上就要提高养老服务从业人员的整体素质和职业技能。因此，国家应制定统一的养老护理员国家职业标准资格认证制度，对养老从业人员进行培训和技能水平考核，重点培养和开发医生、护士、康复医师、康复治疗师、社会工作者等具有执业或职业资格的专业技术人员。对从事养老服务的专业技术人员，执行与医疗机构、福利机构相同的执业资格、注册考核政策。

2. 发挥有效的人才激励机制

对养老服务人力资源配置的公平性应体现两个方面的内容：一是对老年人来说，能够获得满足需求的服务和产品，且无差别化；二是对服务人员来说，无论在什么地方，都能够具有相同或相似的工作条件和回报。然而，从区域和城市现实的情况看，西部地区与三四线城市经济基础较薄弱，收入低、培训机会少、工作条件较差等，导致养护人力资源匮乏，且招募和留用都很难，无法满足当地老年群体的养老需求。国家针对养老人力资源的激励政策，特别是基于公平性，从基本公共服务均等化的角度，尚未建立起有效的政策引导和激励措施。因此，具体建议如下：首先，制定优惠政策，向欠发达区域倾斜，营造基本养护人力资源配置良好的公平环境。国家卫生健康委员会应出台相应的政策鼓励社会保障专业、养护专业、医护专业的毕业生向西部、北部、三四线城市流动，在定向培养、薪资待遇、职称评定、职业技术资格认证等方面给予相应的优惠政策。同时，借鉴国外及先进地区的成功经验，鼓励当地政府制定合理的人才引进政策，将养护人才引进与培育作为其中的一个政策，引导毕业生和有资质的人员进驻，提供事业发展机会；针对从事养老服务行业的企业、社会组织等制定相关的扶持政策，如对提供公益性岗位或就业岗位，吸纳农村转移劳动力、城镇就业困难人员等的养老服务机构，给予税收减免、政府补贴、优先审批等支持；对符合条件的参加养老护理职业培训和职业技能鉴定的从业人员给予相关补贴。其次，增加财政投入，建立完善的经费保障机制。中央财政在预算养老服务事业经费时，应对贫困地区、老年人口集聚地区、服务人员严重不足地区实行倾斜政策，加大对这些区域转移支付的力度，扶助这些地区解决养老医疗机构基础设施建设、设备购置、人员培训、增设养护专业等资金严重不足的问题。同时，中央财政对养老服务事业的投入应该制度化且具有可持续性，甚至建议设立专项资金保障弱势区域养老服务的发展。

3. 完善专业的人才管理机制

人才管理机制主要体现在以下三个方面。一是战略管理，这是规划人力资源体系，从供需机制上，保持人员的平衡状态；从目标任务上，保证人才的选用状态。二是绩效管理，这是评估考核人力资源的业绩达成，以工作分析为基础，以关键绩效指标（key performance indicator，KPI）为核心，实现、改善和激励人员的目标状态。三是薪酬管理，这是回报和答谢服务人员所做的贡献，时代赋予了它新的意义，已不仅仅是自己的劳动所得，更代表着人员自身的价值和对工作的认同。因此，建议国家主管部委从这三个方面完善养护服务人员的管理机制。具体建议如下：首先，在人力资源战略管理上，应科学分析和预测养护人员的供需关系，以此计划所需人才的数量，进而指导相关教育机构和培训机构分配指标，有效供给；通过合理的区域规划，宏观上调解各地区人才市场的供需比例，建立人才流动通道，使总供给与总需求尽可能保持平衡。其次，在人力资源绩效管理上，应基于胜任力模型、关键绩效指标建立针对养护人员的绩效评估体系，或出台相关的标准及规定，使养老服务行业管理更加规范化、科学化，同时也杜绝低素质人才、劣质机构等混迹其中。虽然，目前我国人力资源和社会保障部已经制定了《养老护理员》国家职业资格标准，将护理员分为初、中、高、技师四个等级，但这样划分还属于低标准的“入门式”认定，建议在《养老护理员》标准之上，再制定更高标准的“养老护理师”，让从业人才有机会获得执业资格，成为真正的专业型人才，那么对于绩效评估及服务质量将是重大变革。此外，中国目前养老服务业还缺少专门的“养老服务专业人才协会”，建议从国家层面倡导组建全面负责养老涉老的权威机构，可以全面调动和整合各方养老资源，专业化开展养老事业的开发、运作、管理和监督工作。最后，在人力资源薪酬管理上，国家一方面要大幅度提高养老从业人员的工资待遇，特别是对大专院校毕业的专业人才，应按照高层次人才标准给予补贴和福利。据调查，护老人员的工资普遍偏低，这是不符合劳动本质的。另一方面受传统观念的影响，许多人认为养老服务与管理就是“伺候人”的工作，所以养老从业人员缺口巨大，文化和旅游部应该多宣传、出品关于“孝老、服务”方面的文化产品、影视作品，让从事养老服务工作的人员对养老服务事业产生认同感、责任感、价值感和使命感，吸引更多的学生报考养护专业，降低从事一线养护人员的流失率。

第二节 省域养老资源优化配置的整合推进

将研究区域指向东北三省，不仅因为研究者生活、工作在东北三省，对东北三省的人口、资源、经济与文化更为熟悉和了解，更是由于东北三省正面临着经济危机、人口危机、资源危机等残酷现实，无论哪一种危机对东北三省来说都是严峻的挑战，况且当这三种危机叠加累积后，东北三省的振兴、发展之路将变得异常艰难。其中，人口危机是首要。2016年，国家卫生和计划生育委员会公布了《中国流动人口发展报告2016》，将东北三省人口变动的分报告描绘为一张东北三省人口的危机图，即东北三省生育率极低，人口增长趋于停滞，人口老化愈发严重。人口老龄化的一个直接影响就是严重的养老负担，对养老资源的消耗会成为当地经济建设与发展的一大阻力。因此，东北三省必须联合起来应对三大危机和人口老龄化凸显的矛盾，以及减少养老资源耗费，科学合理地匹配使用养老资源，降低社会负担，推动经济发展，使其成为新的经济增长点，这对于中央贯彻落实东北老工业基地振兴战略，具有重要的意义和价值。

一、促进本地区经济发展是养老资源配置的保障

历史表明，高速增长阶段的结束是客观的，是必然要经历的，但是怎样使经济由高速增长有效转入合理的平稳增长，而不是进入长期衰退或经济陷阱中才是关键，所以转换经济增长的动力机制就成为核心问题。因此，激发国民经济后劲，资源充分利用和科技创新是增强经济增长的内生动力，也是促进东北三省经济发展方式转变，振兴东北老工业基地的必然抉择。一国（或地区）的发展路径一般包含资源型、依附型和创新型三条道路。东北三省应致力于培育创新型内生发展模式，以内需市场为基本动力，以内部资源为主要依托，以科技创新为核心引擎，以企业内生链条为发展载体，以内生发展为根本指向，走创新型道路。内生发展的重点是培育一批具有较强竞争力的当地民营企业，鼓励其自主创新，提升资源利用效率，以此增强区域经济系统的创新能力。具体建议如下。

1. 以民营经济增长促进内生发展

第一，调整产业结构。东北三省仍是农业大省，利用农业多功能性，发展优质农业和乡村旅游业、拓展农业及农村的功能。同时，以可持续发展为基准，重点发展投入少、消耗少、产出高的产业。第二，根据区域不同的发展历史与特色，鼓励各区域培育内部特色企业，加强各区域间的经济联系，激活中小型经济的发展。第三，引导资本要素支持产业创新，为新兴战略性产业提供资金支持。通过政策鼓励、资金引导等多种手段，带动社会资金投向创新企业，特别要扩大种子基金规模。积极引进培育与本地重点产业紧密相关的各类专业风险投资机构，制定实施金融业空间布局规划，为区域发展建设当地的金融融资体系，解决区域发展过程中面临的资金问题。第四，培育中小型民营企业的发展，为传统市场注入更多新鲜活力，更好地通过优胜劣汰机制增强民营企业的竞争力。第五，实现资源能源的创新驱动，引导区域合理利用其内部资源，做到物尽其用、人尽其才，通过内生发展促进区域发展。第六，大力培育创新型企业，重点推进企业研发机构建设。通过结构调整，提高结构资本的内在价值，逐步建立起企业研发机构的动态管理制度，健全企业创新内生机制。这里涉及科学设计企业内部组织管理架构、企业运行内控机制的建立及全面的技术创新与内部管理评价考核体系。第七，让企业成为引才聚才的主体。坚持做大“人才库”和“资本库”，积极探索信息条件下的人才资本融合新渠道、新形式，重点引进国内外投资机构合作设立子基金，为人才搭建从天使投资到中、后期风险投资的完整链条，筹建人才资本民营企业对接网络平台。

2. 以科技创新促进内生发展

国内外研究表明，科技创新是增强经济发展内生动力的决定因素。由原始创新能力、关键技术创新和系统集成能力等构成的区域创新能力已经成为决定国际产业分工地位和全球经济格局的基础条件，科技创新已经成为经济发展内生动力的决定因素。首先，东北三省要培养全社会的创新意识（宽容创新失败），营造有利于创新的社会氛围。要重视塑造城市的包容文化，要营造尊重知识、尊重人才、尊重创造的社会氛围，鼓励人们通过创新实现个人价值，为创新活动提供有力的支持。其次，强化知识产权保护，加大创新投入。进一步完善知识产权制度，加大知识产权宣传力度，加强知识产权执法，加大对侵犯知识产权行为的打击和防范力度。建立多元的科技投入体系，加大对企业科技创新活动的投入力度。最后，实施创新型人才高地战略。创新驱动的根本是人才，人才是城市创新发展的动力源。东北三省要实现创新发展就必须加强创新型人才的培养，围绕今后科技发展的重点领域和产业发展及企业需求，引进培养一批科技领军人物、人才团队，以及高层次、高素质、国际化的管理人才和高技能人才，打造创新人才培养和集聚高地。同时，应该推动知识产权人格化，人才资源资本化，深化技术、管理、资本等生产要素参与产权和分配制度改革。建立政府宏观调控、单位自主用人、社会提供服务、市场调节供求的人才资源配置机制。吸引海内外优秀人才到当地从事高新技术研究开发工作，鼓励大学和科研院所科技人员创办高新技术企业或到企业从事科技成果转化工作，创造能吸引高层次科技人才和管理人才的生活环境和文化环境。

3. *以资源充分利用促进内生发展*

内生型发展模式主要依靠挖掘、激活、优化区域自身具有的发展要素，这种发展模式适合于有形资源丰富、制度环境变迁空间较大的区域。东北三省曾经的发展环境良好，具有丰富的优质空间资源，有形资源丰富，制度环境和人文环境改善的空间巨大，只要充分挖掘、激活现有的资源和要素，充分发挥现有比较优势，依托内源要素的优化配置，就可以实现内生发展。第一，要防止陷入“资源优势陷阱”，这就需要坚持市场决定资源配置，创新投融资方式，变资源为可增值的资本，变资本为可融资的资产，通过多渠道注入资源，做大资产总量，做优资产质量，实现资源配置方式由输血型支持向造血型发展转变。第二，深化资源创新，着力推动资源节约型和环境友好型社会建设。坚持集约、节约、生态、永续利用的发展模式，构建稳定高效的生态文明示范体系。坚持可持续发展，将资源节约和环境保护作为重要着力点，在注重人均 GDP 的基础上，更要考核对生态环境的保护状况。加快发展绿色经济、循环经济、低碳经济，大力推进节能环保技术改造，努力降低能源消耗强度和二氧化碳排放强度，将节约和环保贯穿于生产、流通、分配、消费各个领域、各个环节，提高生态文明水平。第三，资源型产业和非资源型产业的协调发展。资源型产业转型升级的实质是减少对资源的依赖，培育和发展精深加工，借助资源型产业发展所带来的市场空间和发展机遇，发展非资源型产业。例如，大连应重点放在提升装备制造业，使装备制造业达到国际先进水平；发展生产性服务业，着力提升服务外包的内需市场，加快构建区域生产性服务体系，从而有力地提高资源型产业对服务业的联动发展作用。第四，降低产业对资源的依赖程度，增加非资源型产业和低碳产业的比重，这对增强经济发展的抗风险能力和促进经济与生态环境的协调发展具有重大意义，东北三省应充分发挥自身优势，为新材料、新能源等非资源型产业和低碳产业的发展提供适宜条件，积极增加非资源型产业和低碳产业比重，对传统产业结构进行根本改造。第五，延长优势资源产业链。通过实施资源的“就地转换”战略，尽量延长本地资源型产业的产业链条，充分利用本地优势资源，最大限度地实现资源在本地经济系统内的价值增值，重点引进、培育一批下游产业，实现优势资源与现代制造业的对接，从而降低资源投入在整个经济系统中的比重。

二、落实国家政策、鼓励生育是养老资源配置的动力

国家在政策和战略方针上给予全局性的规划和指示，明确养老服务事业发展的基本方向，同时各地方政府也对本地养老资源建设提出了有效的政策性指导和基本原则。因此，东北三省应积极贯彻落实国家的相关政策，开展因地制宜的符合社情民意的养老资源配置工作，具体建议如下。

1. 建立和完善养老保障体系

根据国家颁布的《中华人民共和国老年人权益保障法》、《“十三五”国家老龄事业发展和养老体系建设规划》和《国务院关于加快发展养老服务业的若干意见》等，东北三省都全面布局了本省的“老龄事业发展和养老体系建设规划”。同时，在各市区、乡镇等陆续开展了本地区的“老龄事业发展和养老体系建设规划”的编制，将任务目标进行分解，明确各职能单位责任分工，完善和细化具体措施。其中，由政府主导并提供的基本养老产品和服务都有所增长，即使是三省中经济相对落后的黑龙江省也提出了 5 年内将高龄老年人补贴覆盖率达到 100%；每千名老年人拥有“医养结合”型服务床位数 17 张，拥有养老床位数 35 张等一系列量化指标。但在社会养老保险、医疗保险制度建设方面还有待改革。首先，基本养老保险制度由现收现付式向完全积累式过渡，促进代际公平。2005 年，国家在东北三省启动了做实基本养老保险个人账户试点工作，虽然取得了一定的效果，但问题的关键点并不在于是否做实个人账户，而是应该考虑是否使“社会统筹”与“个人账户”相分离，将基础养老金作为

基本养老金实行统筹，进而减轻政府所承担的责任。同时。当人口老龄化急剧加深时，也会减轻年轻人的负担，加剧代际转移的不平衡性，使代际矛盾变得尖锐。其次，基本医疗保险制度由属地管理向异地转移接续过渡。东北三省可以联合起来打破本地就医结算制度的边界，建立异地就医结算机制，制定基本医疗保险关系转移接续办法，解决流动人口，特别是异地安置退休老年人就地就医的基本医疗保障关系跨制度、跨地区间的衔接。推广参保人员就医“一卡通”，实现医保经办机构与定点医疗机构直接结算。最后，扩大保险覆盖面，实现城镇全民纳入社会养老保障的体系范围，如育龄妇女因生育失去或间断工作、兼职工作、自我创业、自由职业者、临时工等理应享受该有的社会保障，却一直空缺。

2. 落实国家计划生育新策，鼓励生育

东北三省的人口危机除了人口外流和老化外，最重要的就是生育率极低。据国家卫生和计划生育委员会公布的《中国流动人口发展报告 2016》中关于东北三省人口变动的分报告，2006～2015 年，东北三省人口年均增长率仅为 0.21%，不足全国同期水平 0.5%的一半，人口增长基本趋于停滞。2016 年 1 月 1 日开始实行“全面二孩”政策，至今已有两年多，东北三省生育率仍然不容乐观，大多数育龄妇女都抱有生育意愿不强的态度。生育孩子意味着将面临抚养的压力、教育的压力、经济的压力及职场晋升的压力，对于 80 后独生子女一代，还要面临抚养 4 个老年人的压力。因此，地方政府有必要做出政策引导，全面落实国家新生育政策，鼓励适龄妇女多生育二孩，破解东北三省人口危机的现状。首先，改善公共管理服务体系。加快改进服务条件、提高服务能力、整合服务流程，积极迎接可能出现的“婴儿潮”；完善生育二孩的医疗费用比例，加快市、县两级孕产妇和急救中心建设，提高孕产妇和新生儿急危重症救治能力；设立专项资金支持婴幼儿早期发展工作，增加中小幼学位，并且完善中小学和新建幼儿园教育用地的保护规定，以更好地应对“全面二孩”政策带来的教育需求。其次，建立完善的社会支持系统。借鉴国外的一些先进经验，出台一些配套的政策，做好与社会扶持政策的衔接工作，将家庭养育成本部分社会化，由政府承担一定的成本，如延长生育假、增加生育津贴等，以鼓励更多的年轻家庭生育孩子。同时，还应该动员更多政府机构部门、社会团体和志愿人士加强宣传，并给予申请二孩的夫妇提供养儿和育儿辅导，做到人口数量和质量“双提升”。最后，出台女性就业保障措施。人力资源和社会保障部、中华全国妇女联合会等相关部门和组织应当尽快出台“全面二孩”的配套政策，为维护女职工的合法权益提供保障。如果生育二孩的女职工在生育过程中的合法权益遭到侵害，司法机构和劳动保障部门应提供相应援助，尤其是对因生育而辞退女职工者，必须依法进行严惩。政府机构的相关职能部门，应根据市场经济的发展规律，发挥宏观调控作用，对女性就业较为集中的行业、部门，为女职工提供必要的培训支持，并且在核定工资和福利成本，以及其他方面给予适当的优惠政策，从而共同营造和谐良好的职场环境。此外，政府还应加大正面宣传，弘扬国策正能量，引导群众了解政策、理解政策，在依法生育的同时，更要做好政策衔接，确保政策有序调整。加强人口因素对经济社会发展需求的研判，医疗卫生机构主动组织开展孕产妇保健和知识宣传，特别是提升高龄产妇的孕前健康检查、风险评估和妇幼保健服务能力。加大出生缺陷综合防治力度，强化孕产妇与新生儿危急重症救治，解决产科和儿科医护人员短缺问题，确保母婴安全。

三、调节养老市场、激发养老产业是养老资源配置的活力

当政府关注人口老龄化的速度、规模和养老模式时，第一批中产阶级也即将步入退休生活，这意味着首批中产老年人将为养老市场带来新的变革，会加速养老市场的发展，刺激养老产业成为中国经济增长的重要支撑点。第一批中产阶级指的是年龄在50～65岁,改革开放后首批通过自身努力,获得一定积蓄，同时文化程度、对生活质量的追求层次等都较高的群体。目前，城市中有退休金保障的老年人已逐步显现出较强的消费能力。而且，他们还是中国第一代和第二代婴儿潮叠加人群，也是第一批独生子女的父母。“空巢”和“子女赡养难”等问题正是这个群体面临的困境。因此，这一代人对人口结构和养老产业具有两重效应：一是“老年人口红利”效应，即老年人口增多；二是个体消费能力上升效应，即老年人个体消费能力上升，对中高端养老率先发力，他们具有改善退休后生活状况的经济能力，对养老需求不只是过去单一的生活服务，更追求精神文化、健康长寿。由此可见，养老产业将有广阔的发展前景。首先，构建完整的养老服务产业链。将过去养老、医疗、殡葬等上下游对接后，通过激发和调解催生出更多的老年地产业、老年旅游业、老年娱乐业、老年出版业、

老年休闲业、老年营养餐饮业、老年培训业、老年动漫游戏业、老年养生滋补业等各类细分市场，从核心的养老服务、养老地产到养老支柱产业，再到辐射产业带动养老上下游服务，形成一个从上至下的完全满足老年群体需求的养老产业链。其次，为保障养老产业的健康发展，政府应及时出台有关养老服务市场的规章条例，防范市场风险、规范交易行为、打击欺诈行为、解决交易纠纷，在条件成熟时还应制定专属的养老服务市场法律法规，使人们在养老服务交易时有法可依、违法必究，保证养老服务市场的健康持续发展。再次，市场资源配置要通过供需关系发挥作用。由于信息不对称，养老市场资源配置长期存在一种尴尬局面，一方面，客观存在的巨大养老服务需求难以满足；另一方面，大量养老资源被浪费，有的养老院一床难求，有的养老院却有大量床位闲置。造成这一矛盾的主要原因是目前中国养老产业资源并未按照市场规律进行合理配置和利用，某种程度上仍然保留计划性、指令性的经济手段。因此，要对养老资源配置进行供给侧改革，增加养老资源的总供给，促进养老资源在区域、城乡、省际均衡发展；精准定位公办和民办养老机构的功能，明确公办养老机构“为谁服务”；加大对民营养老院的支持，盘活民间养老资源，鼓励民间资本进入养老行业，推进民办公助等形式的养老机构的兴办；培养更多合格的市场主体，如以万科企业股份有限公司为代表的地产企业、以泰康人寿保险股份有限公司为代表的保险企业、以中国康辉旅行社集团有限责任公司为代表的旅游企业、以中国石油化工集团公司为代表的中央企业纷纷进入养老社区。

第三节　市域养老资源优化配置的实施策略

从市域角度，创建一个多层次、多主体、广覆盖的养老资源支持系统（图 7-2），为老年人所需的各种服务项目和场所提供政策、资金、人力等保障，从机构养老到社区养老，从家庭养老到居家养老，全方位地满足老年人低级的生活照料和高级的生活需求；培育专职的护理人员并规范化工作管理，鼓励志愿者和义工的积极参与；鼓励政府购买养老服务，激发民间资本和私人机构介入，引入竞争机制，使养老服务向产业化、市场化发展；建设和完善有关养老的各项政策、法规、条例等，促进养老服务更加规范化、合理化。这是城市在解决当下影响养老服务业发展中的突出难题，为实现老年人安享晚年生活谋求福祉的有效选择。

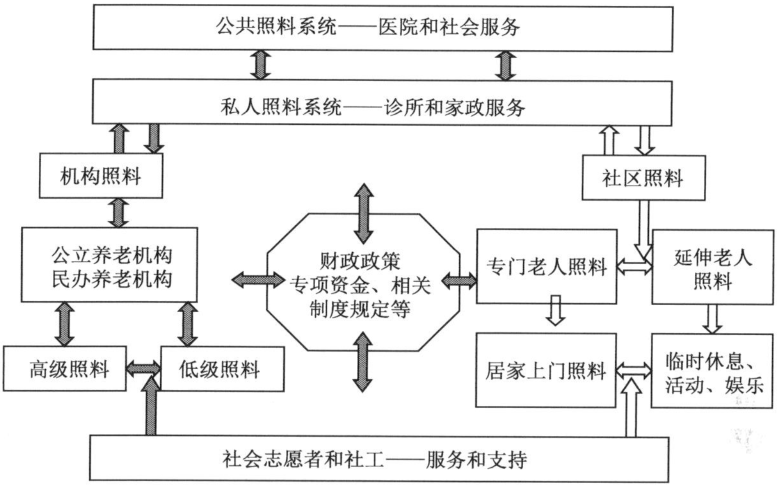

图 7-2　养老资源支持系统

1. 建立健全养老事业法规政策

根据国家、省域不断完善而建立的法规政策，进一步建立健全养老事业具体规章制度，使养老事业可以依据法律有序、科学的开展。首先，制定具体、详细的养老机构管理政策。制定具体、量化可操作的养老机构准入条件、服务标准、评价机制和监管机制。在准入条件方面，对养老机构规模、拥有最低床位数、应拥有养老服务人员、护理人员数做具体量化要求；规定不同级别的养老机构应有的医疗康复设施和医疗护理人员数量，并逐步提高对人员数量、级别素质的要求，进而提高养老机构在提供医疗护理、康复治疗方面的功能。在服务提供方面，具体规定每个养老机构必须拥有的老年娱乐设施或活动，规定不同级别养老机构的餐食标准等。其次，制定养老事业相关配套政策，建立养老服务评价与监管机制。在建立评价机制方面，制定有关养老服务内容、质量的规范细则和考核标准，在社会上予以公示，让群众及时提建议；开发科学的养老服务评价工具，形成政府、监管机构、服务客体与服务主体四位一体的评价体系，多角度地对养老服务进行评价。将评价结果进行公示，一方面可以提高一些高质量、优秀养老机构的知名度，另一方面可以促进竞争局面的形成，促进养老机构提高服务质量。在建立监管机制方面，加强相关部门的监督力度，制定奖惩政策，根据结果落实政策，充分发挥监督作用。建立养老服务行业协会，制定具体监督办法并采取可行的技术手段，充分发挥社会组织、群众和行业协会的监督作用。

2. 完善生育和退休政策，合理利用老年人力资源

首先，适度调整生育政策，延缓老龄化进程。统筹考虑人口老龄化与生育政策，拓展计生部门工作职能，有计划地安排进入育龄年龄夫妇生育两个孩子的间隔问题，起到缓解生育高峰和老龄化的双赢效果。在具体操作上，可分为以下四个步骤：全面落实二孩生育政策；提倡节制生育，完善服务体系；实现生育自主；鼓励生育。在政策调整过程中，需要承上启下地实现生育政策的平稳过渡，不能忽略长期计划生育政策对社会发展和人民生活造成的既有影响。其次，渐进式延迟退休年龄，实行弹性退休制度。50～60岁属于年轻的老年人，他们长期积累起来的工作经验和阅历刚刚达到顶峰状态，是不需要培训、成本较低、实用性较强的人力资源。特别是对具有高学历和高级职称的专业技术人员来说，如果让他们的退休年龄同其他人一样，势必会造成老年人力资源的浪费。当前，延迟退休年龄的时机已经成熟，人口老龄化和平均预期寿命延长是需要延迟退休年龄的根本原因。养老金制度并轨为延长退休年龄奠定了有利的基础，近年来劳动力市场的深刻变化也为延迟退休年龄创造了条件，而国际上延迟退休年龄的做法也为延迟退休年龄提供了有益的借鉴。政府可以采取工资补贴的形式鼓励企业逐步提高退休年龄，考虑到老年人的特殊性，应鼓励民间非营利企业多雇佣老年人，对于雇佣老年人达到一定比例的企业提供工资补贴。采取弹性退休政策，根据意愿与身体状况确定每个人的退休年龄，既可解决老龄化问题，也可解决当前关于延长退休年龄规定所引发的争议。再次，转变养老观念，鼓励老年人再就业。开发适合老年人的职业，鼓励老年人就业及创业。再就业的老年人与赋闲在家的老年人相比，其发病率明显减少，衰老速度减慢，死亡率也随之降低。鼓励低龄、健康老年人开展志愿性或经营性的社会养老服务，不但可以减轻劳动年龄人口的负担，同时还可以为老年人提供更多的经济收入。引导老年人利用自身工作经验和技术，找到适合自己的职业，发挥自己的特长。另外，选择适合老年人创业的行业，鼓励老年人创业。对老年人创办的福利企业要提供低息贷款和税收优惠政策，使老年人在任何年龄段都能自由创业，为家庭和社会创造价值。成立专门的老年人力介绍中心，履行有关职业

开发、教育、评价、宣传、网络运营等业务，促进老年人就业。适合老年人创业及就业的行业如表 7-1 所示。最后，教育和培训是开发老年人力资源的主要途径。老年教育不仅可以使老年人的现代观念、生活方式和质量得以相应改善，而且对老年人力资源的开发，以及促进人口老龄化社会的可持续发展也都起着至关重要的作用。要提高老年教育覆盖率，发展各级各类老年大学，支持街道、企事业单位及高校发展老年教育。对已经办起来的老年大学要认真按照相关评级要求，开展评估创优活动。推动群众性老年教育活动，基层老年人协会应有计划、有要求地组织老年人参加文化娱乐、体育健身、看书读报等活动，提倡老年人根据自己的兴趣爱好开展多种形式的自主学习活动。加强老年教育科研，要以学校为中心，吸收和推动其他涉老部门，联系有关专家、学者和实际工作者开展老年教育的科学研究工作。

表 7-1　适合老年人的职业及行业

类别	职业列表
适合老年人就业的行业	售票检票员、加油员、停车管理员、检修员、物业管理员、交通协管员、宿舍管理员、公园管理员、导游、园艺管理员、质量检查员、售货员、康复用品分类员、森林保护员、邮件收发员、看护患者、安全巡视员、草坪管理员、街道清扫、垃圾填埋、消毒防疫员、锅炉工、烹饪、水源地管理、调查员、文化遗产保护员、翻译员、社会教育讲师、老年大学讲师、中小企业顾问、技术专家、人力开发咨询、创业志愿咨询、婚姻咨询、租赁管理
适合老年人创业的行业	老年护理中心、老年用品专卖店、物业管理、学生课后辅导中心、周末农场、养殖业、种植业、加工业、庭院经济、志愿者服务中心、翻译公司、中小企业技术咨询、婚介所、电器收购维修、烹饪学校、老年大学、老年人职业介绍所

3. 建立健全养老和医疗保障体系

首先，从养老保障体系来看，虽然政府投入的养老保障资金逐年递增，但主要用于民政救助的对象，如城镇“三无”老年人、农村“五保”老年人、特困家庭、受灾户等特殊人员，而生活困难的空巢、留守老年人能够得到政府扶助或领取低保金的很少。因此，针对以上问题采取的具体策略如下：①应完善最低生活保障制度，逐步扩大社会保障范围，将生活困难的老年人也纳入低保，使他们的晚年生活得到基本保障。②健全城乡居民养老保险和高龄老年人养老补贴制度，财政给予资金支持。如果财力不足，也可先将 70 岁以上的老年人纳入养老保险体系中，由政府按月给予一定的生活补助，以解决中高龄老年人的养老问题。③完善企业职工基本养老保险和补充保险制度，确保企业离退休人员养老金按时足额发放，加强对养老保险基金的收支管理和监督，提高社会化服务水平。④建议鼓励并扶持商业保险产品开发，提倡和引导公民参加个人储蓄性养老保险，鼓励商业保险企业、商业银行或住房公积金部门建立公益性中介机构。⑤贯彻落实二孩生育家庭奖励扶助制度。其次，从医疗保障体系来看，城镇的全民医保和农村的新型农村合作医疗能够解决老年人的一部分医疗费用，但相对于老年人的经济能力而言，补偿的水平还是很低，与老年人的医疗需求相比还有很大的差距。因此，针对以上问题采取的具体策略如下：①应不断提高筹资水平，使其随着政府财政收入的增长而提高医疗保障的覆盖范围和幅度，对经济困难的“边缘老年人”要纳入医疗救助范围，减轻老年人的疾病负担。②政府还应加大对医疗卫生服务网络建设的投入，从医疗器械和健身设施，到卫生人员的配给和教育培训等，不断改善医疗条件和服务水平。③建立和完善双向转诊制度，探索集医疗、预防、保健、康复、健康教育于一体的老年社区卫生服务模式，对高血压、糖尿病等慢性病患者进行健康管理工作，基本实现每天做一次免费健康管理的目标。④基层医疗卫生机构为辖区内 65 周岁以上老年人建立健康档案并开展健康管理服务，组织老年人定期进行一般体检及相关辅助检查。⑤鼓励医学院校和医疗卫生单位加强在老年临床医学、老年多发病领域的研究，降低老年人常见病的病发率、致残率和病死率，控制老年人常见病和慢性病。⑥加强老年心理学和社会医学研究，注重老年医学专业人才培养。广泛开展老年健康教育，普及保健知识。

4. 建立长期护理制度

长期护理是指为由于生理、心理等因素生活不能自理的慢性病患者或残疾人士提供的医疗护理、康复护理、日常照护等一系列服务。长期护理制度是指政府建立的通过明确长期护理的主管责任机构、服务对象、服务形式、资格评定体系、给付待遇及资金筹措等方面，将长期护理确立下来并一直推行实施，惠及全民的一项制度。长期护理制度的建立能够满足老年人的护理需求，既能为老年人提供专业化护理，又可以减轻家庭养老负担，对补充养老事业的发展具有重大意义。长期护理制度中的服务对象是患有慢性疾病的老年人或者失能、半失能的老年人，需要对 60 岁以上老年人是否需要提供护理服务进行鉴定。护理服务的提供者是政府指定机构，如社区医院或护理机构、公益组织和营利性企业，根据地区护理机构与老年人的空间分布状态进行匹配，划分出每个机构、社区医院对应服务的老年人。护理方式主要分为居家护理、日间护理和机构护理，使用哪种护理方式由老年人进行选择。居家护理是指专业护理人员到老年人家中进行服务；日间护理是指在社区日间照料中心进行的服务；机构护理是指加大养老机构中的医疗和疗养护理功能，使居住在养老机构中的老年人能够得到较好的护理服务。其中，应重点发展居家护理与社区日间护理，这两种护理方式与现在主流的居家社区养老模式相适应，老年人可以在家或社区内得到护理服务，有价格低廉、距离近、方便、效率高等优势。失能、半失能的老年人不用再反复长期住院，解决了“住院难”的问题，减轻了失能者家庭的经济和护理负担，同时也缓解了医疗资源的紧张情况。借鉴发达国家的经验，首先，建立长期护理制度需要通过立法形式正式确立起来，通过立法明确规定护理制度的主管责任机构、服务对象、服务形式、资格评定体系、给付待遇、资金使用等，还有保障制度实施的配套方案细则。积极开展长期护理制度的立法工作，使该制度依靠法律的支持不断完善，运行逐渐规范、良性和高效。其次，需要确定护理等级，建立护理等级评定标准，根据一定标准鉴定老年人的自理能力、健康状况等级，对是否需要进行长期护理的老年人进行鉴定并对其需要接受何种等级的护理服务进行评定，为不同护理等级的老年人提供不同的护理服务。最后，实施长期护理保险，根据国情制定长期护理制度的资金筹措机制和财政补贴方式以保证充足的发展资金。

5. 创新养老服务人力资源开发机制

首先，健全激励机制。建立薪酬福利保障机制，通过财政手段，进行岗位补贴、公益岗位开发及社会保险补贴等，确保照护人员获得有竞争力的薪酬福利；建立职业晋升机制，即设置照护职业资格等级制度，解决照护人员职业生涯黯淡问题；建立照护时间银行，将志愿者参与老年人照护的时间存进时间银行，当志愿者年老需要照护时就可从中支取“被服务时间”；开展养老服务职业培训，持证上岗，动员年轻人成为养老服务志愿者和社工。

其次，建立多层次的照护人员培养机制。照护管理者，主要面向接受过大学和职业院校教育的社工或护理相关专业的未就业大学毕业生和研究生，需要3～5年照护工作实践并取得照护管理资格认证；中高级专业护理人员的职业教育，面向高中毕业生的高级护理人员职业教育、面向初中毕业生的中级护理人员职业教育；准专业照护人员，面向一切适龄、愿意从事护理工作人员的职业准入培训；非正式照护人员培训，主要面向家庭成员、亲友和社区低龄老年人及志愿者提供基本的照护知识培训。在培训内容上，照护管理者、中高级专业照护人员，以完善知识结构为主，加强老年医学和老年护理学的基本理论和技能的培训，以及老年心理学、老年社会学等人文科学知识的学习，提高实施整体护理的能力；准专业照护人员和非正式照护人员则以基本的护理知识及生活照料技能的培训为主，使他们在基本护理理论知识的指导下，为老年人提供规范、合理的生活照料。

最后，健全治理机制。政府通过财政补贴、监管和政策法规建设等方面的能动作用，推动养老机构、非营利机构、企业和职业院校等在养老服务人力资源开发上进行积极投入；探索建立跨部门的合作机制，照护人力资源开发涉及劳动与社会保障、卫生等多个部门，因此需要在厘清各部门职责的基础上，建立跨部门的协作机制；对社区自治组织赋权，使社区自治组织在照护劳动力市场建设和规制上发挥关键作用，包括参与到照护供需信息集散、照护就业岗位开发、服务质量监督和照护人才培养的相关决策和组织实施的全过程中。

6. 增强对养老服务体系建设与管理的财政投入

目前，大连大部分老年人的主要养老方式是居家养老，社区养老和机构养老都不完善，基本养老体系不健全。对此，应借鉴国内外先进经验，紧跟国家制度政策导向，推行以“居家养老为基础，社区养老为依托，机构养老为支撑，信息服务为辅助”的多元化养老服务体系建设。根据老年人的个人意愿，充分发挥家庭和社区功能，加大对社区养老服务的投入建设，积极发展老年护理院、老年公寓等机构养老服务，打造多层次的服务体系。因此，采取的具体策略如下：①政府应将养老服务机构建设所需资金列入地方财政预算，将养老机构的建设情况列为地方干部业绩的考核指标。由地方政府根据财政收入和福利彩票公益金的数额，直接拨款帮助建设各类养老机构。②现在的养老服务机构不仅有历史传承下来的公立养老院，还有各类民办养老场所，此外还包括针对老年人医疗、康健、生活的公办医院、社区医院、私人诊所、家政中心等，它们共同为老年人提供各种养老服务，发挥不同的功能和作用，财政都应给予支持，而不能差别对待。财政支持可以有三种方式，一是可通过财政补贴的方式进行帮扶，包括床位补贴、就业岗位补贴、护工补贴等；二是可通过调节贷款减少民办养老机构的负担，帮助它们生存下去，包括政府担保、贴息贷款、设立援助基金、发放低利率贷款、创业贷款等方式；三是推出税收优惠政策，通过免征养老机构养老服务收入的营业税和提高养老服务机构营业税的起征点减轻养老服务机构，尤其是民办中小型养老服务机构的税收负担。此外，还可通过减免养老机构行政事业性收费减轻养老服务机构的经济负担，如水、电、煤气等生活资料价格与居民用户实行同价，并免收相应的配套费；免收电话、有线（数字）电视、宽带互联网等一次性接入费，并在通信费、听视费等收取上给予减免。

7. 增强对市场体系的完善与调节作用

面对当前的内外形势，大连应将第三产业发展作为当前经济发展的重点，这对于缓解劳动力、环境、就业等方面的压力具有重要意义。老龄产业主要包括家政服务业、健康医护业、日常用品业、金融保险业、文化娱乐业、教育科研业、生活咨询业及其他行业等。大连拥有老龄优质的环境和良好的基础设施，现阶段应将老龄产业发展作为经济结构调整的重要抓手，产业结构必须适应人口老龄化的发展，以保持经济持续增长。重点发展旅游、老年住宅、社区服务、老年教育等现代老年产业，扩大养老服务设施总量和服务项目，增加资金来源渠道，在满足老年人特殊消费的同时，为企业创造利润，促进经济的发展。积极发展老年文教娱乐事业，丰富老年精神文化生活，在报纸、广播等媒体上增设老年文化专栏，组织老年文化交流赛事，加强公益性文化设施建设，建立并完善各级老年活动中心，引导老年人开展健康的娱乐活动。因此，采取的具体策略如下：①通过财政政策从宏观上引导市场向老年人多样性服务和产品倾斜，以老年人需求为导向，不仅开发满足老年人基本生活资料的低级市场，还要开发老年人越来越追求的高级照料市场，如老年人旅游、临终关怀、饮食营养、精神娱乐等。②通过优惠政策鼓励和支持社会力量投资兴办养老服务实体，放宽养老服务市场的准入条件，将社会闲散资源吸收到养老产业上来，将养老服务内容逐步扩展到住养、入户服务、紧急援助、日间照料、保健康复、文体娱乐等多种项目，如开办老年学校，聘请专家教授琴棋书画、养生保健等知识，使老年人老有所学，心有所寄，丰富晚年的文化生活；入户服务逐步覆盖家政、生活照料、送餐、陪护、陪聊等方面，如开办专门的老年家政服务公司为生活不能自理的老年人提供送货上门、洗衣做饭、打扫卫生等服务；开办心理咨询、法律援助等公司，为老年人提供心理疏导和维权保障等服务。③通过市场化和社会组织的参与，尽可能地满足不同类型老年人的多层次需求。例如，上海、天津、济南等地通过设立覆盖全社区的服务求助系统，将各经营服务网点连接起来，在财政支持、交流信息、调剂余缺、平衡供需等方面实现网络化、连锁化经营，以点带线，连线成面，从而实现规模经营、投入产出收益的良性循环，值得推广和借鉴。④在微观上更应重视给养老服务业的经营者以财政政策援助，如增加优惠政策、减免营业税、提高从业人员的福利待遇、免费培训护理人员、向市场购买服务等，以激励市场小微主体和从业人员的积极性，提升其服务能力，通过政策调节弥补养老服务业发展中的不足与乏力。⑤引导和鼓励社会力量投资老龄产业，如促进老年用品、用具和服务产品开发，重视康复辅具、电子呼救等老年特需产品的研究开发，引导老年人合理消费，带动形成一批生产老年用品和提供老年服务产品的龙头企业，打造一批老龄产业知名品牌。重点扶持专业性老年旅游企业的发展，给予一定的优惠措施，以弥补当前老年旅游产品利润较低造成的经营困难，指导旅游部门、旅游企业为老年人“量身定制”旅游线路和产品，整治旅游市场秩序，规范老年旅游市场运营，健全老年旅游市场网络。⑥完善老龄产业的有关行业标准和服务规范，进一步健全老年用品和老年服务产品的质量、规格、标准体系。

8. *增强政府购买养老服务的能力*

依据新公共服务理论和公共物品供给理论，政府购买养老服务已成为解决老龄化问题的主要手段。通过政府购买，既可以发挥政府对养老服务机构的调节作用，避免市场调节导致的资源盲目浪费，又可以发挥市场调节的优势，真正满足老年人的需要。政府购买养老服务可以有四种方式：第一，授权委托模式，即政府制定相应的养老服务计划，然后邀请有资质的养老机构进行投标，政府再根据计划的质量标准、价格指标等，确定中标机构。通过民办机构的相互竞争可以使政府以较低的成本获得较为优质的养老服务。第二，直接资助模式，即政府对民办养老服务机构直接给予一定的帮助。资助的方式较为灵活，既可以是政策优惠，也可以是直接财政拨款，还可以是实物捐赠。政府通过将养老服务购买所需费用转移到资助项目的方式，实现公共产品的产出。第三，补贴模式，即政府不直接提供养老服务，而是将购买养老服务的经费补贴给老年人，让他们可以自行选择购买自己需要的养老服务，从而达到间接购买养老服务的目的。例如，天津市从 2008 年 4 月 1 日起，向 60 周岁以上的老年人发放服务代金券，老年人可以通过使用代金券获得专业的养老服务。补贴模式的应用可以使老年人的需求得到更好的满足，更加人性化，比较适合距离养老服务机构远的老年人。第四，服务合同模式，通过政府下达“养老服务订单”，民办养老服务机构组织生产和提供专业的养老服务。它更适合单一的服务项目，尤其是专业性较强的服务项目。因此，积极探索政府为特困老年人购买服务、服务机构提供服务、老年群众组织或中介组织监督评估的新型服务，逐步建立起政府购买服务、市场化有偿服务和志愿者公益服务相结合的居家养老服务模式。改善老年人居住条件，引导开展老年宜居住宅和代际亲情住宅，鼓励家庭成员与老年人共同生活或就近居住，推动和扶持老年人家庭无障碍改造。

9. 政府支持以“社区照料”为主的养老服务体系

国内很多专家学者都从经济方面论证了“社区养老”是一种最经济的公共消费，是一种善用社会有限资源、降低养老成本、弥补财力不足的有效策略。同时，“社区养老”也最符合老年人“就地”养老的意愿，使老年人不离开自己家和熟悉的社区，就能享受各种服务，满足养老需求。此外，社区也是最先获知老年人的生活诉求，最易了解老年人的生活能力和经济能力状况，能为老年人提供最有效的服务。因此，采取的具体策略如下：①建立多元化的社区照顾模式。社区照顾模式一般包括日常照料模式和精神慰藉模式，社区老年服务对于老年人日常照料来说是最基本和最需要的，而社区活动和社会参与对老年人的精神慰藉具有重要作用。在日常照料模式中，针对具有完全自理和部分自理能力的老年人，社区老年服务中心为他们上门提供各种服务，主要项目应包括送饭上门、社区医疗服务、陪同看病、理发护发、家务料理、购物服务、心理调适、健康保健服务等；针对无自理能力或者孤寡的老年人，可以在社区内的小型养老机构养老，社区养老机构功能应多样化，根据老年人需求的不同可以分为全托和日托两种形式。精神慰藉模式主要包括，一是丰富老年人的娱乐活动。充分利用社区中的老年活动中心，增加更多的适合老年人的娱乐性活动项目；可以培养一些刚退休的低龄且身体健康的老年人作为老年人志愿者领袖，带动老年人开展一些活动；发动青年志愿者定期到老年活动中心组织老年人开展活动。政府应倡导爱老敬老的氛围，鼓励居民积极参与社区志愿者服务工作，并且给予一定的奖励。二是建立社区老年人力资源系统。可以在老年人服务中心，设立老年人人才市场，为有能力且愿意发挥余热的老年人提供一个平台，支持老年人参加和从事各种有偿和无偿的有益于社会发展的经济活动、公益活动及其他社会活动。社会参与是老年人实现自身价值、寻求精神寄托、获得心理满足的有效途径。②统筹规划合理配置服务资源。一方面，应注重社区有限资源的整合，并通过多渠道筹集资金、加强人员队伍建设等途径，逐步扩大社区养老服务的覆盖面，提高服务资源的利用效率，实现社区养老服务资源的效益最大化。另一方面，社区相关服务项目的开展也应建立在需求调查和评估的基础上，从老年人的实际需求出发，因地制宜，做到既满足老年人的服务需求，又避免盲目发展和重复建设，有效地缩小需求，利用与供给之间的缺口，提高老年人对服务的利用率，满足其需求。③加强社区养老服务网络建设。制定“互联网+养老”行动计划，建设“养老服务云平台”和客户服务子模块，推动互联网技术在社区居家养老中的广泛应用，实现养老服务“供应商、客户端”线上有效对接和老年群体“生活照料、健康医疗”需求的线下有力保障。通过社区养老服务网络的建设，可将各个服务网点连接起来，便于各服务网点之间交流信息、调剂余缺、平衡供需，从而实现设施、人力、资金等资源的优势互补。

10. 鼓励社会力量参与养老支持系统

加大对社会兴办福利机构的扶持和管理力度，鼓励社会团体单位和个人兴办老龄服务机构，带动全社会参与兴办养老服务机构，并作为一个新兴的产业化道路来走。在政府的扶持和监督管理下，社会养老服务机构必须走社会化、产业化的道路。在政府财政给予支持的同时，必须吸纳社会资金、民间资本的投入，以及个人、社会团体的参与，大力兴办社会福利设施，在微利的前提下，支持“谁投资、谁受益”的原则，最大限度地调动社会各方力量的积极性。因此，采取的具体策略如下：①要积极倡导和支持社会团体、企业、个人、其他组织采取独资、合资、合作等形式，探索政府资助、社团经办、企事业单位入股合办、法人承包等新的发展路子。政府要加大对养老服务机构的监管和扶持力度，规范社会兴办养老机构的管理和服务，帮助其提高养老机构的经营效益。②通过财政奖励、资助等形式鼓励慈善机构、老年人活动团体、社会志愿者团体、医疗机构、社区及新闻媒体等社会组织为养老事业提供资金、知识、医疗保健、组织力量、个性化服务和舆论支持，帮助生活能力差或经济能力不强的老年人创造独立、自信的生活。③可通过发展养老产业，将社会资源吸收到养老产业上来。例如，开办养老机构，弥补公立养老机构床位短缺、服务单一等不足；开办生活服务公司可以为生活不能自理的老年人提供送货上门服务，消除他们出门购物的困难和风险；开办老年人综合服务中心、专业护理服务、老年人日托和再就业服务等，满足老年人生活照顾、精神慰藉的需要。另外，老年旅游业、文娱产品和场所也是亟待开发的领域。通过政策调节即可增强产业竞争力，刺激经济增长，提高财政收入，不仅能有更多的财力用于养老事业，又能使政府、社会组织、市场等支持主体在彼此协作中产生集聚效应。

11. 培育专业的护理人员和机构

专业护理机构和护理人员是提供优质护理服务的前提条件，目前大连的专业护理人才匮乏，专业的护理机构更是寥寥无几。当下需要做的就是加大培育护理机构和护理人员，为老年人提供专业的护理服务。第一，要加强培育护理人员，提高护理专业化水平。建立专门的医疗护理学校或者在已有的卫生学校加大开设长期护理服务课程的力度，培育专业化护理人员。在社会开展专门医疗护理理论与实践的培训，使下岗、文化层次较低的人群可以通过培训掌握老年护理知识和技能，经考试持证上岗。中高等院校开设相关课程培养养老事业管理人才和老年护理服务人员。提高护理人员工资待遇，逐渐改变人们轻视护理行业的观念，通过激励方法留住人才，扩大老年护理队伍，提高养老护理服务水平。第二，大力促进护理机构建设，发动社会力量兴办护理机构。通过政府财政资金进行护理机构和社区护理点的建设，并鼓励非政府公益组织和营利性企业参与投资建设。制定护理机构准入标准和评估机制，对养老护理机构进行严格监察与管理，保证其护理质量。第三，积极开展社会工作专业人才队伍和为老服务队伍的系统培养和在职培训工作，建立和实施专业社会工作者资格认证和为老服务从业人员资格认证制度。第四，大力发展养老服务社工人才队伍，开发社工人才岗位，在有条件的高等院校和中等职业学校开设养老服务有关专业和课程。

第四节　县区养老资源优化配置的空间布局

大连金州新区位于大连东北部，距大连市中心 27 公里，是大连金州区与开发区所在的区域。《大连市统计年鉴 2017》数据显示，金州新区面积为 1040 平方公里，至 2016 年，户籍总人口为 110 万人，老年人口占总人口数的 11.45%，老龄化率较高。此外，2014 年 6 月金州新区被选定为国家级新区，这意味着未来金州新区在经济、社会、人口与保障等方面将面临长足发展和挑战，因此选取金州新区作为养老服务资源布局优化的研究区也会变得更有意义。金州新区共 25 个街道，在金州新区所辖各街道的基础上还包括二十里堡街道、亮甲店街道、三十里堡街道、石河街道。

一、养老资源优化配置原则与方法

1. 养老资源布局优化原则

1）科学性与前瞻性原则。科学性体现在养老资源配置要根据城市发展规划期内整个社会和经济发展的水平、老年群体的实际需求、供给能力确定，依据适宜半径合理布局。各类养老资源配置的选址布局要充分考虑现在及未来的发展变化因素，充分科学地评估发展前景，估算区域内各项指标的增减，适度地预留发展空间，特别是服务设施、公共活动场所等用地都要以应对日趋严重的老龄化和满足不断增长的养老需求为目标。

2）公平性与效率性原则。养老资源配置作为基本公共服务的一部分，首先要考虑公平性。基本公共服务建设旨在为全体居民服务，为全体居民提供生活上的便利。养老资源供给则是面向社会全体老年人开放的养老服务设施和服务，设置的目的就是让服务范围内的老年人都能够老有所养、老有所医、老有所乐、老有所学，使他们安享健康快乐的晚年生活。所以布局要充分考虑公平性，尽可能地将所有老年人都囊括在服务范围内，让老年人均等地享受到资源。其次，提出让老年人都能够享受到养老资源，不是单纯地提供活动设施和场所，而是要在保证适度普惠、公平享受的基础上兼顾效率原则。也就是说，布置最少的养老服务设施满足老年人的各类需求，使养老资源的需求和供给达到总平衡。同时，通过效率性原则，合理地控制建设成本，避免资源供给过剩，减少资源的浪费。

3）弹性与可实施性原则。在布局养老服务设施时，应根据当地的具体情况，通过分析实际问题和需求，灵活地对布局方式、设施规模和数量等进行弹性调整，使养老资源实现在指定区域内的最优化布置。此外，各类养老资源配置都要依据各项规划要求、数据指标和报告文件等，紧密结合政府提供的其他各项公共设施规划和建设目标，尽量在充分调查了解的基础上，整合好各类资源，避免重复建设，以确保更好地实施规划布局优化。因此，养老资源配置可不作为单独实施项目，在保证满足功能需求后可以与其他设施共同开发建设，以节约土地资源。例如，老年活动室建设，可以合理利用住宅底层架空的空间，对半地下仓储、闲置房间和旧有临街商铺等进行改造使用，以减少资源的浪费。

4）健康性原则。养老资源的配置，尤其是养老服务设施的建设还要根据老年人的身体状况，充分考虑风向、日照和景观等因素，保证良好的通风条件和足够的日照时长，为老年人提供良好的公共活动场所。例如，应宜临近绿地、公园、河流等空气清新、视野开阔、环境优美的区域，避开有污染的、拥挤杂乱的工业区，以老年人健康快乐为目标。

2. 研究方法

养老资源在小尺度上可以转化为养老服务设施更能说明配置的有效性。因此，选择养老机构代表养老生活资源、医院代表养老医疗资源、老年大学等代表养老文化资源，分别研究其在县区空间上与老年人口的匹配问题，进而有针对性地进行优化。养老服务设施布局优化一般均基于平均出行时间的可达性评价模型。该模型将研究区域的研究对象抽象为点要素，并将这些点要素作为起点和终点评价研究对象可达性的优劣。该方法将中心点至所有吸引点的平均加权出行时间作为点的可达性评价指标。加权出行时间是指某中心点至吸引点的出行时间和出行概率的乘积，每个栅格的行进成本的值即穿过该栅格需要消耗的时间成本。因此，该模型的目的在于将栅格数据抽象成图形的矢量结构加以计算。

从中心点 i 出发，到所有吸引点的平均加权时间可表示为

$$t_i=\sum_{j=1}^{n}\left(p_{ij}t_{ij}\right) \tag{7-1}$$

式中，p_{ij} 为中心点 i 至吸引点 j 的出行概率；t_{ij} 为中心点 i 至吸引点 j 的最短出行时间。p_{ij} 可以根据统计数据得到。例如，若能够得到从中心点 i 至吸引点 j 的出行数量统计数据 c_{ij}，则可以根据下式得到出行概率：

$$p_{ij}=\frac{c_{ij}}{\sum_{j}c_{ij}} \tag{7-2}$$

在没有统计数据的情况下，p_{ij} 也可以根据势能模型得到。势能模型表明，

实际从中心点 i 至吸引点 j 的出行数量与吸引点 j 对中心点 i 的吸引力成正比，与距离衰减成反比。因此，出行概率可表示为

$$p_{ij} = \frac{\dfrac{m_j}{d_{ij}^a}}{\sum_j \dfrac{m_j}{d_{ij}^a}} \tag{7-3}$$

式中，m_j 为吸引点 j 的规模值；a 为衰减系数，可以采用 1.0～3.0 的先验值；d_{ij} 为中心点 i 至吸引点 j 的距离。

$$A = \begin{cases} \dfrac{1}{2}\sum_{i=1}^{n}(C_i + C_{i+1}) \\ \dfrac{\sqrt{2}}{2}\sum_{i=1}^{n}(C_i + C_{i+1}) \end{cases} \tag{7-4}$$

式中，C_i 为第 i 个栅格的耗费时间；C_{i+1} 为沿运动方向上的第 $i+1$ 个栅格的耗费值；n 为栅格总数。若两个栅格水平或者上下相邻，按照式（7-4）上分式进行计算；若两个栅格对角线斜相邻，则按照式（7-4）下分式进行计算。

3. 数据集构建

养老服务设施布局优化所用到的数据为养老机构，包括敬老院、养老院、老年公寓、养护院等；医疗机构，包括综合医院和社区医院等；文化场所，包括老年大学、广场、公园等。养老机构的名称、性质、地址、床位数则来源于大连市民政局官方网站及各养老服务设施网站等，数据资料截止日期为 2017 年 7 月，共采集到 23 个养老服务设施统计信息。医院机构数据来源于大连市卫生和计划生育委员会官方网站。老年大学则依据“八爪鱼”大数据采集器，采集到了海青岛街道港西社区老年大学和大连市经济技术开发区光明街道老年大学，并通过遥感获取到广场、公园的位置。通过 ArcGIS 10.2 将研究区域三类养老服务设施相关信息空间数字化，建立养老服务设施空间数据库。

4. 道路网络数据集构建

金州新区交通便捷，区内有 G15 和 G11 高速公路，以及 201 国道和 202 国道通过。202 国道主要经过石河街道、三十里堡街道、二十里堡街道、拥政街

道和光明街道，201 国道主要经过光明街道、中长街道、二十里堡街道、亮甲店街道和华家街道。沿渤海和黄海沿岸各街道分布有省级滨海公路，亮甲店街道和向应街道分布有 212 省道。此外，各街道均有县级道路覆盖和其他各类道路，形成了便捷的交通网络。道路网络数据集的构建是运用栅格网络分析方法对各类养老服务设施优化的前提。养老服务设施的建设主要从为老年人口提供便捷的服务，因而构建的网络数据集由国道、省道、县道和乡道组成的交通线路构成，交通网络数据集基于时间成本构建（图 7-3）。

图 7-3　构建的金州新区交通网络数据集示意图

5. 老年人口分布点数据库创建

至 2015 年末，金州新区老年人口为 10.8 万人，占总人口数的 11.45%。从图 7-4 可以看出，金州新区老年人口主要集中在西南部，总体来看南部老年人口密度高于北部（图 7-5），位于金州老城区的光明街道、拥政街道、站前街道老年人口较为密集，马桥子街道、海青岛街道老年人口数量也较多。从各街道的老年人口密度情况看，金州老城区与开发区各街道老年人口密度较高，光明街道、海青岛街道、先进街道、中长街道、拥政街道老年人口密度更高，中心城区老年人口密集，就会对养老服务设施配置提出更高的要求。北部各街道老年人口密度相对较小，其中三十里堡街道、石河街道、登沙河街道老年人口密度较高。

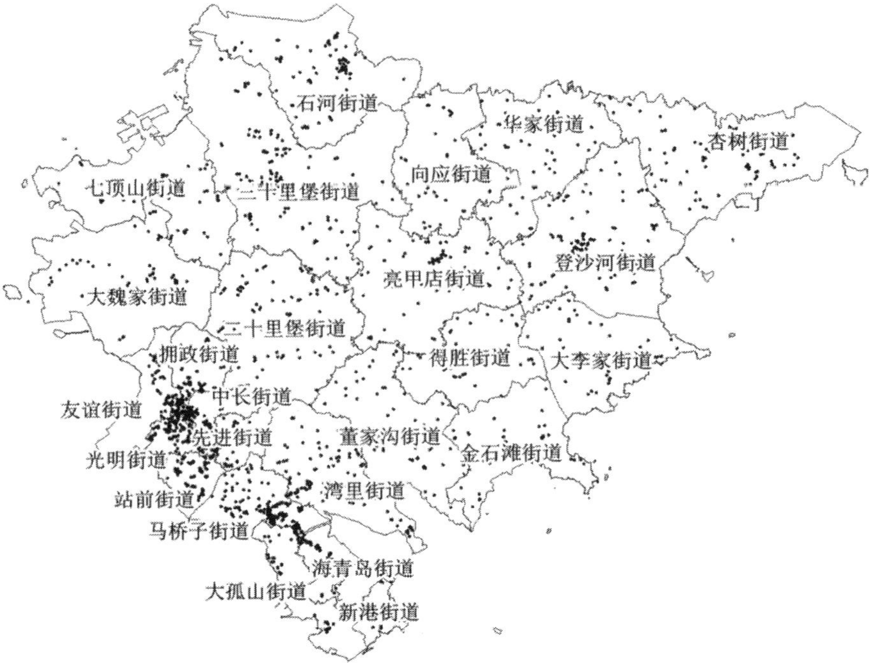

图 7-4　金州新区老年人口分布示意图

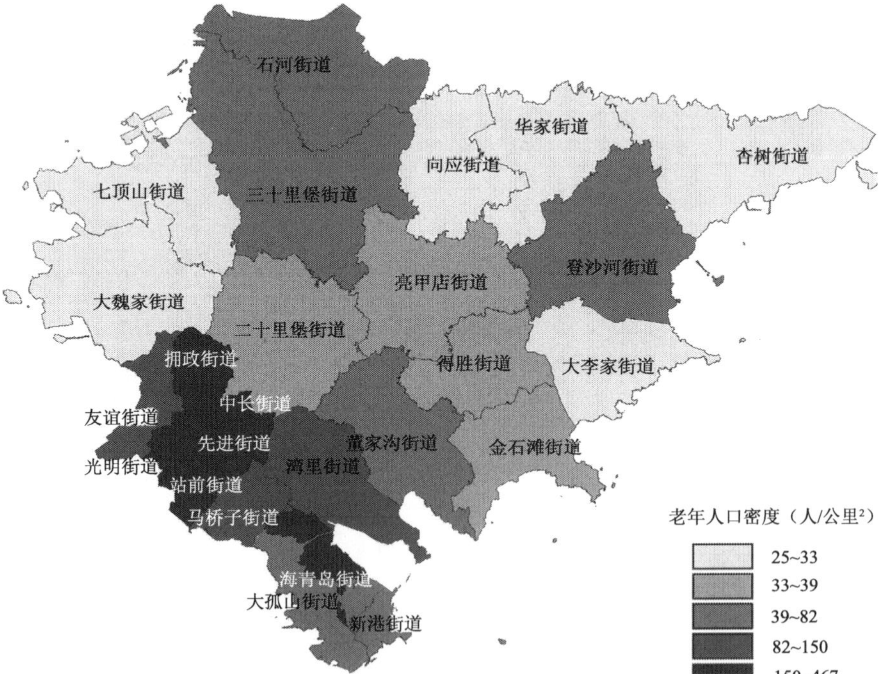

图 7-5　金州新区老年人口密度分布示意图

为了方便优化，以代表一定数量的老年人口点作为居民养老服务设施优化的请求点。运用 ArcGIS 软件根据社区的老年人口数量，在人口集聚区创建人口分布点，每个点代表 50 人，共得到 1680 个老年人口分布点。

二、现有养老服务设施布局评价

本书将近邻分析和成本分配模型相结合，利用成本分配模型划分养老服务设施最大覆盖区域的服务范围，利用近邻分析的方法，合理布局养老服务设施服务区域。将近邻分析结果赋值在 500 米×500 米栅格上进行分类显示。分类显示的依据为秦沅村（2014）对养老设施服务半径的设置，老年人口点与养老设施距离小于 1500 米的为布局合理的养老设施，距离在 1500～5000 米的为布局较合理的养老设施，距离大于 5000 米的为布局不合理的养老设施。

1. 金州新区养老机构空间分布现状评价

金州新区现已建成养老服务设施 23 家，分布情况如图 7-6 所示。除光明街道、站前街道、友谊街道、董家沟街道、新港街道、亮甲店街道、大李家街道和七

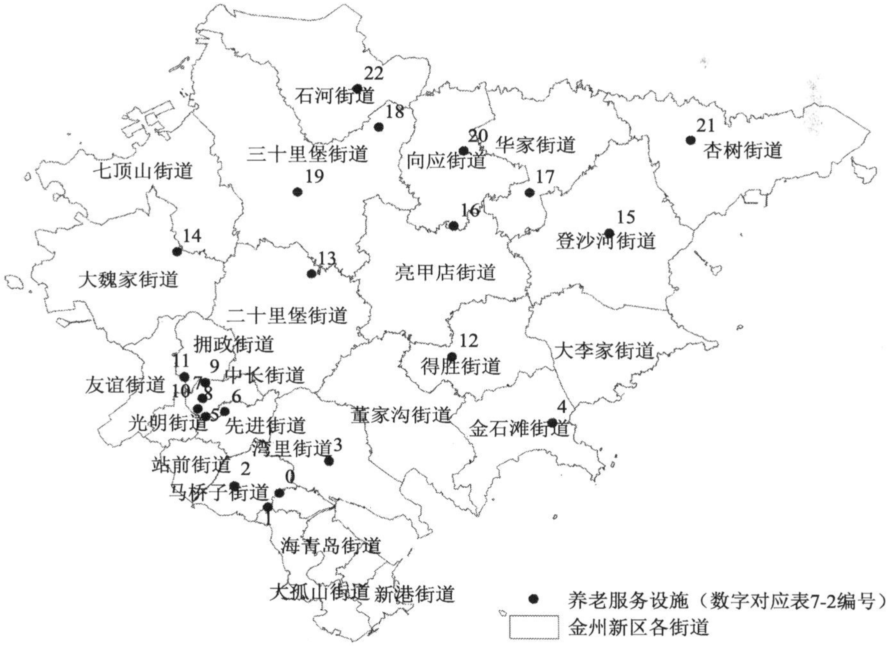

图 7-6　金州新区养老服务设施分布示意图

顶山街道外，其他各街道均分布有养老服务设施，其中拥政街道、中长街道、先进街道的养老服务设施布局最密集。本书利用近邻分析、栅格可达性中的成本分配模型对养老服务设施的服务范围和能力进行分析。

表 7-2 为按照成本分配模型划分出的养老服务设施服务的老年人口数量，表中的介护老年人口数为该养老服务设施服务范围内符合介护条件的老年人，但实际情况中并非所有老年人均入住养老服务设施，因此设定预期入住人口数：介护老年人口数为 1∶5。

表 7-2　养老服务设施成本分配模型服务人数及床位数

编号	养老服务设施名称	床位数（张）	介护老年人口数（人）	预期入住人口数（人）
0	开发区社会福利院	240	3000	600
1	大连开发区华悦家庭养老院	15	87	17
2	大连金州新区绅医养护中心	60	1150	230
3	大连金州新区华泰老年养护院	65	1512	302
4	大连金州新区金石颐和乐府养老中心	200	712	142
5	金州新区站前街道社区养老服务中心	50	700	140
6	大连市金州新区春光家庭养老院	29	150	30
7	大连市金州新区风光家庭养老院	25	1025	205
8	大连金州新区中鑫养老院	66	700	140
9	大连市金州新区松鹤老年公寓	18	750	150
10	金州新区社会福利院	520	1637	327
11	大连金州新区卧龙国际养老中心	41	700	140
12	大连金州新区爱心家园护养院	30	712	142
13	二十里堡中心敬老院	178	887	177
14	大连望海老年公寓	50	1100	220
15	登沙河中心敬老院	80	1325	265
16	大连保税区福梅养老服务中心	40	500	100
17	杏树街道敬老院	106	687	137
18	大连圣康老年公寓	120	600	120
19	三十里堡中心敬老院	150	2112	422
20	向应街道敬老院	51	600	120
21	华家中心敬老院	150	825	165
22	石河中心敬老院	120	250	50

通过构建成本分配模型对 23 个养老服务设施进行服务区划分，运用最近邻分析方法计算老年人口与养老服务设施的距离，绘制老年人口与养老服务设施距离分类示意图，如图 7-7 所示。同时，将养老服务设施所服务区进行分类表示，结果如图 7-8 所示。

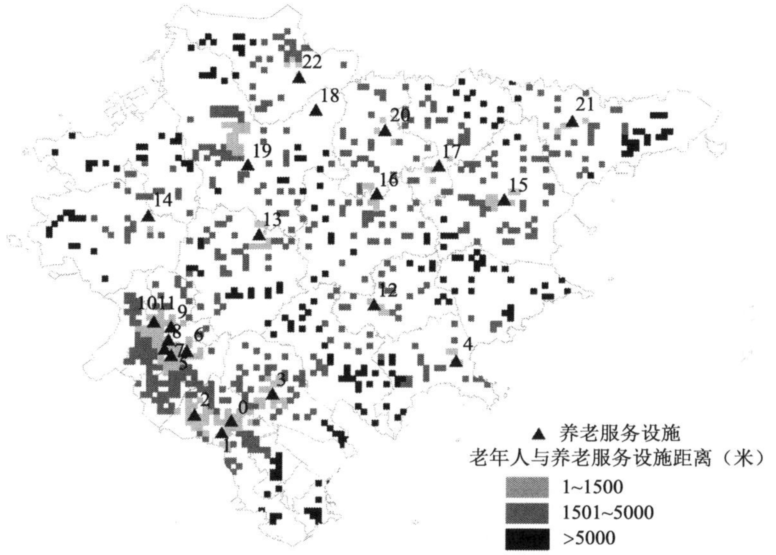

图 7-7　老年人口与养老服务设施距离分类示意图

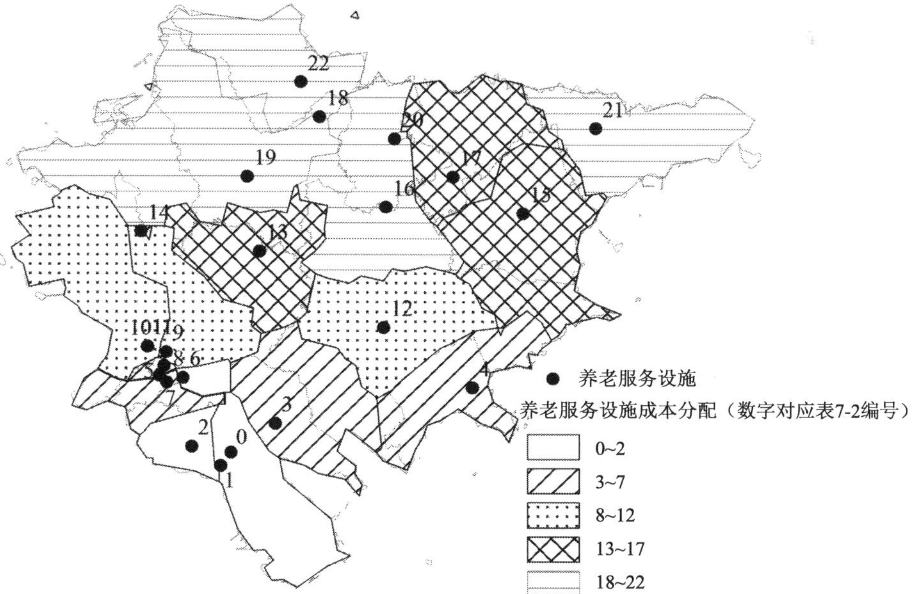

图 7-8　养老服务设施服务区划分示意图

从构建的近邻分析结果可以看出，现有养老服务设施不能满足当前金州新区对养老服务设施的需求。在金州新区南部和北部由于养老服务设施较集中，大部分地区能够得到养老服务设施较好的服务，其他区域均很难实现较好的养老服务。由于现有养老服务设施数量较少，未能得到较好养老资源的老年人口会向距离其最近的养老服务设施寻求服务，利用成本分配模型划分出现有养老服务设施的最大服务范围。由表 7-2 可知，开发区社会服务院所服务的老年人口数最多为 600 人，但是其拥有的床位数仅为 240 张，有 14 家养老服务设施不能满足其区域范围内的老年人对养老服务设施的需要，有 2 家养老服务设施容纳能力远大于其范围内的老年人对养老服务设施的需要，仅有 7 家规模合理。因此，亟须对现有养老服务设施的布局进行优化，在优化过程中现状养老中心应予以保留。

2. 金州新区医疗设施空间分布现状评价

金州新区现有三级甲等医院仅为大连市金州新区第一人民医院，用三级甲等医院的布局代表金州新区医疗设施布局现状不具有现实意义。因此，本书所研究医疗设施包括三级甲等医院、综合医院及卫生院，其中三级甲等医院 1 所，综合医院 46 所，卫生院 46 所，共 93 所医疗设施，参见图 7-9 医疗设施布局及距离分类示意图。从图 7-9 中可以看出，除亮甲店街道和新港街道外其他街道

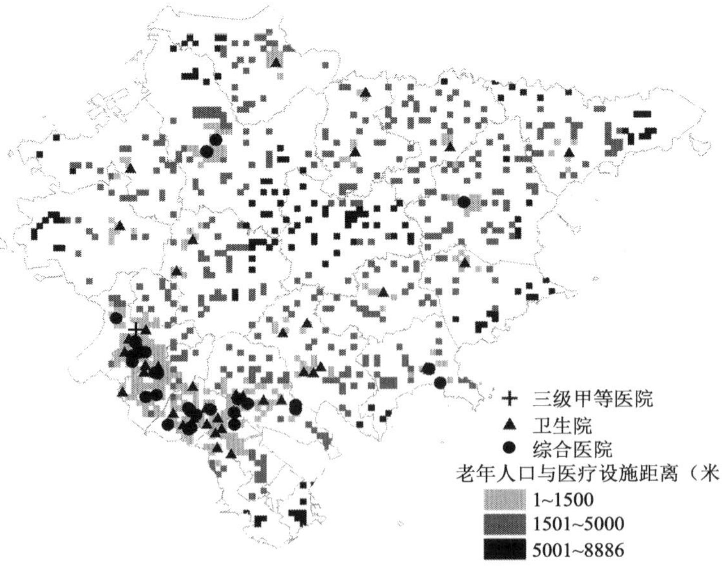

图 7-9 医疗设施布局及距离分类示意图

均有医疗设施；在金州新区的西南部医疗设施分布最集中，如马桥子街道分布有 20 所医疗设施；金州新区的北部医疗设施分布也较稀疏，如得胜街道、拥政街道、石河街道等仅有 1 所医疗设施。

从图 7-9 构建的近邻分析结果可以看出，现有医疗设施不能满足当前金州新区对养老服务设施的需求。在金州新区西南部由于医疗设施较集中，大部分地区能够在 1500 米的范围内得到医疗设施的服务；在金州新区中部，绝大部分地区大部分街道均分布有医疗设施，因此老年人距离医疗设施的距离均小于 5000 米，老年人距离医疗设施的距离较适中；而在金州新区周围，由于医疗设施布局在近城区，金州新区外围老年人距离医疗设施较远。因此，对于医疗设施的布局需要进行合理优化，以达到每位老年人就近就医的目的。

3. 金州新区老年文化设施空间分布现状评价

金州新区现有老年大学仅有 3 所，分别是大连金州新区光明街道老年大学、海青岛街道港西社区老年大学及得胜街道西金村成人文化技术学校。虽然为老年人提供文化服务最好的设施为老年大学，但是由于老年大学数量少，用老年大学的布局代表金州新区文化服务设施布局现状不具有现实意义。因此，本书涉及文化服务设施包括老年大学、公园和广场，其中老年大学 3 所，广场 34 所，公园 38 所，共 75 所文化服务站，参见图 7-10 文化服务设施布局及距离分

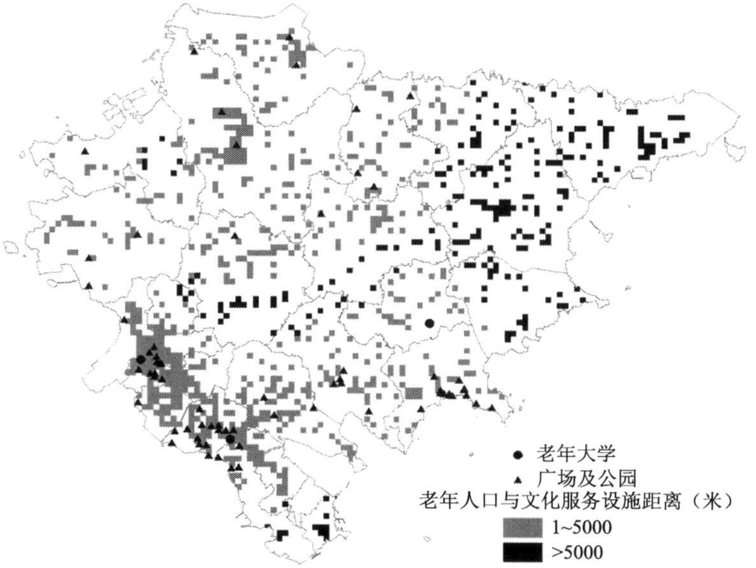

图 7-10　文化服务设施布局及距离分类示意图

类示意图。从图 7-10 可以看出，除拥政街道、先进街道、登沙河街道、杏树街道、华家街道、大李家街道和新港街道外，其他街道均有文化服务设施，并且呈现明显的东西差距。

从图 7-10 构建的近邻分析结果可以看出，金州新区东部的文化服务设施不能满足老年人对文化服务的需求；金州新区西南部由于文化服务设施较集中，老年人能够在 5000 米的范围内得到文化设施的服务；金州新区东部老年人与文化服务设施的距离均大于 5000 米。因此，需要对金州新区东部文化服务设施的布局进行合理优化。

三、金州新区养老服务设施配置优化结果

依据优化原则，基于金州新区现有养老服务设施布局现状和存在的问题，结合 GIS 栅格可达性分析技术，金州新区养老服务设施优化具体步骤如下。

1）地图栅格化。借助 ArcGIS 软件，构建 500 米 × 500 米的栅格对原矢量底图进行栅格化处理。整个研究区共产生有效网格 6357 个，完全可达到区域对可达性评价的精度。

2）赋值。对于不同的道路赋予不同的速度，根据《公路工程技术标准》（JTG B01—2014）不同级别道路设计不同的时速，参见表 7-3 道路网络构成和速度赋值，将栅格赋予不同的时间权重。

表 7-3　金州新区道路网络的构成和速度

道路等级	国道	省道	县道	乡道	其他道路	行人道路
速度（公里/时）	80	60	40	30	20	5
时间（分钟）	0.75	1	1.5	2	3	6

3）设空值。事实上，研究区域内并不是所有栅格均有道路通过，设定没有道路通过的栅格为空值。

4）利用 ArcGIS 软件计算通过每个栅格所需的时间和每个栅格到养老服务设施的最短时间，以便观测设施可达性的分布频率和规律，以此进行居民养老服务需求点区位确定、养老服务现状分析及必选服务设施确定、养老服务待选服务设施确定及优化分析。

1. 金州新区养老服务设施配置空间优化

对于养老服务设施布局的优化，应优先满足每个街道均拥有一家以上的养老服务设施，即新增加光明街道、站前街道、友谊街道、董家沟街道、新港街道、亮甲店街道、大李家街道和七顶山街道各一家养老服务设施，利用成本分配模型进行新的养老服务设施服务区划分，划分结果如表 7-4 所示。

表 7-4 增加候选点的养老服务设施成本分配模型服务人数及床位数

编号	养老服务设施名称	床位数（张）	介护老年人口数（人）	预期入住人口数（人）
0	开发区社会福利院	240	1200	240
1	大连开发区华悦家庭养老院	15	100	20
2	大连金州新区绅医养护中心	60	300	60
3	大连金州新区华泰老年养护院	65	350	70
4	大连金州新区金石颐和乐府养老中心	200	800	200
5	金州新区站前街道社区养老服务中心	50	300	60
6	大连市金州新区春光家庭养老院	29	150	30
7	大连市金州新区风光家庭养老院	25	160	32
8	大连金州新区中鑫养老院	66	310	62
9	大连市金州新区松鹤老年公寓	18	100	20
10	金州新区社会福利院	520	2600	520
11	大连金州新区卧龙国际养老中心	41	200	40
12	大连金州新区爱心家园护养院	30	150	30
13	二十里堡中心敬老院	178	900	180
14	大连望海老年公寓	50	250	50
15	登沙河中心敬老院	80	400	80
16	大连保税区福梅养老服务中心	40	200	40
17	杏树街道敬老院	106	550	110
18	大连圣康老年公寓	120	600	120
19	三十里堡中心敬老院	150	750	150
20	向应街道敬老院	51	250	50
21	华家中心敬老院	150	750	150
22	石河中心敬老院	120	600	120
23	七顶山街道养老院	—	980	196

续表

编号	养老服务设施名称	床位数（张）	介护老年人口数（人）	预期入住人口数（人）
24	站前街道养老院	—	940	188
25	光明街道养老院	—	590	118
26	友谊街道养老院	—	80	16
27	董家沟街道养老院	—	540	108
28	新港街道养老院	—	80	16
29	亮甲店街道养老院	—	660	132
30	大李家街道养老院	—	530	106

由表 7-4 可知，新增加的 8 家养老服务设施分担了一部分老年人，使养老服务设施布局较之前合理，此时有 31 家养老服务设施全部符合区域内老年人对养老服务设施的需求。通过优化金州新区需要新增 8 家养老服务设施，优化后的养老服务设施在 1.5 公里服务半径限制下，可实现 6.37 万老年人口的便捷服务，占金州新区老年人口数的 75.77%。未能得到较好服务的老年人口主要是由于分布相对分散，在设定服务半径范围内难以保证养老服务中心的最低服务门槛。对各街道的设施布局情况进行统计（表 7-5），从服务规模上看，金州老城区各街道内的养老服务中心的服务规模较大，最大的为位于金州老城区的拥政街道，服务老年人口数达到 540 人。友谊街道服务老年人口数最少，为 16 人。需要注意的是，各街道内养老服务中心的平均服务规模并非街道内的老年人口与设施数的比值，因为存在为周边临近街道提供服务的养老服务设施。

表 7-5　金州新区各街道养老服务设施优化情况汇总

街道	现有设施数（所）	新增设施数（所）	平均服务规模（人）	街道	现有设施数（所）	新增设施数（所）	平均服务规模（人）
光明街道	0	1	118	三十里堡街道	2	0	266
拥政街道	2	0	540	石河街道	1	0	142
友谊街道	0	1	16	二十里堡街道	1	0	134
中长街道	4	0	142	登沙河街道	1	0	174
站前街道	0	1	176	亮甲店街道	0	1	130
先进街道	1	0	172	杏树街道	1	0	136
金石滩街道	1	0	86	向应街道	2	0	76

续表

街道	现有设施数（所）	新增设施数（所）	平均服务规模（人）	街道	现有设施数（所）	新增设施数（所）	平均服务规模（人）
马桥子街道	1	0	122	华家街道	1	0	96
海青岛街道	1	0	318	大李家街道	0	1	74
董家沟街道	0	1	118	七顶山街道	0	1	86
湾里街道	1	0	198	大魏家街道	1	0	98
大孤山街道	1	0	82	得胜街道	1	0	72
新港街道	0	1	24				

2. 金州新区医疗设施配置空间优化

对于医疗设施布局的优化，应优先满足每个街道均拥有一所以上的医疗设施，即在亮甲店街道和新港街道各新增一所医疗设施，在距离医疗设施大于5000米的街道新设立一所医疗设施。各街道新增设施数参见表7-6。

表7-6　金州新区各街道医疗设施优化情况汇总　（单位：所）

街道	现有设施数	新增设施数	街道	现有设施数	新增设施数
光明街道	14	0	三十里堡街道	1	2
拥政街道	1	0	石河街道	1	1
友谊街道	2	0	二十里堡街道	2	1
中长街道	2	0	登沙河街道	1	0
站前街道	3	0	亮甲店街道	0	1
先进街道	3	0	杏树街道	1	1
金石滩街道	5	1	向应街道	2	0
马桥子街道	20	0	华家街道	1	1
海青岛街道	3	0	大李家街道	1	2
董家沟街道	7	2	七顶山街道	1	1
湾里街道	15	1	大魏家街道	1	1
大孤山街道	2	0	得胜街道	1	1
新港街道	0	1			

由表7-6可知，新增加的17所医疗设施为老年人就医提供了方便，此时一共有107所医疗设施全部符合区域内老年人对医疗设施的需求。其中，金石滩

街道、亮甲店街道、华家街道、七顶山街道、大魏家街道、得胜街道和石河街道由于街道的西北部没有医疗设施，建议在西北部新设一所医疗设施；董家沟街道、大李家街道的北部和南部均无医疗设施，建议分别在南北部各新设一所医疗设施；湾里街道、杏树街道的老年人距医疗设施较远，需增设一所医疗设施；三十里堡街道范围较大，在南北两端各需新设一所医疗设施，才能满足老年人口的就医需求；新港街道和亮甲店街道没有医疗设施，所以需要各设一所医疗设施，由此可满足金州新区老年人口的就医需求。

3. 金州新区老年文化设施配置空间优化

对于金州新区东部文化服务设施布局的优化，应优先满足每个街道均拥有一所以上的文化设施，即在拥政街道、先进街道、登沙河街道、杏树街道、华家街道、大李家街道和新港街道各新增一所老年文化设施。各街道新增设施数参见表 7-7。因此，金州新区共需新增 7 所文化服务设施，以实现距离每位老年人最近的目的。

表 7-7 金州新区各街道老年文化设施优化情况汇总 （单位：所）

街道	现有设施数	新增设施数	街道	现有设施数	新增设施数
光明街道	12	0	三十里堡街道	3	0
拥政街道	0	1	石河街道	2	0
友谊街道	1	0	二十里堡街道	1	0
中长街道	1	0	登沙河街道	0	1
站前街道	1	0	亮甲店街道	1	0
先进街道	0	1	杏树街道	0	1
金石滩街道	14	0	向应街道	4	0
马桥子街道	14	0	华家街道	0	1
海青岛街道	1	0	大李家街道	0	1
董家沟街道	5	0	七顶山街道	1	0
湾里街道	4	0	大魏家街道	4	0
大孤山街道	3	0	得胜街道	1	0
新港街道	0	1			

随着社会进步和人民生活水平的提高，老年人对精神、文化和健康的需求

越来越突出，国家在老年文化建设上也给予了相当大的重视。老年大学就是适应社会老龄化、建设终身学习的学习型社会及构建和谐社会的需要而发展起来的时代产物。因此，金州新区应重视老年大学的建设，现有 25 个街道 10.8 万老年人口，而老年大学只有 2 所，远远不能满足老年人的精神文化需求，因此建议新增加的 7 所文化服务设施，应该着手建设老年大学，可适度规划老年教育机构辐射范围，或设立分校，构建合理的教学网络。

第五节　更小尺度养老资源优化配置的空间布局

社区是城市的最小单元，也是老年人口活动的主要场所。很多养老资源都是通过社区为老年人提供，老年人的需求大多也是通过社区向外释放。因此，对社区养老资源优化配置可以从空间层面有针对性的设计，进而满足老年人养老需求的可达性。这里以养老资源中的养老机构代表生活资源、社区卫生站代表医疗资源、社区文化设施代表精神文化资源，优化养老资源配置。与前面街道布局优化的养老服务设施相比较，社区型养老服务设施的服务半径相对要小，服务人群和服务范围更加明确。对养老服务设施的空间布局优化包括社区养老服务中心、卫生服务站和文体活动中心三类，文体活动中心具体包括城市绿地和文化活动场所两类。

一、优化原则与方法

金州新区马桥子街道成立于 1985 年 10 月，是大连经济技术开发区成立后组建的第一个街道办事处，位于大连金州新区的南部，西侧临站前街道和先进街道，东侧临湾里街道、海青岛街道和大孤山街道。《大连市统计年鉴 2016》数据显示，马桥子街道占地面积为 24.91 平方公里，总人口为 26.6 万人。户籍人口为 9.8 万人，流动人口为 16.8 万人，老年人口为 3.04 万人，老年人口占总人口数的 11.43%，老龄化率较高。辖区包含 16 个社区。马桥子街道行政区分布示意图如图 7-11 所示。

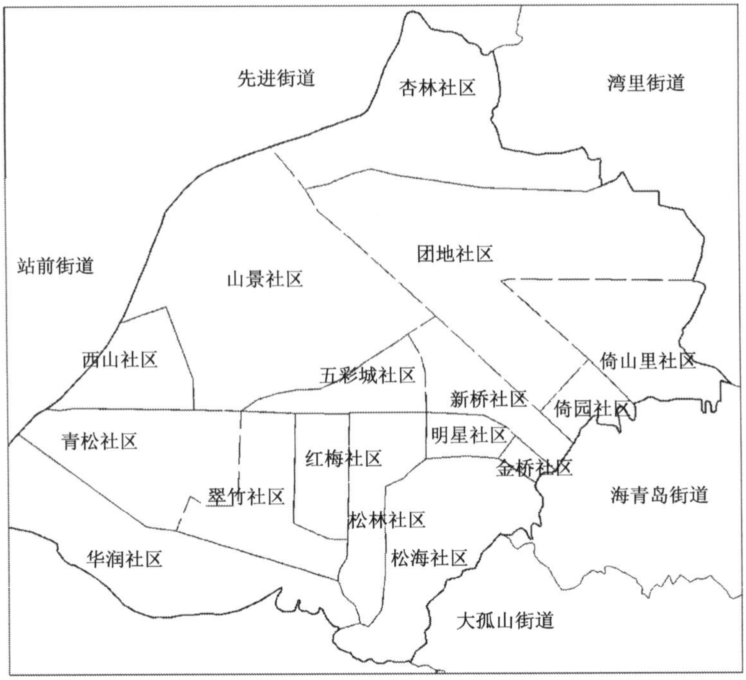

图 7-11 马桥子街道行政区分布示意图

1. 养老服务设施布局优化原则

1）养老需求与供给平衡原则。养老服务设施的布局既要保障老年人快速、低成本地获取养老服务，也要保证养老服务设施能够有合理的利润空间。因此，养老服务设施应尽量布局在老年人集中的区域，并考虑一般服务距离和最低服务门槛。这就需要养老服务设施布局兼顾需求与供给的关系，在一定的空间服务距离阈值内，养老服务设施的服务规模达到其运营的最小生存门槛。

2）综合成本最低原则。综合成本包括设施建设成本、抵达时间成本、通勤费用成本等。建设尽量少的养老服务设施，满足尽量多的老年人需求是养老服务设施建设的目标；在实施布局优化的过程中，应综合考虑养老服务设施建设的各类成本，最终实现综合成本最低。

3）集约整合原则。从建设成本角度出发，设施的建设应集中布局，这样有利于提高设施的使用效率，降低设施的建设成本，可以为老年人提供更便捷的设施服务。

2. 研究方法

本书主要采用缓冲区和 Voronoi 分析对现有养老服务设施进行评价，利用

ArcGIS 网络分析（network analysis）对养老服务设施进行布局优化。

缓冲区分析是为了识别某一地理实体对周围地物的影响而在其周边设置的具有一定宽度的多边形区域，是地理信息系统中最常见的空间分析功能之一。其基本思想是以给定空间对象或集合为基础，确定它的邻域，邻域的大小由邻域半径 R 决定。物体 O_i 的缓冲区定义如下：

$$B_i = \left\{x : d\left(x, O_i\right) \leqslant R\right\} \tag{7-5}$$

即以对象 O_i 为中心、半径为 R 的缓冲区是全部距 O_i 的距离 d 小于 R 的点的集合，d 一般为欧氏距离。

对于多个对象的集合，即当 $O=\{O_i:\ i=1,\ 2,\ 3,\ \cdots,\ n\}$，它的缓冲区是所有单个对象的缓冲区的并集，即 $B = \bigcup_{i=1}^{n} B_i$。

（1）Voronoi 分析

Voronoi 也称泰森多边形（Thiessen polygon），是一个基于两点之间连线的垂直平分线构建的多边形，由俄国数学家 Georgy Fedoseevich Voronoi 建立的一种空间分割计算方法。其原理是由点内插生成面，根据有限个点生成面区域，这个面区域就是 Voronoi。Voronoi 内只包含一个离散点，图中的点到相应离散点的距离最近，Voronoi 边线上的点到其两边离散点的距离相等。

设平面中存在一个离散点集 $P=\{P_1,\ P_2,\ \cdots,\ P_n\}$，且 $P_i \neq P_j$（其中 $i \neq j$，$i \in [1,\ 2,\ \cdots,\ n]$，$j \in [1,\ 2,\ \cdots,\ n]$），同时任意四点不共圆，则离散点集 P 的 Voronoi 定义为

$$T_i = \left\{x : d\left(x, P_i\right) < d\left(x, P_j\right) \middle| P_i, P_j \in P, P_i \neq P\right\} \tag{7-6}$$

式中，d 为欧氏距离。在 Voronoi 多边形 T_i 中，任意一点到 P_i 的距离都小于到 P_j 的距离，P_i 称为 T_i 的质心。

缓冲分析基于设定的服务半径识别现有养老服务设施的覆盖范围，反映养老服务设施相对理想的服务范围，Voronoi 分析主要根据设施点与其他设施点的中间距离生成服务面，可以用于分析设施对整个区域的服务情况，反映在当前布局情况下最大范围的服务半径。

（2）ArcGIS 网络分析

ArcGIS 网络分析所包含的位置分配分析模块根据设施点和需求点的分布，依据构建的道路交通数据集对服务设施进行优化得到科学的结果。求解过程中

生成的线要素将设施服务点与需求点连接。如果将某个需求点分配给多个设施点，则该需求点与分配到的每一个设施服务点都会有一条线。若需求点未分配给任何服务节点，则不会有与任何服务节点相连接的线。线要素以连接需求点与设施点的直线形态展现，其属性中的距离表示服务节点与需求点之间最短路径的成本距离，而非直线距离。本书应用位置分配分析模块中的最小化设施点模型和最大化覆盖范围模型对老年设施进行优化。

1）最小化设施点模型。最小化设施点模型选取符合要求的设施点，以使尽可能多的请求点位于设施点阻抗中断范围内，同时要求覆盖请求点的设施点数量最小。在求解过程中，全部设施点的阻抗中断外部的任何请求点都不会被分配。假设一个请求点仅位于某个设施点的阻抗中断内，则该请求点会将其全部请求权重分配给该设施点。若一个请求点位于两个或多个设施点的阻抗中断内，则该请求点会将其全部请求权重仅分配给最近设施点。除需考虑要定位的设施点数目（此数目由求解程序确定）外，最小化设施点模型与最大化覆盖范围模型一致。杨向红（2013）对最小化设施点模型进行了表述，用 I 表示需求点的集合，J 表示设施候选点的集合；如果选中设施候选点 j，则 $X_j=1$，如果未选中设施候选点 j，则 $X_j=0$。

$$\text{Min } z = \sum_{j \in J} X_j \tag{7-7}$$

$$\text{s.t.} \sum_{j \in N_i} X_j \geqslant 1, \forall i \in I \tag{7-8}$$

$$X_j \in \{0,1\}, \forall j \in J \tag{7-9}$$

目标函数式（7-7）是最小化总设施数目；式（7-8）确保需求点集中的每一个元素至少被服务设施覆盖一次；式（7-9）保证决策变量为 0～1。如果用 d_{ij} 表示需求点 i 到设施点 j 的距离，D_c 表示覆盖距离，那么 $N_i = \{j \in J \mid d_{ij} \leqslant D_c$ 代表可以覆盖需求点 i 的设施点集合。

2）最大化覆盖范围模型。最大化覆盖范围模型的目的是使定位设施点的服务范围能够尽量多地囊括所有请求点。在本书研究中运用此模型为了使已定位的养老服务设施在服务范围之内服务最多的老年人口数。

在候选设施点中，按给定数量选取设施空间位置，促使在设施最大服务半径之内设施需求点最多。为防止个别需求点落在设施覆盖范围之外，对模型进行适当改进，具体如下：

$$\max(F)=\sum_{a=1}^{n}Q_aY_b \tag{7-10}$$

$$\text{Q.T.}\begin{cases}\sum_{a=1}^{m}C_{ab}X_a-Y_b\geqslant 0\\ \sum_{a=1}^{m}X_a=D\\ X_aY_b=0\text{或}1(a=1,2,\cdots,n;\ \ b=1,2,\cdots,m)\end{cases} \tag{7-11}$$

式中，m 为请求点数；n 为设施点数；X_a 和 Y_b 为二元值决策变量，若 $X_a=1$，则设施配置在请求点 a，否则 $X_a=0$；若 $Y_b=1$，则请求点 b 被覆盖在设施有效服务半径内，否则 $Y_b=0$；Q_a 为请求点到设施点的综合布局指数；C_{ab} 为二元值系数，当请求点 a 到设施点 b 的距离 L_{ab} 在有效服务半径 R 内时，$C_{ab}=1$，否则 $C_{ab}=0$；D 为指定的设施布局数量。

函数式（7-11）中第一个公式是为防止某个请求点未被服务半径 R 有效覆盖，而导致 $Y_b=1$ 的情况出现；第二个公式是在服务半径限制下的最大设施布局数量；第三个公式表示 X_a 和 Y_b 是二元值决策变量。目标函数式（7-10）是使请求点能最大限度地被设施点覆盖。

二、优化过程

结合 GIS 网络分析技术，金州新区养老服务设施优化过程主要包括道路交通网络数据集构建、老年人口分布点创建、居民养老服务需求点区位确定、养老服务现状分析及必选服务设施确定、养老服务待选服务设施确定及优化分析。

1. 道路交通网络数据集构建

道路交通网络数据集的构建是运用网络分析方法对各类养老服务设施优化的前提。交通网络中的点、链、节点、阻力各要素，在本书中可找到与之相对应的具体对象。其中，将老年人口分布点、养老服务设施布局地以点的形式表达；交通网络中的链在本书中代表道路；交通网络中的节点在本书中代表道路的交点和转弯点；交通网络中的阻力成本在本书中代表路段的距离，以及路径中每个节点花费的时间成本。抓取百度地图中的道路网络数据，抓取的数据缺少小区内部道路情况，因此下载最新的高分辨率遥感影像，适当补充小区内部道路。在 ArcGIS 环境下构建交通网络数据集。考虑到老年人的出行特点，交通网络数据集的构建仅考虑距离成本。

2. 老年人口分布点创建

至 2015 年末，马桥子街道老年人口为 3.04 万人，占总人口数的 11.43%。为了便于优化，以代表一定数量的老年人口点作为居民养老服务设施的优化请求点。通过走访各社区和实地调查摸清马桥子街道内各居住小区的入住情况及老年人口的分布情况，借助最新的高分辨率卫星影像，以基本楼宇作为集聚重心点位，以每个点代表 50 位老年人口，构建老年人口分布基础数据库。共创建 608 个人口点，如图 7-12 所示。马桥子街道的住宅区主要分布在街道的南部区域，

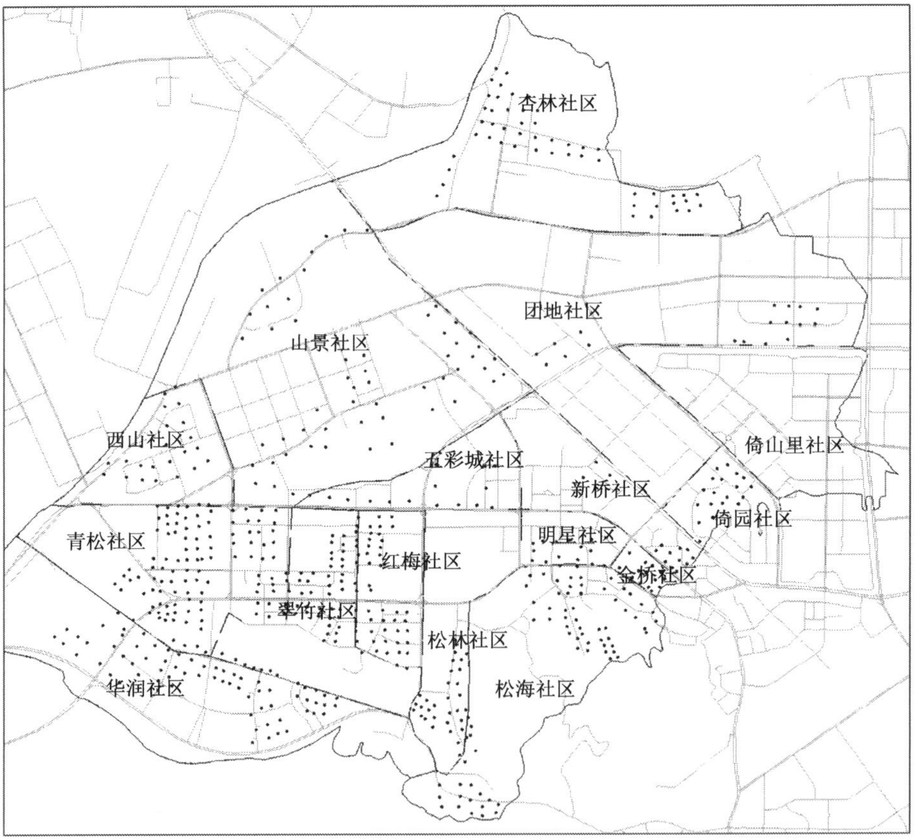

图 7-12 马桥子街道交通网络及老年人口分布示意图

因此老年人口也主要集中在南部，尤其以研究区的西南部分布最为密集。北部地区以工业建设用地为主，分布有少量居住小区，因此老年人口的分布也较为稀疏，在杏林社区的北部为大黑山自然风景区，风景优美，因此形成了较密集的居住小区。

3. 金州新区马桥子街道养老服务设施布局评价

马桥子街道现已建成养老服务中心仅有 1 个，卫生服务站 9 个，分布情况如图 7-13 所示。街道内分布有城市绿地 5.81 平方公里，文化活动场所 5 处，如图 7-14 所示。为了分析养老服务设施的服务范围和能力，本书利用 Voronoi 分析养老服务设施存在竞争情况下的最大服务范围，对养老服务设施的理想服务范围进行缓冲区分析。依据秦沅村（2014）的划分标准，按照 1.5 公里创建社区养老院服务中心的缓冲区。

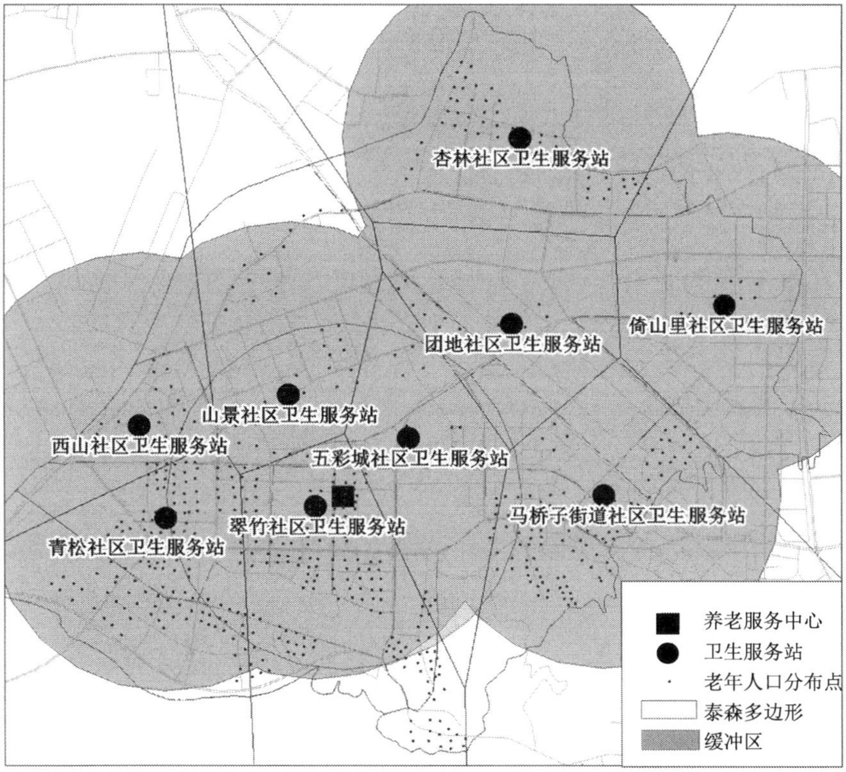

图 7-13　养老服务中心及卫生服务站服务范围示意图

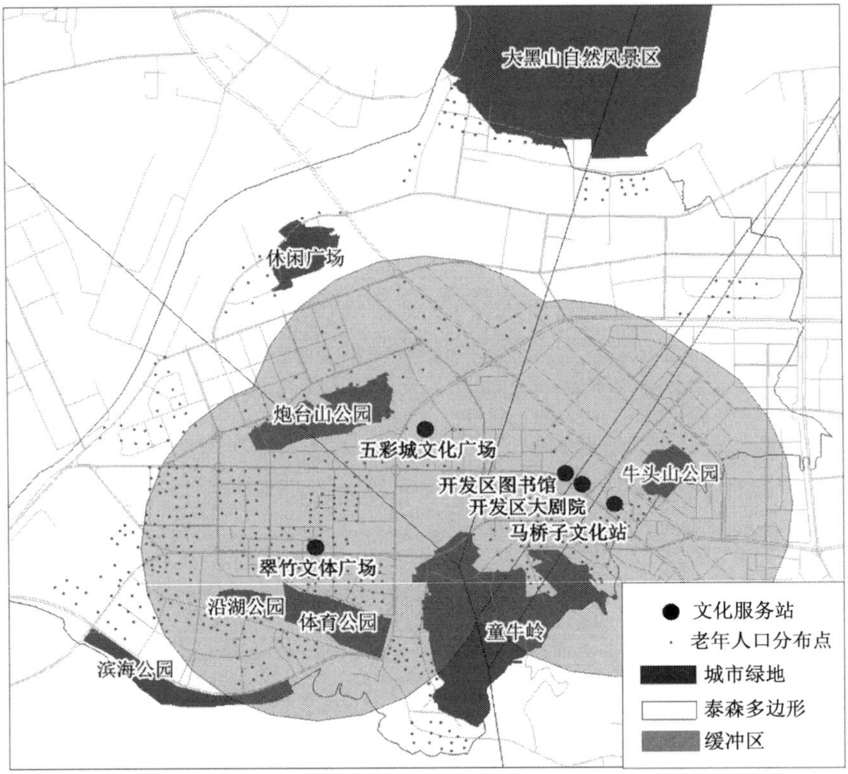

图 7-14　城市绿地及文化服务站服务范围示意图

从构建的缓冲区可以看出，现有养老服务中心不能满足当前街道对养老服务设施的需求，而卫生服务站可以为老年人口提供较好的卫生医疗服务。因马桥子街道仅有 1 处养老服务中心，大部分区域很难得到优质的社区养老服务。从服务的面积看，养老服务中心的服务面积与街道总面积相比，服务的面积很小；而服务的老年人口数与老年人口总数相比却较高，主要由于现有设施分布在老年人口集中的区域。而卫生服务站的数量较多，且分布相对均匀，因此可以对街道内老年人口提供较好的服务。从空间上看，华润社区、松林社区、松海社区和山景社区还存在不能得到优质卫生服务的区域。这些不能得到较好服务的区域在实际中会向最近区域的养老服务设施寻求服务，因此利用 Voronoi 划分出现有卫生服务站的最大服务范围，从划分得到的 Voronoi 面积可以看出，各 Voronoi 面积与社区面积大小相似。服务范围较为合理，也就是说不需要对现有卫生服务站进行裁撤。

从马桥子街道内的户外活动资源看，城市绿地面积较大且分布相对分散，因而街道内全部区域均处于城市绿地的优质服务范围内，文化活动场所有 5 处，分布相对集中，尚不能对街道内全部区域提供较好的服务，能够得到优质服务的区域仅占马桥子街道面积的一半。因此，利用 Voronoi 划分得到的服务区存在服务距离长、服务面积大的问题。在文化活动场所中，开发区图书馆和大剧院、马桥子文化场所的区位距离较近，但服务的功能存在差异，因此在实际中服务范围会与 Voronoi 划分的服务范围有一定差异。

针对以上情况提出保留现有养老服务中心、卫生服务站和文化活动场所，保留的养老服务设施作为分析过程中的必选点，在现有布局的基础上对养老服务中心、卫生服务站和文化活动场所进行新增设施点的优化，使街道内的养老服务设施达到最优化。

4. 养老服务设施候选点选取

为了使马桥子街道社区养老服务达到最优化，需要在老年人口集中的区域增设养老服务中心和卫生服务站。居住小区是人口集中的区域，养老服务设施的布局也应分布在老年人口集中的区域，因此可将居住小区作为养老服务中心候选点。在链家网上抓取马桥子街道的居住小区分布点，共得到 103 个居住小区，养老服务中心候选点分布如图 7-15 所示。

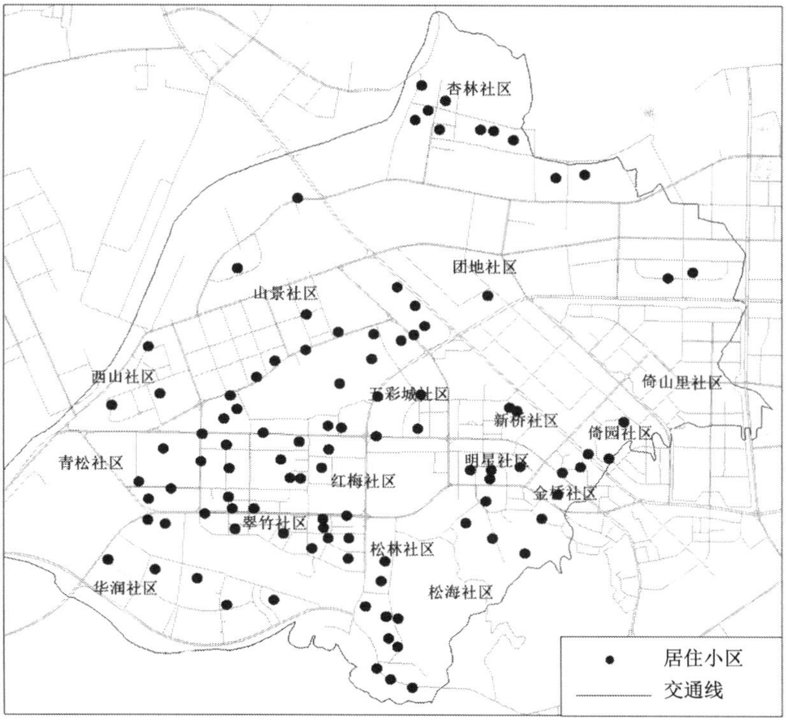

图 7-15　养老服务中心候选点分布示意图

5. 优化结果分析

对于区域设施布局优化问题，需要解决以下问题：一是区域内建设养老服务设施的最优数量；二是这些设施的最优布局区位；三是这些设施的服务规模。将这三个问题作为优化的前提条件，对马桥子街道养老服务设施进行优化。以创建的老年人口服务需求点为请求点，将现状已建好的养老服务中心或卫生服务站作为必选设施点，以抓取的居住小区点作为设施候选节点，首先运用最小设施点模型，模拟出区域适宜建设养老服务设施的数量。最小设施点模型重点考虑服务的空间位置，因此可能存在规模较小的服务设施。为保证养老服务设施的运营规模，剔除服务规模较少的设施点，由此得到区域内适宜布局设施的最优数量。其次基于确定好的设施数量，运用最大化覆盖模型确定设施布局的区位和设施的服务规模。通过将最小设施点模型和最大化覆盖模型相结合，实现对区域设施布局数量、区位和规模的优化。

依据秦沅村（2014）提出的参数，将城市区域养老服务设施的服务半径设置为 1.5 公里，通过优化马桥子街道需要新增 12 个社区养老服务中心，5 个社区卫生服务站，优化后的养老服务设施可实现在 1.5 公里服务半径对区域内所有老年人口提供便捷服务。对各布局的养老服务设施情况进行统计（附录 2），养老服务中心的平均服务规模为 2338 人，养老服务中心服务规模最大的为枫岚雅筑服务点，服务的老年人口数达到 5100 人，这一区域是老年人口分布最为集中的区域，天安海景、同和里、红梅社区的服务规模也较大，均在 3000 人以上。服务规模最小的养老服务中心为半岛康城，服务规模仅有 600 人，岭湾峰尚、朗悦四季的服务规模也较小。卫生服务站平均服务规模为 2171 人，卫生服务站服务规模最大的为青松社区，服务的老年人口数达到 4700 人，天安海景、翠竹社区、同和里的服务规模均在 3000 人以上。服务规模最小的卫生服务站为团地社区，服务规模仅有 500 人，虽然服务的规模较小，从养老服务设施布局的最低门槛视角考虑，这一数值是符合设施建设标准的，倚山里社区、松苑山庄的服务规模也较小。文化活动场所的平均服务规模为 1900 人，文化活动场所服务规模最大的为翠竹文体广场，服务的老年人口数达到 4350 人，枫岚雅筑、天安海景的服务规模也较大，均在 3000 人以上。现状文化活动场所中，图书馆的服务规模最小，这与优化过程中其服务区受到周边设施的竞争有关，但实际中这些设施的服务类型不同，所以在服务范围上与其他设施并非竞争关系，而且图书馆、大剧院的服务范围面向整个金州新区，因此实际中具有较大规模。

从养老服务设施的服务距离看，养老服务中心的平均服务距离为 609 米，华润海中国、天安海景、恒泽天城的服务距离较长，平均距离在 700 米以上，华润海中国、天安海景、恒泽天城所在区域老年人口服务相对集中，因此可以在优化的基础上考虑增加服务设施。卫生服务站的平均服务距离为 654 米，卫生服务站布局的设施数较养老服务中心数量多，但是平均服务距离要长，这在一定程度上反映出现状设施不是区域的最优区域，现有设施已经存在一定的规模，因此不建议对现有设施区位进行调整。文化活动场所的平均服务距离为 570 米。各类型养老服务设施的布局及服务情况如图 7-16～图 7-18 所示。

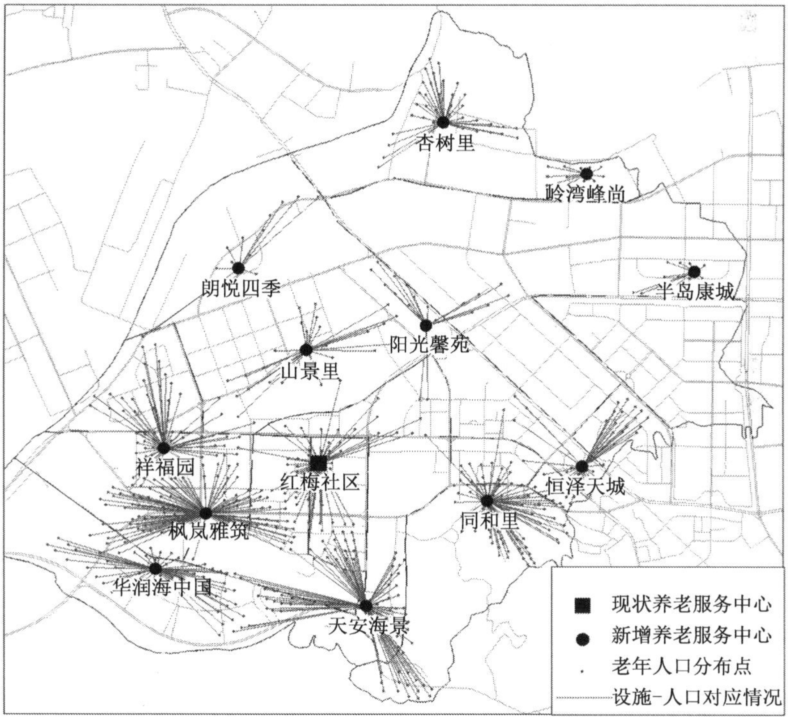

图 7-16　养老服务中心布局及服务范围示意图

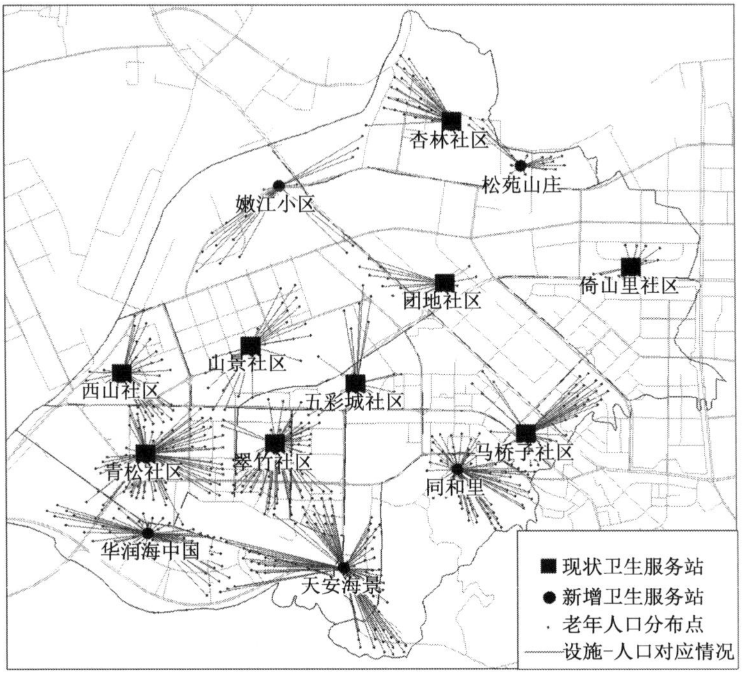

图 7-17　卫生服务站布局及服务范围示意图

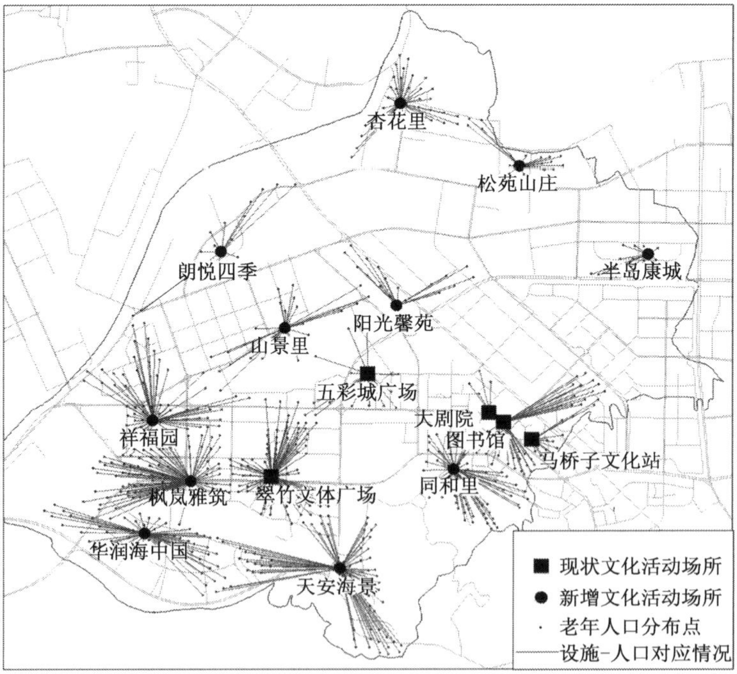

图 7-18　文化活动场所布局及服务范围示意图

针对以上三类社区型养老服务设施的布局优化，在新增节点中有 9 处选址在区位上重合，这与以老年人口布局为出发点进行设施的优化相关。另外在区位上，各类社区服务设施临近布局，有利于提高老年人户外的活动质量。

结　语

通过对老年人口与养老资源匹配的理论研究，以及不同尺度下养老资源优化配置的实证分析，可得到以下结论。

1）从研究背景和意义来看，世界人口老龄化形势的日益加深，必然会影响到每个国家经济社会的发展，以及经济社会中的每一个人。怎样养老，通过何种方式发展养老事业，成为老龄化国家必须面临和着力解决的重大问题。目前，许多经济发达国家，在养老方式方法上的选择就是依靠政府高福利政策，充分发挥“社会养老”功能，具体以机构养老、居家养老、社区养老等形式实行养老保障。中国是一个历史悠久的尊老孝老的国家，家庭养老一直是中国最主要的、传统的养老模式，但在中国特有的“人口老龄化与社会转型、独子时代与经济转型、价值多元与文化转型”背景下，养老产业和养老服务发展相对滞后的老年型社会的快速到来，使中国正面临着复杂形势和严峻挑战。切实解决养老问题，革新传统养老理念，加快养老服务产业发展，鼓励并扶持切合实际的养老资源管理，是目前应对人口老龄化的一种必然趋势。积极探讨老年人口的分布状况，并以满足老年人的养老需求和提高老年人生活质量为目的的养老资源配置理论与实践无疑更具有重要的现实意义和理论意义。

2）从国内外研究进展来看，国外老年人口分布与养老资源匹配的研究呈现文理兼容的综合性特征，在文注重政策法规、人文关怀等；在理讲求空间算法、统计预测的精准。合作网络分析结果发现，虽然跨学科合作的科研成果较多，但科研弱国与科研强国间的相互合作却极为少见。关键词共现分析发现更侧重理论性研究，而运用先进科学技术方法较少。因此，本书提出未来的研究趋势应体现在：加强科研合作的重要性，利用科研强国的科研技术解决本国的切实问题；紧跟国际上最新研究成果，扩展学术价值性；注重科学问题的凝练和研究过程，使该知识体系更加完善。国内的相关研究成果首先多倾向于政策制度的保障、养老模式的选择和供需关系的协调等，都是从供给方或需求方的角度探索养老资源的配置，很少考虑老年人口的分布对养老资源配置的影响，缺少空间技术的使用和支持。其次，学者跨学科、跨地区、跨机构的合作还比较少，尚未形成较强势的合作团体，研究状态松散单一，不利于该领域的发展。最后，学科间缺乏融合性。人口与资源的属性特征一直以来都呈现综合性、多学科、交叉性等，老年人口与养老资源也应具有同样的特点。老年人口与养老资源配置是一项跨学科、跨领域的研究，应对人口老龄化、科学可持续发展养老事业需要管理科学、统计学、信息工程学、人口学、社会学、地理学、心理学等多学科相互融合。但从目前的研究现状看，学科融合需进一步加强。

3）从基础理论来看，首先老年人的特殊性表现为自理能力逐渐衰减、对提高生活质量有强烈愿望、财富收入落差较大等。其次，老年人的需求层次虽然符合马斯洛需求理论，但每层的需求特点与其他群体都有显著差异，如生存需求中对“衣食住行”的要求，就必须符合老年人因身体机能衰退而导致“衣要舒适、饭要绵软、住要方便、行要平坦”等；福利多元理论意味着养老资源的供给应该以政府为主导，整合市场、社会等各方资源，通过多元主体合作提供养老服务保障，满足养老需求；而社会支持理论则会帮助老年人实现“老有所养、老有所医、老有所学、老有所为、老有所乐”的老年生活；养老资源中养老物品从性质上讲绝大多数属于准公共物品，也就是说政府是公共物品的主要提供者，但也可以通过购买、委托、授权、合作等多种方法变革供给模式，提高物品质量，因此鼓励激励养老物品市场化和社会化是必然的发展趋势；养老资源与任何资源一样，都存在有限短缺的问题，结果是带来供需的不平衡。供需平衡理论认为无论谁为主体、为谁提供、提供什么、以什么方式提供，归根究底要实现总供给与总需求的动态平衡。由此来看，养老资源的配置应以供需平衡为目标。再次，可持续发展理论强调适度人口，这说明老年人口的适度分布对养老资源的可持续性具有重要的影响作用，如何促进老年人口的适度分布应是可研究的一个科学问题。由中心地理论可知，无论是人口还是资源都存在集聚和离散的状态，同时也都有承载的上限和下限，因此，中心地被分为高级中心地、中级中心地和低级中心地。公共服务均等化意味着公共服务资源配置要向低级中心地倾斜，养老资源同样需要将空间布局逐步向低级中心地分布。

最后，家庭生命周期理论使我们认识到一个家庭的发展过程，发现家庭养老在不断弱化养老机构的弊端，由此国家正努力探索以居家养老为基石，依赖社区提供养老服务，而机构养老作为补充的模式。此外，值得注意的是，老龄化的问题和老年人口的整体数量及老年人口内部的结构都与老年人口的更替紧密相连，养老资源更新同样受老年人口更替的影响。

4）从养老资源配置的体系建设来看，首先养老资源是存在于自然界和人类社会中一切能够被人类利用，并实现全体公民养老需求保障的物质和精神要素的总和。养老资源包括生态环境保障资源、经济保障资源、养老保障资源、医疗保障资源、精神文化保障资源。对养老资源的识别和评价没有一成不变的绝对指标，要结合当地一定时期的实际情况加以解析。养老资源供给主体主要是政府、社区、市场、家庭、自身等多元合作，互为补充，在功能上追求效用最大化。其次，养老资源中养老服务设施有着显著的空间特征，有效优化的空间布局规划会激发养老服务设施对老年人服务的效益最大化，这就需要考虑地域要素与资源功能空间的特征。再次，中国养老资源配置发展至今已逐步形成了不同层次的标准识别系统，有国家层面具有指导性的宏观配置标准，有区域层面出台的具体规范性配置标准或实施方案，还有地方（城乡）制定的包括单位在内非常详细的配置执行标准。最后，养老资源配置归根究底取决于与老年人口的协调关系，表现在老年人口的地域分布（疏密程度）对养老资源配置的影响是客观存在的，而且老年人口的迁移会导致老年人口分布的变动性，进而也会对养老资源配置产生显著的影响。

5）从国外不同类型区域的养老资源配置建设与启示来看，首先作为老年人口占比最高的日本养老资源配置，主要呈现已建立“国民皆养老金”的养老保障体系、公私混合型和强制选择并存型、“护理保险法”标志其已进入老化预防阶段，以及养老事业与经济社会发展同步等。韩国在养老资源配置模式上最突出的成就是建立了多支柱养老保障体系，使养老保障全面覆盖，体现了国家统筹管理，监督机制完善的特征。新加坡政府不主张实施普惠的社会福利政策，而是通过采用一种强制性的储蓄手段——“中央公积金”，让国民为养老、医疗、住房等进行强制储蓄，最终形成了一种强制性和综合性相结合的独具新加坡特色的社会保障储蓄制度。此外，新加坡的“乐龄公寓”——商业养老地产项目、医养结合服务等，也是其他国家纷纷学习效仿的养老模式。美国的“三支柱”养老保险制度构成了一套较为完备的养老保险体系；美国最著名的就是种类丰富多样的养老模式，如 CCRC 养老模式、NORC 养老模式、PACE 养老模式等。德国的养老资源配置经历了四次改革，从“三支柱”模式到“三层次”模式，不断补充和完善，已建立具有“设计理念先进、专业化管理、分工明确、注重人文关怀、公平与效率兼顾”等特点的养老保障体系。其次，总结国外养老资源配置成功的经验，给我们带来的启示如下：一是明确政府的职能定位；二是重视和推动养老服务产业化发展；三是培养多元化的供给主体；四是不断完善养老保障制度，创新养老模式；五是重视养老监管制度，培养老年服务专业化人才。

6）从中国人口老龄化与养老资源配置现状来看，第一，国家层面城市区域内总体处在老龄化中期水平，老龄化水平不断加深，东部地区老龄化程度高于西部地区；上海老年人口集聚度居中国之首，长江三角洲、珠江三角洲、中原城市群、山东半岛、成渝地区和京津冀城市群是中国最大的老年人口集聚区域；市域间人口老龄化存在较强的空间正相关特征，空间集聚进一步增强，总体格局保持了一定的连续性；自然环境、经济发展水平、城市化建设、人口因素等是促成老年人口分布状态的关键影响因素。第二，区域层面以东北三省为例，总体处于老龄化中后期阶段，2006～2016 年老龄化水平不断加深，速度不断加快；在空间上老年人口分布极不平衡，中南部地区老年人口密度相对较大，而北部、西部、东部地区较小；人口老龄化热点区和边缘区的演变都属于向北扩散式，热点区聚集在辽宁省全境；边缘区则在黑龙江省全境；在养老资源配置上呈现显著的地区差异，出现区域中心型城市、政策扶持型城市和区位边缘型城市三大类；老年人口集中度与养老资源集中度具有显著的正相关关系，但大多数城市两者空间匹配关系并不协调。第三，省域层面以辽宁省为例，人口老龄化水平较高且呈现加剧趋势；人口老龄化水平空间关联但差异显著；养老资源建设与配置无论是制度上还是具体操作上都存在一定问题，需要进行完善。第四，市域层面以大连为例，主要针对养老服务设施进行研究，结果是养老服务设施空间可达性分布呈现不均衡的现状；主城区与远城区因老年人口分布疏密导致对养老服务设施的需求存在差异。第五，更小尺度以大连金州新区为例，中心城区老年人口压力大，养老服务设施配置要求较高；老年人口、服务设施多集中于西南部小范围地区，区内养老服务设施辐射范围受地形影响较大；养老资源配置虽基本达到大连标准，但仍存在服务设施配置缺乏公平性和均衡性、供需不匹配、医疗资源缺乏、公共娱乐休闲活动场所较少且分布不合理等问题。

7）从养老资源优化配置来看，第一，国家层面上需要健全养老保障法律制度，完善基本养老保险制度，建立适度普惠均等的社会福利制度，增强配套支持政策；以政府主导发挥组织协调作用，市场调解促进优化效益作用，社会参与鼓励补充互助作用；建立合理的人才培养机制，发挥有效的人才激励机制，完善专业的人才管理机制。第二，区域层面需要促进本地区经济发展，养老资源建设要与其同步；有效贯彻落实国家养老保障政策和制度，鼓励生育；重视调节养老市场，激发养老产业，使养老事业通过市场化增强活力。第三，市域层面创建一个多层次、多主体、广覆盖的养老资源支持系统，为老年人所需的各种服务项目和场所提供政策、资金、人力等保障；从机构养老到社区养老，从家庭养老到居家养老，全方位地满足老年人低级的生活照料和高级的生活需求；培育专职的护理人员并规范化工作管理，鼓励志愿者和义工积极参与；鼓励政府购买养老服务，激发民间资本和私人机构介入，引入竞争机制，使养老服务向着产业化、市场化发展；建设和完善有关养老的各项政策、法规、条例等，促进养老服务更加规范化、合理化。第四，更小尺度下要解决养老资源中以养老服务设施为代表的养老场所的可达性与合理布局问题，主要指养老院、医院、广场、公园、老年大学等，使其与老年人口分布相匹配，利用空间技术实现优化整合。

参 考 文 献

邦奇 W. 2012. 理论地理学[M]. 石高玉，译. 北京：商务印书馆.

包惠民，李智. 2012. CNKI 数据实现 ucinet 共现分析的方法及实证分析[J]. 软件导刊·教育技术，11(1)：91-93.

柴效武. 2005. 养老资源探析[J]. 人口学刊，(12)：26-29.

陈必坤. 2014. 学科知识可视化分析研究[D]. 武汉：武汉大学博士学位论文.

陈飞霏. 2017. 少子高龄化背景下日本政府养老服务改革研究及其启示[D]. 大连：东北财经大学硕士学位论文.

陈功. 2003. 我国养老方式研究[M]. 北京：北京大学出版社.

陈鹏. 2011. 社会转型与城市社区的重建[J]. 重庆社会科学，(7)：36-42.

陈树强，李翊骏. 1998. 社会变迁与社会福利基本概念的转变[J]. 中国青年政治学院学报，(3)：102-106.

陈钊，陆铭. 2009. 在集聚中走向平衡[M]. 北京：北京大学出版社.

陈钟翰. 2010. 上海区域人口变动与社会公共资源配置——以静安、普陀、闵行为代表的三类区域的比较研究[D]. 上海：华东师范大学硕士学位论文.

德克尔 D L. 1986. 老年社会学——老年发展进程概论[M]. 沈建，译. 天津：天津人民出版社.

邓珞华. 1987. 词频分析[J]. 武汉大学学报(社会科学版)，(01)：8-11.

邓仁丽，段佳忠. 2013. 休闲养老社区的护理人力资源问题及对策[J]. 中国老年学杂志，(24)：6344-6345.

丁秋贤，朱丽霞，罗静. 2016. 武汉市养老设施空间可达性分析[J]. 人文地理，31(2)：36-42.

杜鹏，孙鹃娟，张文娟，等. 2016. 中国老年人的养老需求及家庭和社会养老资源现状——基于 2014 年中国老年社会追踪调查的分析[J]. 人口研究，40(6)：49-61.

恩格斯 F. 1954. 家庭、私有制和国家的起源[M]. 张仲实，译. 北京：人民出版社.

樊杰. 2015. 中国主体功能区划方案[J]. 地理学报，73(5)：186-201.

方瑜，欧阳志云，郑华. 2012. 中国人口分布的自然成因[J]. 应用生态学报，23(12)：3488-3495.

房建华，董咏梅，王强. 2011. 济南市实行最严格水资源管理保障措施[J]. 山东水利，(10)：3-5.

费孝通. 1999. 乡土中国[M]. 北京：群言出版社.

封志明，杨艳昭，游珍，等. 2014. 基于分县尺度的中国人口分布适宜度研究[J]. 地理学报，

69(6)：723-737.
冯占联，詹合英，关信平，等. 2012. 中国城市养老机构的兴起：发展与公平问题[J]. 人口与发展，18(6)：16-23.
付允，牛文元，汪云林，等. 2009. 科学学领域作者合作网络分析——以《科研管理》(2004-2008)为例[J]. 科研管理，30(3)：41-46.
郭凯峰，刘学. 2015. 农村人口老龄化进程中的城乡规划应对策略研究——以云南省为例[J]. 老龄科学研究，3(4)：30-41.
郭丽爽. 2011. 人口老龄化背景下日本养老保险制度及对中国的借鉴[D]. 天津：天津财经大学硕士学位论文.
郭鹏. 2017. 日本共济年金与厚生年金的“并轨”及对中国的启示[J]. 甘肃社会科学，(03)：113-117.
郭卫东. 2007. 技术预见理论方法及关键技术创新模式研究[D]. 北京：北京邮电大学博士学位论文.
郭赞. 2011. 我国城乡卫生资源优化配置问题研究[D]. 长春：东北师范大学博士学位论文.
何文炯，杨翠迎，刘晓婷. 2008. 优化配置 加快发展——浙江省机构养老资源配置状况调查分析[J]. 当代社科视野，(1)：29-33.
赫拉利 Y N. 2017. 未来简史[M]. 林俊宏，译. 北京：中信出版社.
洪波. 2013. 基于人口变动的社会公共资源合理配置研究——以上海为例[D]. 上海：上海交通大学硕士学位论文.
侯建明，周英华. 2010. 日本人口老龄化对经济发展的影响[J]. 现代日本经济，(4)：53-57.
胡焕庸. 1935. 中国人口之分布——附统计表与密度图[J]. 地理学报，(02)：33-74.
黄乾. 2005. 农村养老资源供给变化及其政策含义[J]. 人口与经济，(6)：55-60.
黄清峰. 2014. 中国养老服务产业发展研究[D]. 武汉：武汉大学博士学位论文.
纪竞垚. 2016. 我国家庭养老观念的现状及变化趋势[J]. 老龄科学研究，4(01)：60-66.
季翔，肖炳科，孙强. 2017. 城市机构养老服务设施规划配置布局研究——以徐州市主城区为例[J]. 现代城市研究，(2)：27-32.
蒋朝晖，魏维，魏刚，等. 2014. 老龄化社会背景下养老设施配置初探[J]. 城市规划，38(12)：48-52.
金淑婷. 2017. 可达性视角：转型期混合、分级诊疗制度下的中国医疗卫生服务空间公平性研究[D]. 兰州：兰州大学博士学位论文.
李慧杰. 2005. 中国人口老龄化问题的几点思考[J]. 学习时报，(S1)：29.
李建新. 2004. 社会支持与老年人口生活满意度的关系研究[J]. 中国人口科学，(S1)：45-49，176.
李立，陈玉娟，张立立，等. 2017. 河北省不同年龄段老年人居家养老服务需求及对策[J]. 中国老年学杂志，37(3)：722-724.
李茜，朱方长. 2010. “银发浪潮”来袭——关于中国人口老龄化的思考[J]. 科技资讯，(10)：233-234.
李豫新，王笳旭. 2014. 新经济地理学视角下人口与产业空间匹配性研究——以新疆地区为例[J]. 西北人口，(1)：56-68.
李中秋，王朝明. 2015. 我国人口老龄化与养老资源市场的优化配置——基于特征价格理论的视角[J]. 西南民族大学学报(人文社会科学版)，(10)：108-115.
李忠东. 2010. 新加坡的住房消费理念[J]. 中国房地产金融，(9)：43-44.

利伯曼 M，霍尔 R E. 2006. 经济学导论[M]. 程坦，译. 大连：东北财经大学出版社.
林西雁. 2016. 上海养老设施空间布局研究——以机构养老设施与部分社区居家养老设施为例[D]. 上海：华东师范大学硕士学位论文.
林长云. 2014-10-10. 积极应对人口老龄化挑战[N].人民日报，第 7 版.
刘冠男. 2014. 我国城市养老资源配置问题研究——以西安市为例[D]. 西安：西北大学硕士学位论文.
刘军. 2014. 整体网分析：UCINET 软件使用指南（第二版）[M]. 上海：格致出版社.
刘祁，王宣植，刘源. 2012. 解决养老金缺口的国际比较与经验启示——以俄、日、加、美为例[J]. 地方财政研究，（1）：71-74.
刘颂. 2013. 关于苏南地区养老服务体系的调查及发展路径探讨[J]. 中共南京市委党校学报，（2）：80-86.
刘晓波. 2015. 基于关键词共现和词频统计的学科研究热点及趋势——以情报学为例[J]. 竞争情报，11（4）：28-34.
刘禹君. 2017. 中国老龄产业市场化发展研究[D]. 长春：吉林大学博士学位论文.
刘仲康，佟晓秋. 2003-06-10. 关系也是生产力[N]. 中国企业报.
龙潇. 2012. 中国城市养老资源需求与供给分析[D]. 杭州：浙江大学硕士学位论文.
芦苇. 2013. 我国城市养老资源整合方式探索——基于对上海市杨浦区和徐汇区养老状况的调查研究[D]. 北京：中国社会科学院研究生院硕士学位论文.
陆杰华，张莉. 2018. 中国老年人的照料需求模式及其影响因素研究——基于中国老年社会追踪调查数据的验证[J].人口学刊，40（02）：22-33.
路丹丹. 2013. 城市社区老年人医疗服务问题的社会工作介入——以安阳市峨嵋社区为例[D]. 桂林：广西师范大学硕士学位论文.
罗穗. 2016. 广州市普通居住社区居家养老服务设施规划布点研究[D]. 广州：华南理工大学硕士学位论文.
雒妮. 2016. 人口老龄化背景下完善我国养老保险制度研究：美国的经验启示[D]. 西安：西北大学硕士学位论文.
穆光宗. 2000. 中国传统养老方式的变革和展望[J]. 中国人民大学学报，（5）：39-44.
穆光宗. 2002. 家庭养老制度的传统与变革：基于东亚和东南亚地区的一项比较研究[M]. 北京：华龄出版社.
潘屹. 2014. 优化整合城乡资源，完善社区综合养老服务体系——上海、甘肃、云南社区综合养老服务体系研究[J]. 山东社会科学，（3）：30-39.
彭积敷. 2005. 论城市准公共物品的合理提供[J]. 经济经纬，（3）：70-72.
秦沅村. 2014. 区域养老服务设施空间配置优化研究——以大连市甘井子区为例[D]. 辽宁师范大学硕士学位论文.
邱均平，张洋. 2005. 网络信息计量学综述[J]. 高校图书馆工作，25（105）：1-11.
任远. 1997. 论社区是我国社会经济协调发展的有效载体和良好机制[J]. 南京社会科学，（9）：6.
森永辉树，深尾光洋. 2004. 日本企业年金制度现状与问题[J]. 庆应大学商学会“三田商学研究”，40（3）：437-438.
时立荣，刘蔚，闫昊. 2014. 北京市机构型养老资源合理配置政策分析[J]. 新视野，（3）：105-109.
宋群，焦学利. 2016. 德国养老护理服务业发展经验借鉴[J]. 全球化，（12）：33-43，132.
宋正娜，陈雯，张桂香，等. 2010. 公共服务设施空间可达性及其度量方法[J]. 地理科学进展，

29(10)：1217-1224.
谭英花. 2014. 上海机构养老资源配置研究[D]. 上海：上海工程技术大学硕士学位论文.
唐丽娜. 2012. 我国农村养老资源配置研究[D]. 西安：西北大学硕士学位论文.
陶卓霖，程杨，戴特奇. 2014. 北京市养老设施空间可达性评价[J]. 地理科学进展，(5)：616-624.
田雪原. 2007. 中国老年人口[M]. 北京：社会科学文献出版社.
汪耀，孙明晓. 2010. 老年医学的现状与思考[J]. 中国老年保健医学，8(6)：5.
王波. 2009. 养老可否超越市场化和福利之争[J]. 人大建设，(9)：52.
王承慧. 2013. 全面连续、集约高效的社区养老服务设施体系规划思考[J]. 城市规划，(9)：90-96.
王国栋，朱宇. 2013. 就地城市化中的经济、人口与环境协调发展研究[J]. 河南工业大学学报(社会科学版)，9(1)：33-39.
王浩. 2017. 医养结合养老模式的产业化发展研究[D]. 南京：南京大学硕士学位论文.
王利，韩增林. 2010. 不同尺度空间发展区划的理论与实证[M]. 北京：科学出版社.
王梦怡，姚兆余. 2014. 江苏省农村老年人医疗资源的利用与影响因素分析[J]. 社区医学杂志，12(2)：28-30.
王强. 2010. 青岛市城市人口老龄化对医疗资源配置的影响及对策的研究[D]. 青岛：青岛大学硕士学位论文.
王思斌. 1999. 社会转型中我国社会工作教育的发展[A]. 1999 年社会工作教育专刊——中国社会工作教育协会第二届年会暨“面向 21 世纪的中国社会工作教育”学术研讨会论文集.
王苏勤. 2015. 上海市养老机构资源的区域布局研究[D]. 上海：上海工程技术大学硕士学位论文.
王晓峰，马学礼. 2014. 老龄化加速期人口因素对日本经济增长的影响[J]. 现代日本经济，(5)：1-12.
吴瑞君. 2005. 上海大都市圈人口发展战略研究[D]. 上海：华东师范大学博士学位论文.
吴瑞君，孟兆敏，钟华. 2012. 上海老年人口空间移动及其对公共服务资源配置的影响[J]. 统计科学与实践，(8)：14-16.
吴玉韶. 2014. 在全国老龄工作委员会办公室新闻发布会上的讲话[EB/OL]. http://www.cncaprc.gov.cn/contents/7/4900. html[2018-02-27].
武永生. 2012. 上海老年人口变动对公共服务的影响研究[D]. 上海：华东师范大学硕士学位论文.
夏元通. 2013. 城市养老设施规划布局影响因子研究[J]. 华中建筑，(6)：148-152.
肖周燕. 2014. 北京人口与经济空间分布匹配性研究[J]. 西北人口，(4)：53-58.
萧浩辉. 1995. 决策科学辞典[M]. 北京：人民出版社.
谢波. 2015. 城市老龄化社区的居住空间环境评价及养老规划策略[J]. 规划师论坛，31(11)：5-11.
谢彩霞. 2006. 科学合作方式及其功能的科学计量学研究[D]. 大连：大连理工大学博士学位论文.
徐静萌. 2014. 新加坡《中央公积金法》构建的养老保险制度研究[D]. 广州：华南理工大学硕士学位论文.
徐俊，风笑天. 2012. 独生子女家庭养老责任与风险研究[J]. 人口与发展，(5)：2-10.
徐正平. 2011. 美国州及地方政府应对人口老龄化的启示借鉴——以康涅狄格州为例[J]. 发

展研究，(11)：105-108.
许昕，赵媛. 2017. 南京市养老服务设施空间分布格局及可达性评价——基于时间成本的两步移动搜索法[J]. 现代城市研究，(2)：2-11.
许昕，赵媛，郭爱妹. 2016. 基于街道尺度的南京市老年人口空间分布演变研究[J]. 人文地理，31(6)：88-94，129.
颜秉秋，高晓路，季珏. 2015. 城市养老设施配置的微观模拟与规划政策分析——以北京市为例[J]. 地理科学进展，34(12)：1586-1597.
杨胜利，高向东. 2012. 上海市公共服务资源配置综合评价与分析[J]. 华东经济管理，26(3)：1-5.
杨文健，邹海霞. 2014. 江苏现行养老服务体制机制存在的问题及对策研究[J]. 学术论坛，37(5)：119-124.
杨向红. 2013. 基于GIS的最大化区域覆盖的连续设施选址问题研究[D]. 北京：清华大学硕士学位论文.
杨锃，孙晓彤. 2016. 基础医疗资源配置与服务利用的研究——以上海城市空间为例[J]. 甘肃行政学院学报，(5)：78-90，127.
姚远. 2003. 非正式支持：应对北京老龄问题的重要方式[J]. 北京社会科学，(4)：71-76.
易成栋，张纯，吴淑萍，等. 2014. 2000—2010年北京市老年人口空间分布及其变动研究[J]. 城市发展研究，21(2)：66-71.
尹文清，罗润东. 2016. 老龄化背景下日本养老模式创新与借鉴[J]. 浙江学刊，(1)：174-179.
于秀伟. 2012. 从“三支柱模式”到“三层次模式”——解析德国养老保险体制改革[J]. 德国研究，(2)：70-79.
曾迎霄. 2016. 美国自然形成退休社区养老服务模式及启示[J]. 河南牧业经济学院学报，(5)：52-54.
翟德华，陶立群. 2005. 老龄产业若干理论问题研究[J]. 市场与人口分析，(1)：43-46.
詹军，乔钰涵.2017.韩国的人口老龄化与社会养老政策[J].世界地理研究，26(4):49-61.
张车伟. 2015. “十三五”人口战略顺势调整[J]. 瞭望，(10)：3-4.
张车伟，蔡翼飞. 2013. 人口与经济分布匹配视角下的中国区域均衡发展[J]. 人口研究，37(6)：3-16.
张纯，李晓宁，满燕云.2017. 北京城市保障性住房居民的就医可达性研究——基于GIS网络分析方法[J]. 人文地理，32(2)：59-64.
张胆. 2011. 我国养老资源的社会配置问题[J]. 龙岩学院学报，29(4)：129-133.
张海鹰. 1993. 社会保障辞典[M]. 北京：经济管理出版社.
张瀚月，张博茹. 2016. 城市社区居家养老设施空间布局研究——以上海市中心城区为例[J]. 云南地理环境研究，28(1)：55-59.
张慧敏. 2016. 人口老龄化背景下日本养老福利制度的研究[D]. 哈尔滨：黑龙江大学硕士学位论文.
张慧智，金香丹. 2017. 韩国多支柱养老保障体系改革及启示[J]. 人口学刊，39(02)：68-77.
张涛，曹亮，梁中杰. 2017. 基于GIS的城市医疗设施空间可达性研究——以哈尔滨市为例[J]. 经纬天地，(4)：36-40.
张祥晶. 2015. 浙江省人口与经济空间分布变动及匹配关系[J]. 中国经济与社会发展研究，(7)：128-136.
张秀兰，徐月宾. 2003. 建构中国的发展型家庭政策[J]. 中国社会科学，(6)：84-96.

赵东霞，韩增林，王利，等. 2014. 基于两步移动搜寻法的城市居家养老服务设施可达性研究——以大连市沙河口区低龄老年人为例[J]. 地域研究与开发，33(6)：27-32.

赵东霞，韩增林，王利. 2017a. 中国老年人口分布的集疏格局及其形成机制[J]. 地理学报，72(10)：1762-1775.

赵东霞，韩增林，赵彪. 2017b. 基于 GIS 的城市养老服务设施综合配置研究——以大连市金州新区为例[J]. 人口与发展，23(1)：74-81.

赵曼丽，宋彦. 2016. 基于美国 NORC 的我国社区养老模式借鉴[J]. 现代商贸工业，(17)：135-137.

赵晓征，姚磊. 2015. 结合设计与运营关系谈养老设施空间设计要点[J]. 城市建筑，(1)：21-23.

赵毅博. 2014. 日本养老保障体系研究[D]. 长春：吉林大学博士学位论文.

赵志富. 2016. 上海市社区养老服务资源配置研究[D]. 上海：上海工程技术大学硕士学位论文.

钟长征. 2016. 三部门发布第四次中国城乡老年人生活状况抽样调查成果[J]. 中国社会工作，(29)：6.

周亮广. 2007. 喀斯特地区水资源承载力特征研究及其与人口和经济的区域匹配模式探讨——以贵州省为例[D].贵阳：贵州师范大学硕士学位论文.

周尚意，张华，戴俊骋，等. 2017. 中国城镇化背景下的老年人宜居研究[M]. 北京：科学出版社.

周婷婷. 2016. 南京市养老机构现状分析与规划对策研究[D]. 南京：南京工业大学硕士学位论文.

朱宝树. 1993. 人口与经济——资源承载力区域匹配模式探讨[J]. 中国人口科学，(6)：8-13.

卓日娜图娅. 2017. 贫困地区医疗资源配置与老年人健康[J]. 华南农业大学学报(社会科学版)，16(4)：87-98.

東京大学高龄社会综合研究机构. 2013. 确かな未来视点を持つための高龄社会の教科书[M]. 東京：株式会社ベネッセコーポレーション.

Basmajian C, Coutts C. 2010. Planning for the disposal of the dead[J]. Journal of the American Planning Association, 76(3): 305-317.

Beaver D D, Rosen R. 1978. Studies in scientific collaboration. Part 1: The professional origins of scientific co-authorship[J]. Scientometrics, 1(1): 65-84.

Bonasia M, de Siano R. 2016. Population dynamics and regional social security sustainability in Italy[J]. Regional Studies, 50(1): 124-136.

Carrasco J A, Miller E J. 2006. Exploring the propensity to perform social activities: A social network approach[J]. Transportation, 33: 463-480.

Chen A P, Groenewold N. 2017. An increase in the retirement age in China: The regional economic effects[J]. Applied Economics, 49(7): 702-721.

Chen Y J, Matsuoka R H, Tsai K C. 2015. Spatial measurement of mobility barriers: Improving the environment of community-dwelling older adults in Taiwan[J]. Journal of Aging and Physical Activity, 23(2): 286-297.

de Jong G J, van Tilburg T. 2010. The De Jong Gierveld short scales for emotional and social loneliness: Tested on data from seven countries in the UN generations and gender surveys[J]. European Journal Ageing, 7: 121-130.

Dingemans E, Henkens K, van Solinge H. 2017. Working retirees in Europe: Individual and societal determinants [J]. Work Employment and Society, 31 (6): 972-991.

Dosen K M, Karasiuk A A, Marcaccio A C, et al. 2017. Code grey: Mapping healthcare service deserts in Hamilton, Ontario and the impact on senior populations[J]. Cartographica, 52(2): 125-131.

Duncombe W, Robbins M, Wolf D A. 2001. Retire to where? A discrete choice model of residential location[J]. International Journal of Population Geography, 7: 281-293.

Findley S E. 1996.The directionality and age selectivity of the health-migration relation: Evidence from sequences of disability and mobility in the United States[J]. The International Migration Review, 22(3): 4-29.

Francis J, Giles-Corti B, Wood L, et al. 2012. Creating sense of community: The role of public space[J]. Journal Environmental Psychology, 32: 401-409.

Frey B S, Stutzer A. 2000. Happiness, economy and institutions[J]. The Economic Journal, 110(466): 918-938.

Giang L T, Pfau W D. 2009. Vulnerability of Vietnamese elderly to poverty: Determinants and policy implications[J]. Asian Economic Journal, 23(4): 419-437.

Gill I S, Ozer C, Tatucu R. 2008. What can countries in other regions learn from social security reform in Latin America? [J]. World Bank Research Observer, 23 (1): 57-76.

Gomez F, Curcio C L, Duque G. 2009. Health care for older persons in Colombia: A country profile[J]. Journal of the American Geriatrics Society, 57(9): 1692-1696.

Hanlon N, Halseth G. 2005. The greying of resource communities in northern British Columbia: Implications for health care delivery in already-underserviced communities[J]. Canadian Geographer-Geographe Canadien, 49(1): 1-24.

Hara N, Solomon P, Kim S L, et al. 2003. An emerging view of scientific collaboration: Scientists' perspectives on collaboration and factors that impact collaboration[J]. Journal of the American Society for Information Science and Technology, 54(10): 952-965.

Hillier S M, Barrow G M. 1999. Aging, the Individual, and Society[M]. Belmont: Wadsworth.

Jackson R, Howe N. 2004. The graying of the Middle Kingdom: The demographics and economics of retirement policy in China[R]. Washington: Center for Strategic and International Studies (CSIS) and Prudential Foundation.

Jin C, Cheng J Q, Lu Y Q, et al. 2015. Spatial inequity in access to healthcare facilities at a county level in a developing country: A case study of Deqing County, Zhejiang, China[J]. International Journal for Equity in Health, 14(3): 187-202.

Jun G. 2017. The Interior design of the nursing home, old community and high-end residential quarters[J]. Agro Food Industry Hi-Tech, 28(3): 1824-1828.

Kwon S. 2008. Future of long-term care financing for the elderly in Korea[J]. Journal of Aging & Social Policy, 20(1): 119-136.

Lawton M P, Moss M, Glicksman A. 1990. The quality of the last year of life of older persons[J]. Milbank Memorial Fund Quarterly, 68(1): 1-28.

Leydesdorff L, Carley S, Rafols I. 2013. Global maps of science based on the new Web-of-Science categories [J]. Scientometrics, 94(2): 589-593.

Long G T, Pfau W D. 2009. Ageing, poverty and the role of a social pension in Vietnam[J]. Development and Change, 40(2): 333-360.

Morimoto K, Suzuki M, Ishifuji T, et al. 2015. The burden and etiology of community-onset pneumonia in the aging Japanese population: A multicenter prospective study[J]. PLoS One, 10(3): 1-18.

Mudey A, Ambekar S, Goyal R C, et al. 2011. Assessment of quality of life among rural and urban elderly population of Wardha district, Maharashtra, India[J]. Studies on Ethno-Medicine, 5(2): 89-93.

OECD. 2005. OECD Economic Surveys, China[R]. Paris: OECD.

OECD. 2015. OECD Economic Surveys, China[R]. Paris: OECD.

Osborne J L. 2008. Physical therapy services for the older persons barriers to access in rural America[J]. Topics in Geriatric Rehabilitation, 24(4): 337-344.

Oven K J, Curtis S E, Reaney S, et al. 2012. Climate change and health and social care: Defining future hazard, vulnerability and risk for infrastructure systems supporting older people's health care in England[J]. Applied Geography, 33(1): 16-24.

Paddison O. 2007. Social protection in the English-speaking caribbean[J]. Cepal Review, 92: 101-120.

Porter A L, Cohen A S. 2007. Measuring researcher interdisciplinarity[J]. Scientometrics, 72(1): 117-118.

Rogers A, Woodward J A. 1992. Tempos of elderly age and geographical concentration[J].The Professional Geographer, 44(1): 72-83.

Santana P. 2000. Ageing in Portugal: Regional iniquities in health and health care[J]. Social Science & Medicine, 50(7-8): 1025-1036.

Schmid H. 2004. The Israeli long-term care insurance law: Selected issues in providing home care services to the frail elderly[J]. Health and Social Care in the Community, (2): 191-200.

Tao J K. 2017. Can China's new rural social pension insurance adequately protect the elderly in times of population ageing? [J] . Journal of Asian Public Policy, 10(2): 158-166.

van den Berg P, Kemperman A, de Kleijn B, et al. 2015. Locations that support social activity participation of the aging population[J]. International Journal of Environmental Research and Public Health, 12: 10432-10449.

Wagner S L, Shubair M M, Michalos A C. 2010. Surveying older adults' opinions on housing: Recommendations for policy[J]. Social Indicators Research, 99(3): 405-412.

Wang W Y, Zhang L, Li H R, et al. 2005. Spatial-temporal changes and trends of ageing in China[J]. Chinese Geographical Science, 15(3): 200-205.

Won M R, Choi Y J. 2013. Are Koreans prepared for the rapid increase of the single-household elderly? Life satisfaction and depression of the single-household elderly in Korea[J]. The Scientific World Journal,18(9):1-4.

Wu L. 2013. Inequality of pension arrangements among different segments of the labor force in China[J]. Journal of Aging & Social Policy, 25(2): 181-196.

Zhou S H, Xie M, Kwan M P. 2015. Ageing in place and ageing with migration in the transitional context of urban China: A case study of ageing communities in Guangzhou[J]. Habitat International, 49(3): 177-186.

附录1　1990～2010年辽宁省县域人口老龄化水平综合得分计算结果

地区	综合得分			地区	综合得分		
	1990年	2000年	2010年		1990年	2000年	2010年
和平区	0.3119	0.5868	0.8106	凌河区	0.2630	0.5195	0.8167
沈河区	0.3310	0.5544	0.7813	太和区	0.2302	0.3298	0.5918
大东区	0.2742	0.5598	0.8045	黑山县	0.2956	0.4159	0.6849
皇姑区	0.2640	0.5543	0.7881	义县	0.2424	0.3755	0.6556
铁西区	0.2422	0.6188	0.7974	凌海市	0.2806	0.3847	0.6806
苏家屯区	0.2149	0.3862	0.6809	北镇市	0.2737	0.3864	0.6707
东陵区	0.2210	0.3720	0.5168	站前区	0.1916	0.4284	0.7961
沈北新区	0.2182	0.3718	0.5887	西市区	0.2459	0.4255	0.8558
于洪区	0.2102	0.3538	0.5892	鲅鱼圈区	0.1051	0.1564	0.4676
辽中县	0.2207	0.3418	0.5942	老边区	0.1523	0.2648	0.5898
康平县	0.2042	0.3081	0.5726	盖州市	0.2088	0.3381	0.6883
法库县	0.2383	0.3446	0.6251	大石桥市	0.1599	0.2920	0.5973
新民市	0.2214	0.3451	0.6012	海州区	0.1695	0.3972	0.8121
中山区	0.3432	0.6115	0.9132	新邱区	0.1906	0.5192	0.8751
西岗区	0.3324	0.6171	0.8903	太平区	0.1695	0.4526	0.8853
沙河口区	0.2883	0.5500	0.8090	清河门区	0.1360	0.2987	0.6991
甘井子区	0.2539	0.3982	0.5778	细河区	0.1572	0.2976	0.6448
旅顺口区	0.3148	0.4152	0.6861	阜蒙县	0.1753	0.2943	0.5252
金州新区	0.2829	0.3736	0.5546	彰武县	0.1838	0.3343	0.5889
长海县	0.2490	0.3072	0.6103	白塔区	0.2048	0.4115	0.7307
瓦房店市	0.2479	0.4132	0.7930	文圣区	0.2550	0.4774	0.8065

续表

地区	综合得分			地区	综合得分		
	1990 年	2000 年	2010 年		1990 年	2000 年	2010 年
普兰店市	0.2742	0.4194	0.8008	宏伟区	0.0942	0.2944	0.6438
庄河市	0.2608	0.4523	0.7678	弓长岭区	0.2036	0.3972	0.7280
铁东区	0.2236	0.5363	0.8349	太子河区	0.1988	0.3033	0.6214
铁西区	0.2332	0.5012	0.8799	辽阳县	0.2470	0.3455	0.6447
立山区	0.1905	0.5288	0.9483	灯塔市	0.2275	0.3112	0.5606
千山区	0.2351	0.3826	0.6972	双台子区	0.1384	0.2684	0.5141
台安县	0.2265	0.3566	0.5875	兴隆台区	0.0675	0.1997	0.5062
岫岩县	0.2105	0.3484	0.6019	大洼县	0.1573	0.2677	0.5068
海城市	0.2233	0.3124	0.5556	盘山县	0.2378	0.3438	0.5821
新抚区	0.2456	0.5050	0.8287	银州区	0.1893	0.3567	0.6679
东洲区	0.2399	0.5474	0.9922	清河区	0.1628	0.3187	0.6371
望花区	0.2099	0.4486	0.8093	铁岭县	0.2446	0.3525	0.6028
顺城区	0.2228	0.4645	0.7980	西丰县	0.1871	0.3310	0.5248
抚顺县	0.3026	0.3791	0.6541	昌图县	0.2096	0.2993	0.5606
新宾县	0.1448	0.2812	0.5685	调兵山市	0.1181	0.2559	0.6539
清原县	0.1577	0.2988	0.5733	开原市	0.2072	0.3197	0.5952
平山区	0.2054	0.4618	0.7590	双塔区	0.1219	0.2835	0.5420
溪湖区	0.2293	0.4893	0.8160	龙城区	0.1363	0.2577	0.5284
明山区	0.1956	0.4233	0.7190	朝阳县	0.1614	0.3317	0.5753
南芬区	0.2114	0.4240	0.8100	建平县	0.1154	0.2589	0.5200
本溪县	0.1900	0.2996	0.6140	喀左县	0.1376	0.2866	0.5987
桓仁县	0.1411	0.2881	0.5572	北票市	0.1749	0.3629	0.6405
元宝区	0.3282	0.4851	0.8487	凌源市	0.1331	0.2848	0.5190
振兴区	0.2326	0.4782	0.8291	连山区	0.2341	0.4030	0.6583
振安区	0.2127	0.3936	0.7713	龙港区	0.1969	0.2817	0.5115
宽甸县	0.2136	0.3566	0.6133	南票区	0.1656	0.3608	0.6845
东港市	0.2355	0.3567	0.6261	绥中县	0.2470	0.3496	0.5908
凤城市	0.2287	0.3900	0.6571	建昌县	0.1310	0.2899	0.5343
古塔区	0.2905	0.4728	0.7581	兴城市	0.2618	0.3716	0.5834

附录 2　金州新区各街道养老服务设施优化情况汇总

卫生服务站					养老服务中心					文化活动场所				
序号	名称	类型	服务人数（人）	平均服务距离（米）	序号	名称	类型	服务人数（人）	平均服务距离（米）	序号	名称	类型	服务人数（人）	平均服务距离（米）
1	马桥子社区	现状	2250	727	1	红梅社区	现状	3250	528	1	大剧院	现状	1600	769
2	杏林社区	现状	1500	729	2	岭湾峰尚	新增	700	448	2	图书馆	现状	200	555
3	西山社区	现状	1750	586	3	祥福园	新增	2900	588	3	五彩城广场	现状	800	611
4	翠竹社区	现状	4050	614	4	华润海中国	新增	2650	771	4	翠竹文体广场	现状	4350	531
5	倚山里社区	现状	600	339	5	朗悦四季	新增	750	682	5	马桥子文化站	现状	800	472
6	团地社区	现状	500	721	6	恒泽天城	新增	2100	731	6	阳光馨苑	新增	900	535
7	山景社区	现状	1350	560	7	半岛康城	新增	600	353	7	天安海景	新增	3900	706
8	五彩城社区	现状	1000	677	8	山景里	新增	1350	525	8	杏花里	新增	1650	434
9	青松社区	现状	4700	653	9	枫岚雅筑	新增	5100	619	9	松苑山庄	新增	900	574
10	华润海中国	新增	2750	793	10	同和里	新增	3650	497	10	同和里	新增	3100	450
11	嫩江小区	新增	1200	890	11	杏树里	新增	1850	513	11	枫岚雅筑	新增	3950	588

续表

卫生服务站					养老服务中心					文化活动场所				
序号	名称	类型	服务人数（人）	平均服务距离（米）	序号	名称	类型	服务人数（人）	平均服务距离（米）	序号	名称	类型	服务人数（人）	平均服务距离（米）
12	同和里	新增	3450	478	12	天安海景	新增	4500	725	12	山景里	新增	1250	494
13	松苑山庄	新增	900	574	13	阳光馨苑	新增	1000	598	13	半岛康城	新增	600	353
14	天安海景	新增	4400	720						14	朗悦四季	新增	750	682
										15	华润海中国	新增	2650	771
										16	祥福园	新增	3000	599

后　记

本书是在我工作 10 余年中不断积累的一些课题研究成果和发表的相关论文基础上合集修改而成的，面对厚厚的书稿，心里颇有些成就感。这既是对我过去学术生涯的一个总结和反思，又有对未来发出“而今迈步从头越”的感慨。

我与“养老”的缘分可以追溯到 2006 年，那一年我在大连理工大学读博士研究生，我的忘年交柳中权教授已经 78 岁了。我们时常探讨老年人的养老问题，尤其是像柳教授这种子女不在身边，与老伴相依相助的空巢老年人，晚年生活实在是困难颇多。那时我开始研究养老保障，希望能为我国的养老服务事业做出一些贡献。后来，柳教授的老伴去世了，彼时他已是 84 岁高龄，虽然头脑清楚、思维敏捷，每月还为《半岛晨报》进行专家点评，但生活能力正逐渐丧失，无法自我照顾。是去养老院？柳教授告诉我传统的“孝文化、家养老”思想在他们这代人中已根深蒂固，对养老院是“望而生畏”的。是依靠社区照顾？无论社区的“小饭桌”还是派护理人员上门服务都不能长久，流动性、随意性很大，而且服务质量也很难让人满意。受其影响，我又开始研究养老服务，希望能找到可以满足更多老年人实际需求的养老模式。此后，我开始沉浸在“养老”的世界里，从养老需求到养老供给；从养老产业到养老服务业；从人口老龄化到养老难题……使用的大多是社会学、管理学等研究方法，对“养老”的知识体系进行了初步探索和认知。感谢柳教授，是他引领我与“养老”结成了最初的缘分，也谨以此书缅怀致敬已故的老先生，希望他的思想和学问在这里得到传承。

2012 年的深秋，“风萧萧兮易水寒”，这是一个极易让人心生悲凉、寂寥的季节，而我却意外地迎来了学术生涯的第二春。何其幸哉拜在人文地理、海洋经济等领域的著名学者韩增林教授门下，成为他的博士后，我的“养老”之路又踏上了新的征程。当我如饥似渴地学习区位论、行为论、人地关系论等人文地理相关理论与知识，以及 ArcGIS、MapInfo、GeoDa 等应用软件时，也在思考如何让我醉心研究的“养老”事业能旧貌换新颜。于是，我开始尝试研究老年人口的分布特征，驱动老年人口分布的影响因素，老年人口所需求的养老服务设施优化配置，养老资源与老年人口的匹配，等等，尺度也从微观不断向宏观扩展，社区、街道、市域、省域，甚至全国范围内，并收获了颇丰的研究成果，相继有论文发表在国内地理学界影响力较大的学术期刊上。2016 年还成功地获批了国家自然科学基金青年科学基金项目，这对于我这个“半路出家”，从管理向地理跨越转型的青年学者来说真是莫大的肯定和支持。感谢韩增林教授，是他给了我更上一层楼的梯子和力量，也给了我继续奋进的信心。韩增林教授人品高尚、治学严谨、学识渊博、诲人不倦，这些都是我敬仰又终身要学习的宝贵财富，从他的身上我还看到了“老有所学、老有所为”孜孜不息求真奉献的精神，这值得每位“将老、已老”的人秉承。

此外，还要感谢我优秀的团队。感谢孙才志教授，没有这位睿智博学的兄长对我的帮助和鼓励，我也很难潜下心来利用 3 个月的时间整理、撰写书稿，并最终得以付梓。感谢王利教授，本书的写作提纲设计是在王利老师的指导下经过几番论证最终确定的。感谢任启龙博士、管敦颐博士、裴倩博士生，他们三位协助我分别对第六章和第七章的部分内容进行了补充和修改。感谢刘万波硕士，第四章内容主要由他撰写。感谢我的研究生，在敦楚男、张桐、李蒙蒙、王阳扬和黄璐琦等的帮助下，第二章至第四章内容才能如此丰富和完整。最后，我要特别感谢科学出版社的石卉老师，没有她在 2018 年 1 月 12 日下午 3 点左右打来的催稿电话，这份书稿也许还在孕育中。

孟子云：老吾老以及人之老。在世界人口老龄化的今天，作为人口学者，我们努力用人口更替的理论思想去看待老化的现象，努力用经济管理的方法去设计养老的保障，努力用空间规划的智慧去布局有限的资源，帮助“未富先老”的国家实现“六个老有”的美丽愿景。当然，由于能力有限，书中一定有不足之处，还望读者不吝赐教。

赵东霞
2018 年 4 月 30 日